金融学论丛

北京师范大学国民核算研究院学者丛书

资金循环分析的理论与实践

中国资金循环的统计观察

THE FLOW OF FUNDS ANALYSIS
IN THEORY AND PRACTICE

张 南 ◎ 著

北京大学出版社
PEKING UNIVERSITY PRESS

图书在版编目(CIP)数据

资金循环分析的理论与实践:中国资金循环的统计观察/张南著. —北京:北京大学出版社,2014.4
(金融学论丛)
ISBN 978-7-301-24014-4

Ⅰ.①资… Ⅱ.①张… Ⅲ.①资金循环-研究-中国 Ⅳ.①F832.21

中国版本图书馆CIP数据核字(2014)第044094号

书　　　名:	资金循环分析的理论与实践——中国资金循环的统计观察
著作责任者:	张　南　著
责 任 编 辑:	姚大悦
标 准 书 号:	ISBN 978-7-301-24014-4/F·3891
出 版 发 行:	北京大学出版社
地　　　址:	北京市海淀区成府路205号　100871
网　　　址:	http://www.pup.cn
电 子 信 箱:	em@pup.cn　　　QQ:552063295
新 浪 微 博:	@北京大学出版社　　@北京大学出版社经管图书
电　　　话:	邮购部 62752015　发行部 62750672　编辑部 62752926 出版部 62754962
印 刷 者:	北京鑫海金澳胶印有限公司
经 销 者:	新华书店
	730毫米×1020毫米　16开本　21印张　341千字 2014年4月第1版　2014年4月第1次印刷
定　　　价:	49.00元

未经许可,不得以任何方式复制或抄袭本书之部分或全部内容。
版权所有,侵权必究
举报电话:010-62752024　电子信箱:fd@pup.pku.edu.cn

序

张南教授是我的挚友。早在20世纪90年代中期,我们就相识了。那时他在日本留学获得博士学位后,希望回国服务,有意到刚成立不久的北京大学光华管理学院来工作,当时我是主持工作的副院长,我认为他是个人才,为人正派,有相当强的教学和科研能力,想把他吸引到光华来工作。可惜那时我们的条件很差,不能解决他的住房甚至办公条件,没能够把他留下来。后来他到日本广岛修道大学任教。他虽然在日本工作,但很关注中国经济发展,主要还是研究中国经济问题。

他是学统计学的,主要研究国民经济核算体系及应用问题,并用此方法研究资金的国际循环问题。他参加了我的多个科研课题的研究,主要贡献了他在这方面的研究成果。如在我主编的《中国金融改革、发展与国际化》(经济科学出版社,1999)一书中,他写了"亚洲金融危机与中国的资金循环"一章。他是我主持的教育部重大课题攻关项目"金融市场全球化的中国金融监管体系研究"项目组的主要成员之一,在最终的研究成果《金融市场全球化下的中国金融监管体系改革》(经济科学出版社,2012)中他也撰写了其中的一章——"中国金融国际化过程中的金融监管体系",其中重点谈到了国际资金循环的统计监测、中国金融国际化过程中的对外资金循环以及宏观监管。他是研究国民经济核算体系和国际资金循环问题有见地和有成就的专家之一。

1985年,在国务院国民经济核算领导小组的领导下,我国成立了由国家计委、国家统计局、中国人民银行及财政部组成的联合研制组,开始研究我国的资金流量核算。1986年试编了全国资金流量简表,1987年初步形成了资金流量表及其编制方案,1992年被正式纳入中国新国民经济核算体系中。国家统计局在1998年首次在《中国统计年鉴》上公布了1992—1995年包括实物交易与金融交易的资金流量表;中国人民银行在1998年第一期统计季报上也第一次公布了较为详细的资金流量表(金融交易)。目前我国有关部门已公布了1992—2011年20年时间序列的资金流量数据,使资金流量核算在国家宏观经济管理与对外经济比较中发挥了重要作用。随着金融经济在整个国民经济中的比重越来越大,准确把握资金的流向与流量对于经济动向分析和宏观决策而言也越来越重要。

然而,到目前为止,由于资金流量统计既包括实物经济也反映金融经济,既涉及流量也包括存量,覆盖到国内部门与国外部门,准确地理解以及恰当地使用资金流量统计有一定难度,对其分析理论与方法的研究还处在有待开发推广的初级阶段。在此背景下,张南教授的这部著作的出版可谓是恰逢其时,恰好在一定程度上填补了国内在此领域的空白,为中国的经济统计学者与金融学者提供了一本不可多得的教育与研究的参考书。

张南教授从1987年就开始了资金循环统计与应用的研究,《资金循环分析的理论与实践》一书具有他自己独特的风格,我觉得有三个特点:第一,全书内容涵盖了资金循环分析的主要问题,且具有清晰的框架结构。第二,本书涉及范围较广,综合了该研究领域从萌芽诞生到成为国际通用核算体系的过程,综述了欧美日学者的先行研究文献,可感到其研究的深度。对资金循环计量分析方法的创新应该说是本书的一大特点。第三,不同于传统一般的资金循环分析,本书提出了国际资金循环分析的理论体系及计量方法模型,具有国际前瞻性。我知道张南教授已于2005年在日本出版了他的学术专著《国际资金循环的理论与展开》,IMF统计司在2013年也开始试编25个国家及地区的国际资金循环表。从理论联系实际的角度看,本书的研究既有理论创新,也具有国际前瞻性。

全书由12章构成,分为资金循环统计的编制、分析方法与模型、国际资金循环的概念与分析、金融风险监测四大部分。

资金循环统计的编制部分主要是为了解决如何看及怎样理解资金循环统计的问题。"温故"是为了"知新",本书追溯整理综述了大量的历史文献,归纳了资金循环核算的诞生及发展过程,提出了今后应该努力的方向。研究他山之石是为了攻己之玉,本书通过比较丹麦、联邦德国、挪威,特别是美国与日本等国资金循环统计的基本结构、部门分类与交易项目设置,展示并讨论了我国资金循环核算的特点,指出了我国资金循环核算的现存问题及应该改进的具体建议。

分析方法与模型的部分是为了解决怎样使用资金循环统计开展分析的问题。在明确了如何理解资金循环统计后,本书首先运用1992—2011年的资金循环数据对中国实体经济与金融经济的依存关系做了一个较为全面的纵向分析,包括各部门资金余缺分析及广义金融市场分析。但作者没有停留在一般的统计图表式的描述性解释上,而是进一步探讨了计量模型方法,包括围绕将传统的资金流量表转换为矩阵式的资金循环表所开展的金融风险的波及效应及乘数分析,以及根据资金循环包括实体经济与金融经济、国内与国外的特点,建立了结构方程式,推测分析比较复杂的经济结构关系。对资金循环计量分析方法的创新应该说是本书的一大特点。

国际资金循环的概念与分析部分应该说是本书的一项创新且具有国际前瞻性。这部分内容包括了国际资金循环分析的理论及统计观测体系、分析的理论模型与应用。作为模型应用的实证分析,作者对东亚地区的国际资金循环与中国的对外资本流动、中美对外资金循环的镜像关系、中日对外资金循环的比较展开了实证分析。随着IMF编制国际资金循环统计表的推广,本书的这些理论模型与实证分析无疑将很有参考价值。

本书的最后一部分是金融风险监测。2007年美国爆发金融危机后,金融监管越来越受到重视,从作者对国际资金循环统计监测体系与金融风险测度和中国金融压力的误差修正模型及其分析的内容可看出,国际资金循环的视点监测金融风险应该是很有必要而且也很有开拓价值的一个新领域,而运用误差修正模型测量金融压力及其长期与短期的影响应该是本书的又一个亮点。

当然,这本书并非十全十美,从金融学专业的角度看,本书关于对金融市场变动的一些分析还显得有些单薄,有些表述还欠缺对金融市场机制的理解。但瑕不掩瑜,本书仍不失为一部很有学术价值的作品,是作者在国内外从事教学与研究工作二十余年的结晶。

本书作者一直在资金循环分析的领域里持之以恒地耕耘。虽然他长期旅居日本,但始终关心祖国的建设,与国内有关部门与院校联系密切。能被央行聘为

资金循环分析的理论与实践

特约研究员以及被 IMF 聘为技术专家,可见他的研究能做到理论联系实际,并达到了国际领先水平。而且,本书所论述的理论和方法也正是国内的经济建设与教学科研所需要的。鉴于这些原因,我毫无保留地向相关研究领域的学者、研究生以及相关政策部门推荐本书。

北京大学金融与证券研究中心主任,教授

2013 年 10 月于海淀蓝旗营

前　言

本书是笔者多年来从事资金循环统计（Flow of Funds Account，FFA）和分析方法以及国际资金循环（Global Flow of Funds，GFF）的部分研究成果的汇集。1987年，笔者在北京经济学院任教时曾参加了由国务院核算办组织的有关建立中国国民经济核算体系（System National Accounts，SNA）的课题研究。在学习与研究中外的有关SNA的文献中，笔者注意到FFA在整个SNA中具有很特殊的位置，它既连接了金融经济与实体经济，还反映了国内部门与海外部门的经济往来，而且既包括流量统计，又衔接了存量统计，是SNA中具有中枢地位的账户，笔者对此产生了浓厚的探求兴趣。1989年，笔者赴日留学以后一直在此领域耕耘，1993年凭借以"资金循环分析的理论与应用"为题的学位论文获取了博士学位，这是日本立命馆大学百年校史上首次在博士课程结束后直接授予的经济学博士学位。

FFA经常被形象地比喻为国民经济这一有机体中的血液循环。FFA分析始于美国康奈尔大学莫瑞斯·A.柯普兰（Morris A. Copeland）教授的《美国货币流量研究》（*A Study of Money Flows in United States*，1952）。受其影响，世界各国央行纷纷建立了FFA核算制度。1968年，FFA核算成为国际通用的SNA的中枢账户，其统计方法及分析应用在各国取得了初步的推广。1993年，国际货币基金组织（IMF）、世界银行等国际组织对SNA体系进行修改，根据金融交易方式的创新以及金融交易制度的变化，FFA在部门分类、交易项目、账户设置方面又有了进一步的充实改进。2008年的SNA更新版，更加充实了FFA的分类及使用功能，增加了对跨境金融交易的统计描述，明确了货币统计与FFA的联系，强调FFA以三维结构来表述金融统计数据，倡导应用FFA矩阵表（From whom-to-whom Flow of Funds Accounts）。在2013年第59届国际统计学会上，IMF统计司的统计专家更是提出了有关测量国际资金循环的统计框架构想。

由此可知，FFA是国际间具有统一核算框架的统计体系。但从FFA及其分析应用看，与同为SNA主要账户的国民收入与投入产出的统计数据和分析应用相比较,有关 FFA 分析方法的研究仍然处于发展中的探讨阶段,还存在着一些局限性,主要表现在以下三方面:其一,以宏观经济学理论为依据已经建立了比较系统的 GDP 统计与国民收入分析理论;根据均衡论理论,由列昂惕夫创建的投入产出表,也已经形成了比较成熟的经济统计与投入产出的系统方法。但是至目前为止,有关 FFA 分析方法的研究仍然停留在统计描述性分析的初级阶段,还缺乏较为深入的计量分析,尚未形成 FFA 分析的理论体系。其二,由于金融创新商品的发展及金融市场结构的变化,传统的以货币供给为货币政策的目标已经不能适应实际经济发展的需要。而传统的对货币信贷统计的范围也不能反映实际金融市场的变化,因此有必要将统计观测的范围由货币信贷的概念扩展到包括货币信贷市场、证券市场、外汇市场以及海外金融市场(Offshore Market)在内的 FFA。其政策操作目标应由货币供给扩展到以 FFA 为主要参考依据;其分析方法也应以 FFA 为主要分析对象展开对政策效应的追踪。其三,传统的 FFA 分析往往将国内部门与海外部门区分开来,重点放在对国内各部门的资金筹集与使用上,忽视了在开放经济条件下的国内资金流量与海外资金流动的内在关系。随着资金流动的全球化,国内资本流出与国际资本流入的规模占 GDP 的比重越来越高。因此有必要将对 FFA 分析的范围由侧重于国内部门扩展到 GFF 分析的视野。对 GFF 的观测以及分析方法的研究具有很宽广的空间。市场经济的发展客观地对 FFA 及其分析提出了新的课题:完善 FFA,建立 FFA 分析的理论体系,开发推广 GFF 等新的分析方法等。这些既具有学术研究价值,也具有很现实的迫切性。

　　本书是有关 SNA、FFA 及其分析、GFF 监测、金融安全以及包括宏观经济的计量方法和实证分析的学术专著。考虑到 FFA 及其分析在国内还处于一个有待发展的阶段,GFF 还是一个全新的领域,对有些统计方法,比如 FFA 的金融矩阵表、GFF 的统计框架、测试金融压力的 VEC 模型等部分,笔者采用了尽可能将国际标准与国内实际相结合的方针,以期能对国内的同行友人有所参考。基于统计与分析方法体系化的视点,本书包括三个部分:一是 FFA 编制及分析方法,二是 GFF 观测及分析方法,三是实证分析。主要内容由以下十二章构成。

　　在第一章有关 FFA 的沿革中,笔者将介绍 FFA 产生的历史背景,综述相关的主要文献,概括 FFA 的发展以及基本结构。在此基础上综述有关 SNA 与 FFA 的基本关系,FFA 的统计方法,68SNA、93SNA 以及 08SNA 的更新对 FFA 的影响。

在第二章首先整理描述 FFA 体系的基本结构,然后简介美国的 FFA,以及具有六十余年历史的日本的 FFA,进而讨论在 1998 年问世的中国的 FFA。通过比较各国 FFA 的部门与交易项目分类,提出中国 FFA 的问题以及今后应改进的课题。

完成了对 FFA 产生的历史渊源及其基本特点的论述后,在第三章根据 FFA 的实物交易与金融交易的结构,建立了对实体经济与金融经济开展分析的理论框架。根据此框架,对 1992 年至 2011 年的中国经济资金循环的整体概况做了一个长期统计描述分析,勾绘出中国资金循环的基本特征、实体经济与金融经济的依存变化。观测资金的产业性循环与金融性循环的波动特点及变化趋势,发现了中国资金循环中存在的结构失衡及金融泡沫膨胀的问题。本章的内容较为侧重于实际,可供政府职能部门与政策当局做参考。

在第四章,笔者着眼于资金流量分析方法的拓展以及现实需要,在参考先行研究文献的基础上,将 FFA 表转变为矩阵式 FFA 表,建立部门间金融风险的波及效应模型并展开乘数分析,进而说明金融风险波及的机制,解析金融风险对中国金融交易项目的最终波及效应,提出政策建议及今后的课题。

从第五章开始,笔者将分析资金循环的视角由国内扩展到国际。在论述 GFF 分析的理论与统计观测体系中,提出了 GFF 的概念,将国内部门与海外部门结合起来,将国内资金流量与国际资本流动衔接起来,从储蓄投资流量、对外贸易流量、对外资金流量三方面分析 GFF 变化的机制,建立 GFF 分析的理论框架,根据国际组织公布的国际金融统计数据,探讨适用于 GFF 分析的统计观测体系。

在第六章对 GFF 分析的理论模型与应用研究中,明确了 GFF 分析的理论框架。依据此理论框架,分析考察了中国对外资金循环的特点及问题。然后根据此分析框架的理论延伸,建立了 GFF 分析的理论模型,运用模型推导出中国对外资金流量中的结构性因素及循环性因素的数量关系。GFF 模型为展开宏观金融分析提供了一种新的思路,将推动 FFA 分析理论与实践的发展。

在第七章对东亚国际资金循环与中国对外资本流动的分析中,讨论了自 20 世纪 90 年代以来在东亚地区资金循环中出现的怪圈以及中国对外资金循环的特点,论述了发展中国家的对外资本净输出的资金循环模式的问题。本章结合东亚地区的国际资金循环特征,运用资金流量统计及国际收支等统计数据,解释了怪圈出现的原因,提出了我国应当采取的对策。

日本在第二次世界大战后的经济发展中有其高速的发展阶段以及伴随着泡沫经济破灭所呈现的萧条现状,在第八章的中日对外资金循环的比较与展望中,笔者试图通过比较中日对外资金循环的基本特点及相互依存关系,分析中日两国对外资金循环的变化及问题。进一步,通过建立GFF模型,在整个宏观经济框架中系统地考察20世纪90年代以来的中日对外资金循环中存在的结构性问题,探讨90年代初日本泡沫经济破灭对中国的启示,并展望中国经济的未来。

2008年美国爆发的金融危机对世界经济产生了深刻的影响,在第九章的中美对外资金循环的镜像关系及其风险分析中,笔者基于GFF分析的视角,从储蓄投资与经常收支以及国际资本流动三方面,探讨了自90年代以来的中美两国在对外资金循环中出现的镜像关系与中国国际收支长期存在的双顺差现象,以及由此所产生的巨额外汇储备的风险,提出了对外资金循环结构性调整以及完善经济发展模式的政策建议。

2008年以来,中国经济发展的基本层面出现了结构问题,在第十章的中国对外资金循环与外汇储备的结构性问题的分析中,笔者探讨了自90年代以来的中国对外资金循环的特点及结构性问题。根据资金循环的动态过程建立了GFF分析的理论模型,从储蓄投资与经常收支以及国际资本流动三方面,分析了中国对外资金循环出现的双顺差现象以及由此所产生的外汇储备急增的问题,提出了保持适当的外汇储备规模调整经济发展模式,使中国经济的发展由追求"量"的增长转变为"质"的提高的政策建议。

1997年的亚洲金融危机以及2008年美国的次贷危机,对中国经济增长的外部环境产生了很大影响,在第十一章的对GFF统计监测框架与中国的金融安全的研究中,笔者参考IMF公布的金融稳定统计数据,根据GFF的运转机制及其理论框架建立了GFF的统计监测体系。本章重点探讨了建立资金循环动向指数、合成指数以及金融压力指数的统计框架,变量选取基准以及编制方法。作为一个实证分析,本章编制了以2004年1月至2012年9月的月度数据为观测对象的金融压力指数,并对中国金融做了压力测试。

第十二章是基于GFF视角对金融压力研究的继续。构成金融压力的因素有很多,各变量之间的关系错综复杂,仅以单变量序列为研究对象远远不能反映金融压力变化的结构关系,需要选择多变量并且检验其变量的平稳性。为此,本章引入协整分析方法并建立误差修正模型,以期观察多个变量之间的动态互动关系,测量其对形成金融压力的结构性影响,展开推测分析。

从1987年至今,笔者在从事FFA统计及分析方法研究的过程中得到了许多良师益友的帮助。本书起源于参加国务院核算办组织的有关SNA以及FFA的课题研究。首先应该感谢时任国务院核算办副司长的李启明先生的帮助,为笔者的研究提供了许多便利,引荐笔者参加了数次有关SNA的研讨会,还在1987年初冬一同去江西做了地区核算的调查研究。中国人民银行调查统计司也是笔者长期从事研究的重要合作伙伴,为笔者提供了许多在制度允许下的有益帮助。1997年时任司长的王小奕先生聘任笔者任资金流量核算特约研究员,使旅居海外的笔者感受到了信任与责任。在2012年4月,笔者还以IMF技术援助专家的身份参与了IMF对中国人民银行的统计技术援助,再次就FFA及分析方法与调查统计司的各位同行做了富有成果的交流。在此感谢王小奕先生、阮建弘女士、张文红女士长期以来的帮助。

1989年笔者留学日本后,为了使中国的SNA与国际统计标准接轨,由笔者牵线,在时任国家统计局方法制度司司长龙华先生与京都大学经济研究所所长佐和隆光教授的支持下,从1990—2005年筹办了八次以SNA为主要内容的中日官方统计研讨会。在筹备与参加历次交流会中,笔者也是收益良多,在此感谢国家统计局的龙华先生、林贤郁先生、许宪春先生。

留学旅居日本二十余年,感谢笔者的老师佐和隆光先生(现为滋贺大学校长)、铃木登先生(已故,立命馆大学教授)、笔者的同事豊田利久先生和寺本浩昭先生、FFA研究领域的前辈松浦宏先生、笔者的研究伙伴辻村夫妇(庆应大学教授)、日本银行的菅野雅明先生和荻野觉先生,他们在专业领域给予了笔者无私的帮助。此外,笔者从2008年开始受聘为IMF统计技术援助专家,在参加历次IMF统计技术援助代表团活动时,Armida San Jose女士、Jaroslav Kucera先生、Xiuzhen Zhao女士都给予了笔者很多帮助,对笔者研究货币与金融统计的国际标准和实际操作以及GFF统计方案的制订很有启发,在此一并致以诚挚的谢意。

在二十年余年的学术研究过程中,北京大学金融研究中心主任曹凤岐教授始终给予了笔者热忱的帮助。在曹老师的邀请下,我曾兼任北京大学金融研究中心特约研究员,多次参加了曹老师主持的重大项目课题研究。曹老师的学术

资金循环分析的理论与实践

造诣与热诚正直的为人使笔者受益良多,笔者既感受到了高屋建瓴式的大家风范,也体会到了学术作品源于人品的治学之道。在此向曹老师及夫人孙立军老师表示由衷的谢意。

在笔者的学术生涯中还有两位对笔者有很大影响的老朋友。一位是中国人民大学应用统计研究中心主任金勇进教授。他不仅是笔者小学的同学,还是与笔者共赴黑龙江兵团的"难友",也是笔者学术道路上的良师挚友。勇进学兄曾多次邀请笔者回国参加国际统计学论坛的学术交流会,给笔者提供了与国内同行交流的机会,增进了笔者的学识。另一位是北京师范大学国民核算研究院的邱东教授。与邱东学兄初相识于1983年冬季在昆明召开的第三届中国统计学会年会上,重逢于1987年秋天在大连召开的第一届全国中青年统计科学讨论会上,我们共同组织了2013年8月在香港召开的第59届国际统计学会特别专题会议(Measuring China's economic performance)。由于研究领域相近、基本看法一致,多年来我们之间的交往依旧如故。君子之交淡如水,借此机会向两位老友说一声:谢谢!

在写作本书期间,笔者曾两度访问山西财经大学,与李宝瑜教授的研究团队就FFA做了有意义的交流。也曾受中国人民大学高敏雪教授相邀,向她的研究团队介绍了本书的基本结构,展开了深入的讨论。在此向这两位长期在SNA这块田地里持之以恒的耕耘者表示敬意。为本书的出版,北京大学出版社的贾米娜、姚大悦编辑给予了很多关照,付出了辛劳,在此一并表示感谢。

北京师范大学国民核算研究院资助了本书的出版,在此致以诚挚的谢意。

根据以上的研究背景以及现实需要,笔者将旅居海外多年的部分学术成果及最新的研究整理为中文出版,奉献给国内的学术同行及相关的政策部门。希望本书能对学术研究有抛砖引玉的效果,对实际的经济决策有参考之用。作为对资金循环分析理论与方法的研究,本书仅是笔者在此领域探求的一管之见,其中肯定有许多不足之处,敬请广大读者谅解,并能对书中的错误不吝赐教,共同促进学术的创新与发展。

张　南

2013 年仲秋

电子信箱:nanzhang08@gmail.com

第一章	资金循环分析的统计框架	/1
第一节	温故而知新:FFA 的历史沿革	/1
第二节	SNA 的扩展与 FFA 的变化	/15
第三节	对 FFA 的展望	/27

第二章	FFA 的基本结构及主要模式	/33
第一节	FFA 的账户体系及基本结构	/33
第二节	美国的 FFA	/41
第三节	日本的 FFA	/46
第四节	中国的 FFA	/53

第三章	中国经济高速增长期的资金循环:1992—2011	/68
第一节	实体经济与金融经济的变动依存关系	/69
第二节	非金融部门的资金余缺分析	/75
第三节	广义金融市场分析	/83
第四节	今后的课题与展望	/89

第四章	中国资金循环的波及效应及金融风险测算	
	——基于矩阵式资金流量表的考察	/92
第一节	文献综述	/92
第二节	部门矩阵表的编制及部门间资金流动的特征分析	/95
第三节	金融风险的波及效应及乘数分析	/104
第四节	政策建议与今后的课题	/114

第五章	国际资金循环分析的理论与统计观测体系	/119
	引言	/119
	第一节　国际资金循环分析的先行研究	/120
	第二节　国际资金循环统计的理论框架	/122
	第三节　国际资金循环的统计观测体系	/125
	第四节　国际资金循环统计的展望	/135

第六章	国际资金循环分析的理论模型与应用	
	——中国对外资金循环的特点及问题	/137
	引言	/137
	第一节　国际资金循环分析的理论框架	/138
	第二节　中国对外资金循环的基本特点	/140
	第三节　计量模型的建立	/144
	第四节　推测的结果及计量分析	/149
	第五节　分析的结论及有待解决的课题	/156

第七章	东亚国际资金循环的怪圈与中国的对外资本流动	
	——亚洲金融危机的统计观察	/158
	第一节　东亚地区国际资金循环的特征	/160
	第二节　美元本位制与过剩的国际资本流动	/166
	第三节　新兴市场资本流动的怪圈	/168
	第四节　中国对外资本流动的基本特点及问题	/174
	第五节　分析的结论	/181

第八章	中日对外资金循环的比较与展望	/183
	引言	/183
	第一节　分析的理论框架	/184
	第二节　中日对外资金循环的基本特点	/185
	第三节　国际资金循环分析模型	/199

第四节 推测结果的分析 /202
第五节 分析的结论 /203

第九章 中美对外资金循环的镜像关系及其风险分析
　　——2008年美国金融危机的统计观察 /221
引言 /221
第一节 国际资金循环分析的理论框架 /224
第二节 美国对外资金循环的失衡与中国的镜像关系 /227
第三节 中国对外资金循环的结构性问题及风险 /232
第四节 对外资金循环中隐藏的奥秘——投资收益的比较 /237
第五节 结论与政策建议 /240

第十章 中国的对外资金循环与外汇储备的结构性问题 /243
引言 /243
第一节 国际资金循环分析的理论框架 /245
第二节 中国的对外资金循环中发生了什么？ /248
第三节 计量模型的建立 /252
第四节 推测结果及计量分析 /255
第五节 分析的结论 /261

第十一章 国际资金循环统计监测框架与金融风险测度 /267
第一节 关于FSIs的文献综述 /268
第二节 国际资金循环的统计框架 /272
第三节 国际资金循环分析的统计监测体系 /277
第四节 建立国际资金循环动向指数 /282
第五节 中国金融压力指数的构建及统计描述 /286
第六节 结论及今后的课题 /290

第十二章　国际资金循环与中国的金融压力分析　　　　　　　　/291
　　第一节　变量的选择与单位根检验　　　　　　　　　　　　　　/291
　　第二节　协整分析与 VEC 模型的建立　　　　　　　　　　　　　/295
　　第三节　金融压力的实证分析　　　　　　　　　　　　　　　　/305
　　第四节　结论及今后的课题　　　　　　　　　　　　　　　　　/310

参考文献　　　　　　　　　　　　　　　　　　　　　　　　　　/313

第一章 资金循环分析的统计框架①

资金循环统计(Flow of Funds Account,FFA)是从宏观经济视野鸟瞰实体经济与金融经济的数量依存关系,反映资金的流量与流向以及存量,其外延包括国内与国外的资金循环的统计观测体系。FFA 问世已经有七十余年的历史,目前作为国际通用标准,世界上大多数国家都在采用该统计体系。本章首先介绍 FFA 产生的历史背景,综述相关的主要历史文献,在此基础上简述历次 SNA 版本更新对 FFA 的影响,概括 FFA 的发展。

第一节 温故而知新:FFA 的历史沿革

宏观经济学将经济活动分为以商品生产为主的实体经济的活动与金融交易两个方面。第二次世界大战后的经济学者根据总供需平衡原理,运用国民收入账户,展开了对资本积累以及总储蓄的关系的分析。其分析的着眼点往往以实物流量如国民收入为观察起点,进而分析消费与投资结构,以及从资本形成把握与总储蓄的均衡。而始于 20 世纪 50 年代初的资金循环分析则是从相反的方向,以金融交易为观察的媒介,从总储蓄的资金流量反向观察分析资本形成的因果关系。这种分析方法不仅是对以实体流量为中心的国民收入分析的充实,更将国民收入分析扩展到金融方面,从"资本形成→总储蓄→资本形成"这样一种循环流量的视点来观察资本积累。下面介绍 FFA 产生的历史背景、各国的现状以及今后的展望。

---

① 国内通常将"Flow of Funds Account"统称为资金流量账户,但笔者认为除了流量外还有存量统计(Stocks)的含义,所以译为资金循环账户可将流量与存量均包括在内,比较贴近原意。

一、斯通的滞留账户

FFA及其分析产生于第二次世界大战后世界经济复苏的历史时期。处于萌芽期的FFA可以列举出由理查德·斯通在1948年为了推测英国的资本积累所创建的英国的滞留账户。① 为测量英国的资本积累状况,斯通曾设计了三张宏观经济账户(Social Account),即经营账户(Operating Account)、拨付账户(Appropriation Account)、滞留账户(Resting Account)。其中的滞留账户(参见表1-1)虽然将英国经济只划分为企业部门、公共机构部门以及综合部门三个部门,但该表显示了这些部门间对资本性流动与金融借贷的相互交流关系。从表1-1可看出,基于国民经济核算体系的角度来看,这张表有四个特点:第一是采用了会计账户形式,每一部门按照收支平衡会计原理设计;第二是这张表反映了宏观经济状况,可以体会到当今的国民经济核算的雏形;第三是从这张表中的主要科目可以看到与国民收入账户的关系;第四是这张表不仅反映了实物流量,而且在一定程度上反映了资金的信贷关系,将宏观经济划分为三个部门,从中可以看到FFA的雏形。

表1-1 英国的滞留账户(1948年)　　　　(单位:100万英镑)

	企业				
23	固定资产形成	1 486	28	折旧	681
24	库存变动	132	29	储蓄	555
25	对医师与齿科医师的报酬	-3	30	战争灾害补偿	115
26	净信贷及负债的返还:		31	战后退还的多征税额	15
	(a) 居民	-177			
	(b) 公共机构	-175			
	(c) 国外	103			
27	总支出额	1 366	32	总收入额	1 366
	居民与非营利机构				
53	固定资产形成	75	57	折旧	34

---

① Richard Stone, "Functions and Criteria of a System of Social Accounting", *Review Income and Wealth*, 1(1), 1951.

（续表）

54	资本课税	214	58	储蓄	310
55	净信贷及负债的返还：		59	战争灾害补偿	35
	（a）企业	177			
	（b）公共机构	-87			
56	总支出额	379	60	总收入额	379

公共机构

82	固定资产形成	429	89	折旧	110
83	已存资产的净购入	-45	90	储蓄	392
84	对医师与齿科医师的报酬	3	91	经济复兴计划赠与	125
85	战争灾害补偿：		92	资本课税	214
	（a）企业	115			
	（b）居民	35			
86	战后退还的多征税额	15			
87	净信贷及负债的返还：				
	（a）企业	175			
	（b）居民	87			
	（c）国外	27			
88	总支付额	841	93	总收入额	841

综合部门

153	固定资产形成：		158	折旧	825
	（a）企业	1 486	159	储蓄	1 257
	（b）居民	75	160	经济复兴计划赠与	125
	（c）公共机构	429			
	（合计）	(1 990)			
154	已存资产的净购入	-45			
155	库存品变动	132			
156	对国外的信贷：				
	（a）企业	103			
	（b）公共机构	27			
157	总支出额	2 207	161	总收入额	2 207

资料来源：Richard Stone, "Functions and Criteria of a System of Social Accounting", *Review Income and Wealth*, 1(1), 1951.

不言而喻,这张表是按照包括了国民收入统计在内的综合账户体系的一环来设计编制的。按照目前的资金循环统计的观点看,在这张表中有两个缺陷:第一是表中的金融交易并没有将货币与货币以外的交易手段分离。第二是金融部门也还没有被作为一个独立的部门处理,所以在观测金融结构方面还存在着很多局限性。但是从建立SNA,特别是其后诞生的FFA的角度看,这张表无疑具有先驱性的意义。按照这种综合账户体系形式,在某种程度上可以分析金融的循环过程,为其后产生的FFA提供了启蒙思路。

受斯通设计的滞留账户以及国民收入账户的影响,在20世纪50年代前后欧美等国建立了类似的资金账户。美国更是首创了货币循环统计制度,下面介绍北欧等国的具有FFA雏形的相关金融账户。

二、丹麦的资金账户

与斯通的滞留账户相比较,丹麦的资金账户将金融部门更加细分,即着眼于与金融交易的相互关系,又试图与国民收入账户里的储蓄和实物投资相结合。表1-2将金融部门划分为中央政府、中央银行、民间银行、储蓄银行、融资机构、其他国内部门以及国外部门;其他国内部门里包括地方政府、企业、住户。表1-2中宾栏的交易科目表示了金融性流动过程。首先出现的是净信贷额,是和实体经济的储蓄与投资差额的接口,反映资金余缺。其次按照资金流动性依次由欧洲复兴计划信贷、国际复兴开发银行信贷、手持外汇、手持有价证券、政府信贷、融资机构信贷、银行与储蓄银行信贷、其他国内信贷八项科目组成。这些金融性收支的差额和第一栏的储蓄与投资的差额相对应,即显示了各部门的资金余缺状况。这里贷方表示资金盈余,借方表示资金不足。以表1-2中的其他国内部门为例,实物投资超过储蓄6.86亿克朗,此投资缺口通过向政府及银行借贷,在合计(净额)栏中表示增加了2.9亿克朗。其构成由宾栏最下两行显示,手持现金与中央银行存款减少了0.11亿克朗,银行与储蓄银行存款减少了2.79亿克朗。

表1-2 丹麦的资金账户（1949年）

（单位：100万克朗）

	中央政府		中央银行		民间银行		储蓄银行		融资机构		其他国内部门		国外部门	
	借方	贷方	借方	贷方	借方	贷方	借方	贷方	借方	贷方	借方	贷方	借方	贷方
净信贷贷额（储蓄—投资）		936									686		250	
欧洲复兴计划信贷		66											66	
国际复兴开发银行信贷		35											36	
手持外汇	480		297			26								
手持有价证券	230			10		142		227		210	11	230		282
政府信贷			10								179			70
融资机构信贷	76				332		303			210		210		
银行与储蓄银行信贷					137	27	32	43				635		
其他国内信贷					77		108		210			91		
合计（净额）	252	252	297	297							11	290		
手持现金与中央银行存款	252			297				65						
银行与储蓄银行存款					214						279			

资料来源：O.E.C., "National Accounts Studies, Denmark", Table 28, 1951.

资金循环分析的理论与实践

从表1-2的部门设计可知,由于该表的分析重点在于观察财政金融政策,所以国民经济的其他各个部门都被综合在一个部门。这种部门设计对分析中央政府的财政政策与中央银行的金融政策是很有意义的,但也遗留下两个问题:一是为了从经济的实物面与金融面观察经济整体的活动,应该将资金账户的部门分类再细分,与国民收入账户的部门分类保持一致;二是各部门储蓄与投资的差额不应该仅用净额表示,还应该保留储蓄与投资各自的总额,以便考察收入与生产的关联。

三、联邦德国的资金账户

联邦德国的资金账户与丹麦的资金账户比较类似,但更加注重与国民收入分析的关联。联邦德国的资金账户是由美国联邦储备局的H. K. 赫瑟(Henry K. Heuser)参考荷兰中央计划局与荷兰中央银行的分析方法设计编制的。如表1-3所示,该表的部门分类与丹麦的资金账户近似,依次划分为政府部门、民间部门、国内银行以及外国银行,也将企业部门与住户部门划归入民间部门,没有区分住户的储蓄与企业的储蓄。但与丹麦的部门分类不同的是,联邦德国将银行等机构都归入一个金融部门,而且政府部门还包括地方政府。联邦德国的资金账户并没有像丹麦的账户那样在每一部门下分别设置资产与负债的复式计账,而是在宾栏交易项目的设计上采取了资金的来源与使用相互对应的形式。对资金来源按照非金融性科目与金融性科目做了分类;资金的使用则按照流动性资金、外汇资金以及黄金的现存余额分类;最后可以显示资金来源等于资金使用的平衡关系。这种交易项目的设计也与丹麦的处理方式比较接近,将观察的重点放在财政及金融货币当局的资金操作上。同时,对非金融性的净收入额,按照收入、支出两个方面计算出储蓄与投资差额,与资金盈余或不足额衔接,使其与国民收入账户相对应。

表1-3 联邦德国的资金账户(1953年)

(单位:10亿联邦德国马克)

	政府部门	民间部门	国内银行	外国银行	合计
非金融性资金来源(净额)	3.5	0.5		-3.9	0.0
可分配收入+折旧(+)	33.3	108.0		-3.9	137.4
来自国民总产值的收入	22.1	115.3			137.4

（续表）

	政府部门	民间部门	国内银行	外国银行	合计
（扣除净出口）					0.0
净出口收入		3.9		-3.9	0.0
政府转账与利息	-5.7	5.7			0.0
缴纳社会保险	1.5	-1.5			0.0
法人税、事业直接税、税外负担	15.4	-15.4			0.0
国内总支出*（-）	-29.8	-107.5			-137.3
消费	-22.0	-81.8			-103.8
总投资	-7.8	-25.7			-33.5
金融性资金来源（净额）	0.5	4.9	-5.8	0.3	-0.1
净借款额					0.0
银行—民间部门		5.6	-5.6		0.0
政府—民间部门	0.4	-0.4			0.0
国内部门—国外	-0.1	-0.3	-0.2	0.6	0.0
来自国外赠与	0.3			-0.3	0.0
资金来源合计（净额）	4.0	5.4	-5.8	-3.6	0.0
对政府的短期债权	0.4	-0.4			0.0
活期存款	1.3	1.0	-2.3		0.0
定期存款	0.9	0.9	-1.8		0.0
储蓄存款	1.4	2.7	-4.0		0.1
通货		1.2	-1.2		0.0
黄金与外汇			3.6	-3.6	0.0
资金使用合计（净额）	4.0	5.4	-5.8	-3.6	0.0

注：*国内总支出中不包括净进口收入。

资料来源：H. K. Heuser, "Recent Financial Changes in Western Germany", *Federal Reserve Bulletin*, Oct. 1954.

非金融性的交易由商品、劳务、生产要素以及转账支付构成。特别是转账支付，表示的是政府部门与民间部门的相互交易。相对应于表1-3中的非金融性资金来源（净额）科目而言，政府部门为资金盈余35亿联邦德国马克，民间部门为资金盈余5亿联邦德国马克，二者合计额与净出口收入的39亿联邦德国马克（外国银行的-39亿联邦德国马克）相对应，从净出口收入的39亿联邦德国马克中扣除向国外的净贷款3亿联邦德国马克所余下的36亿联邦德国马克就是手持外汇与黄金的增加额。

四、柯普兰的货币循环账户

斯通所设计的账户以及丹麦与联邦德国等的账户体系在某种程度上从金融交易方面充实扩展了以往的国民收入账户,在有意识地完善国民收入账户体系化的同时,按照社会账户体系力图开展包括实体经济与金融经济的结构性分析。几乎是同一时期,由美国康奈尔大学的柯普兰教授首创的货币循环账户在美国联邦储备局问世。与国民收入账户相比,货币循环账户既包括非金融交易,也涵盖金融交易,以流量科目为主,但也包含存量科目,是比较综合的账户体系。

柯普兰的 A Study of Money Flows in the United States(《美国货币流量研究》,1952,以下简称《研究》)一书有338页,此外还附有数据出处的资料以及数据处理的详细解释附录241页,是一部开拓了资金循环统计及分析领域的集大成著作。该著作由全美经济研究所(National Bureau of Economic Research,NBER)的第54期研究系列丛书出版。限于篇幅,笔者只就《研究》一书的特点做简要介绍。《研究》一书对其后建立资金循环账户的最大贡献就是使用时间序列数据,对1936—1942年美国的货币流量及流向进行了实证推测,并考察了其分析方法的运用。那么,作者所构想的货币流量是什么呢?如图1-1所示,柯普兰在《研究》一书中将整个经济分为四个交易主体,分别为住户(Households)、其他交易者(All Other Transactors)、产业公司(Industrial Corporations)、联邦政府(The Federal Government)。在主要交易主体之间进行交易时会出现如同水流或电流那样不同的主要货币循环(The Main Money Circuit),将这些货币流向不同的量归纳汇总起来,就是柯普兰所构想的货币流量。这里所言的主要货币循环,作为一个货币汇总量并非如货币数量学说的数量方程式右边(价格与交易量的乘积)所表现的那么大。也就是说,主要货币循环并不包括在上述交易主体间所进行的所有交易,比如不以货币为支付手段而使用银行支票的交易等技术型交易(Technical Transactions)就不包括在主要货币循环之中(Copeland,1952,p.9)。换言之,所谓的"主要货币循环"被定义为包括了为综合实施经济调控而发挥本质作用的所有货币流量。也就是说,在计量主要货币循环时,凡是被认为与一般均衡论,或与雇用、利息及货币理论相对应的所有货币流量都包括在内(Copeland,1952,p.10)。

第一章 资金循环分析的统计框架

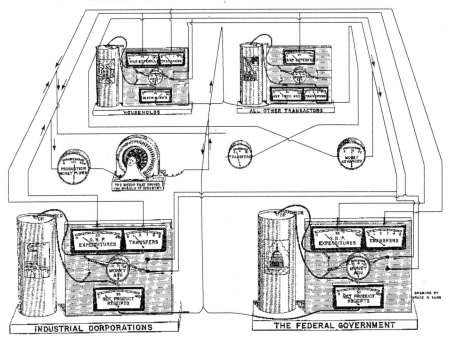

图 1-1 主要的货币循环流程图（Wiring Diagram for the Main Money Circuit）
资料来源：Copeland Morris A., *A Study of Money Flows in the United States*, National Bureau of Economic Research, 1952, p. 245.

柯普兰进一步指出，"在能够取得数据的条件下，货币循环统计的范围应该包括商品与劳务的交易所产生的货币流量，在国民收入及生产账户中所出现的购入与为了再销售的购入所发生的所有货币流量，从一个经济机构部门向其他部门收支转移的货币流量（赠与、支付工资等），以及通过金融的渠道从某一部门向其他部门的净货币流量"（Copland, 1952, p. 11）。这就是柯普兰在其《研究》一书中所推测的，并根据其结果所要构筑分析结论的主要货币循环的设想。为了观测主要货币循环所采取的社会会计方法（The Social Accounting Approach）是柯普兰所采用的基本分析框架，由三部分构成。第一是各机构部门间以商品劳务为主的生产活动和与之相对应的收入相关联的货币流量。第二是与反映收入的分配和再分配相关联的收入转移的货币流量。第三是通过金融交易所形成的净货币存量,即反映金融资产或负债净增加的货币存量。由柯普兰所设计倡导,美国联邦储备制度委员会(Board of Governors of the Federal Reserve System)的 D. Brill 及其工作小组所继承编制的美国货币循环表如表 1-4 所示。

表 1-4 体现了货币循环账户的三个特点。第一,按照机构部门(Institutional Basis)分类,除了 10 个国内部门以外还设有国外部门,比起以往的国民所得账户的企业、住户及政府三部门(按经济活动分类,Activity Basis)而言,货币循环统计的机构部门分类更加详细。第二,不但将交易项目按照非金融交易与金融交易大分类,还有各个交易项目的细分类。第三,每一部门均按照会计复式记账方式设有资产与负债。

从表 1-4 的整体结构还可看出,上半部分各部门的非金融交易收支的差额与下半部分各部门的金融净资产的增减成对应关系。比如,住户部门的资产与负债的差额为净负债增加 20 亿美元,同时该部门金融净资产的部分表现为资金净筹集额为 23 亿美元,统计误差为 3 亿美元,所以住户部门内最下面三个科目的资产方合计(636 亿美元)等于负债方合计(636 亿美元)。但此货币循环账户由于没有列出有关实物资产增减的调整,所以此表看不到储蓄与实物投资的关联。将国民经济账户的体系与货币循环的账户体系做比较,有如下关系式成立。

$$国民经济账户:\begin{matrix}S-I\equiv R-E\\S-I\equiv L-B\end{matrix}$$

$$货币流量账户:R-E\equiv L-B$$

其中,S 为储蓄,I 为实物投资,R 为来自其他部门的非金融性收入,E 为对其他部门的非金融性支付,L 为贷出,B 为借入,以上各项仅表示流量。

国民收入账户与货币循环账户最基本的差异在于,前者是以资本积累为媒介的双重账户,而后者是以资金性操作为目的的单一账户。因此,在货币循环账户里,商品的生产、消费、储蓄等的关系并没有成为直接统计的对象,而是将其归属到国民收入账户里,所以在货币循环统计里也就不需要各种虚拟核算(Imputation)。

在处理非金融交易时,货币循环统计体系里并没有反映包含实物资产在内的净资产的累积,即没有使用储蓄的概念,所以有关商品买卖的货币性收支在原则上是不区分经常性收支与资本性收支的,而是将其放在一起处理(参照表 1-4 的其他商品劳务科目)。所以各部门的资金盈余也就是净金融资产的增加额,此

第一章 资金循环分析的统计框架

表 1-4 美国货币循环表（1936年）

（单位：10亿美元）

	住户		非金融企业		非金融非农个体		农户		联邦政府		地方政府	
	资产	负债	资产	负债	资产	负债	资产	负债	资产	负债	资产	负债
非金融交易												
工资	0.8	41.0	22.9		6.9		0.7		4.0		3.6	
利息	1.4	2.8	1.8	0.4	0.4	0.1	0.5		0.9	0.5	0.6	0.1
红利	3.3	4.6	5.3	1.1	1.2	0.1	0.5					
租金	4.2		1.8	0.5	0.4	0.2	0.1					
支付保险	1.2	2.8	0.9		0.0	0.1		0.3	0.1	0.1	0.2	0.1
取得保险	2.6			0.2	1.5		0.5					0.2
捐赠		3.5	5.0			1.0				0.1	1.9	1.8
支付税金									3.6	4.2		6.8
退税								0.1	0.1			
个体企业净收益		8.0			4.3		3.1					
不动产买卖		0.6	0.1		0.1				1.8		3.7	
其他商品劳务	48.0	0.1	84.2	120.2	34.3	48.3	3.2	8.4		0.7		1.0
合计	61.3	63.3	122.1	122.5	49.1	49.7	8.5	8.8	10.6	5.6	9.9	10.0
金融资产与负债（年末）												
现金/存款	31.8		8.9		5.2		1.9		2.0		3.5	
黄金/政府货币										0.1		
应收款/应付款	9.8	3.1	16.1	12.6	6.9	5.5		1.6			0.3	
国债			1.7		0.7					39.4		19.6
证券信贷	111.0	21.9	21.9	105.2	2.2	6.9		8.4	11.2		4.3	
合计	152.6	24.9	48.7	117.8	15.0	12.3	1.9	10.0	13.2	39.6	8.0	19.6

（续表）

	住户		非金融企业		非金融非农个体		农户		联邦政府		地方政府	
	资产	负债	资产	负债	资产	负债	资产	负债	资产	负债	资产	负债
净金融资产												
年末	127.6			69.1	2.7			8.1		26.4		11.6
净增减	2.8		-0.3		0.5		0.3			5.1	0.3	
评价损益	-0.5		0.6		0.2		0.3			-0.1		
资金净筹集额	2.3		0.3		0.7					5.0	0.3	
资金使用与来源												
非金融净交易（合计）	61.3	63.3	122.1	122.5	49.1	49.7	8.5	8.8	10.6	5.6	9.9	10.0
资金净筹集额（合计）	2.3	0.3	0.3		0.7		0.3			5.0	0.3	
统计误差			0.1		0.1					0.1		0.2
合计	63.6	63.6	122.5	122.5	49.8	49.8	8.8	8.8	10.7	10.7	10.2	10.2

表1-4（续） 美国货币循环表（1936年）

（单位：10亿美元）

	证券不动产		生命保险		其他保险		银行		国外		统计误差		合计	
	资产	负债	资产	负债	资产	负债	资产	负债	资产	负债	资产	负债	资产	负债
	1.1		0.4		0.2		0.5		0.2				41.1	41.0
	1.3	1.0		0.9		0.2	0.5	1.7					7.6	7.6
	1.6	1.4			0.1		0.2	0.1					7.5	7.5
	0.3		0.2	0.2	0.1	0.1	0.1	0.1	0.2	0.2			7.2	7.2
	0.3	6.1	1.9	3.5		2.4							6.2	6.2
					1.1								3.3	3.3
													6.8	6.8
	1.3	0.1	0.1		0.1			0.1		0.2			11.1	11.1

（续表）

	证券不动产		生命保险		其他保险		银行		国外		统计误差		合计	
	资产	负债	资产	负债	资产	负债	资产	负债	资产	负债	资产	负债	资产	负债
	0.6												0.1	0.1
	0.3												8.0	8.0
			0.4	−0.2	0.7		0.3	0.4	3.0	3.2	1.3		0.5	0.5
	3.0	1.6	3.0	4.4	2.3	2.7	1.8	2.2	3.4	3.7	1.3		183.9	183.9
	9.7	10.1											283.0	283.0
							13.8	58.6			0.8	12.6	0.0	0.0
	1.9		0.8		0.5				1.3	1.1			58.6	58.6
		0.2											13.7	13.7
							21.5						23.0	23.0
	1.2		3.7		0.8		31.3	6.9	1.1			0.2	39.7	39.6
	46.3	68.4	17.2		5.2		66.6	65.4	2.4	1.1	0.8	14.5	251.7	251.8
	49.4	68.6	21.7		6.4		1.2		1.3			27.3	396.6	386.6
		19.2	21.7		6.4		0.5					26.5	160.9	160.9
		1.1	1.5		0.4		−0.1		0.3			0.2	6.3	6.4
		0.1					0.4					0.1	0.2	0.2
		1.2	1.5		0.4				0.3			0.3	6.5	6.5
	9.7	10.1	3.0	4.4	2.3	2.7	1.8	2.2	3.4	3.7	1.3		283.0	283.0
		1.2	1.5		0.4		0.4		0.3			0.3	6.5	6.5
	1.6			0.1								1.0	1.7	1.8
	11.3	11.3	4.5	4.5	2.7	2.7	2.2	2.2	3.7	3.7	1.3		291.3	291.3

资料来源：Copeland Morris A., *A Study of Money Flows in the United States*, National Bureau of Economic Research, Table 18—27（pp. 106—136）and Table 40（p. 284），1952.

净金融资产增加额与其他部门的净金融负债相互抵消,全社会的合计额为零。但包括与国外交易时,会与国际收支产生一定的统计误差。在处理金融交易时,各部门相互间的交易以金融形态来表示,但并没有像做金融账户那样将各个金融流通渠道分类。而且,表1-4中的金融交易部分还给出了期初与期末的存量,与非金融交易的变化相对应,这些存量可以表示出结构性的变动。

货币循环账户体系以描述资金操作为主,所以没有涉及实物生产及储蓄的问题,但据柯普兰的观点①,当时的国民所得核算可以称得上是"I-S系统"的核算,并没有从金融方面给予测算,在试图通过利率及负债负担的变化分析市场变化时存在许多局限性。另外,根据柯普兰的分析,部门间的货币性收支可大致区分为非金融性与金融性的收支,非金融性的收支差与金融性的收支差的对应关系扮演着很重要的角色。非金融性交易的净支出增加,意味着资金不足,净金融资产的减少,即意味着需要增加从其他部门的借入、出售手持有价证券、减少存款等金融操作来取得收支平衡。与此相对应,非金融交易的净收入增加,即为资金盈余,金融净资产的增加。

但是,如《研究》一书的标题所显示的那样,柯普兰教授的研究重点停留在货币循环(现金及存款的流动)上,即把握货币循环与实体经济的对应关系(货币的产业性流通)是柯普兰主要的研究目的,但没有注意到对于货币循环内部的各种金融交易,比如现金流动、存款、银行信贷以及证券市场变化(货币的金融性流通)的观察。其后,美国联邦储备局在柯普兰教授的技术指导下对货币循环账户的编制进行了持续的研究与改进,在1955年首次公布了美国资金循环账户(Flow of Funds in the United States, 1939—1953)。这种由"Money Flows"向"Flow of Funds"的变化,不仅仅是专业术语的变化,更反映着其统计内涵及范围的变化。其账户体系的观测由以现金流通为重点发展到不仅仅是货币,而且包括各种信用形态的交易,其观测范围不仅限于货币市场,而且包括证券市场、海外市场等。受其影响,FFA被世界各国广泛接受,逐渐成为国际标准的账户体系,成为1968版SNA的中枢账户。

---

① Copeland Morris A., "The Income and Product Circuit and Money Circuit in India and the U. S.", *Bulletin of the I. S. I.*, Vol. XXXIII, Part III, 1951.

第二节　SNA 的扩展与 FFA 的变化

纵观国民经济核算的历史渊源可看出,国民经济核算体系的产生与发展可以追溯到凯恩斯/斯通的凯恩斯学派、北欧国家的国民经济核算的发展以及美国经济学者的贡献这三大源流。在斯通教授的主持下,联合国统计局于 1953 年公布了人类有史以来的第一个国民经济核算体系(A System of National Accounts and Supporting Tables,以下简称"53SNA")。53SNA 设有"国民总支出与总生产""国民收入分配""住户""一般政府""资本形成"以及"海外"六个账户,只有 45 页。除了细小的修订外,迄今为止,SAN 经历了 68SNA(245 页)、93SNA(711 页)以及 08SNA(722 页)三次大幅度的更改,取得了飞跃性的变化。在论述 SNA 体系产生及发展之前,有必要对萌生 SNA 体系的理论渊源做一个简要的背景介绍。

一、挪威经济学家对资金循环核算的理论探求

早在 20 世纪 30 年代初期,挪威的经济学家弗瑞士(Ragnar Frisch)与瑞典的经济学家林达尔(Erik Lindahl)就展开了对国民经济核算的研究,特别是对测算实体经济流量与金融经济流量的研究。弗瑞士以国民经济核算作为基本框架展开的著名研究是"经济循环图"(The Eco-circ Graph)(Aukrust,Odd,1994;倉林義正,2004)。在弗瑞士设计的"经济循环图"中有两个特点:一是经济循环中包括实物经济的循环与金融经济的循环,对二者做了明确区分。二是国民经济核算是关于经济活动变化的测量。根据此基本认识,测量的对象不但包括实物经济,即有关产品劳务的流量与存量变动的实体经济的循环,还包括金融经济,即有关经济性的要求支付权与被要求支付权变动的金融经济循环。弗瑞士更进一步对这两种形式的循环做了如下区分:把微观现象的循环形态称为"交易",而把宏观现象的循环形态称为"流量"。由此可看出,弗瑞士所谓的"流量"不外乎就是"交易"的合计量。那么,所谓的"经济循环图"也就是为表示实体经济循环与金融经济循环的发生和变动,以及显示这两种循环的相互关联所设计的图示。但在"经济循环图"构成的

资金循环分析的理论与实践

设计上存在着两点不足,其一是没有考虑到对交易主体的识别及相互关联。这一不足同样存在于柯普兰所设计的"主要货币循环"账户。在柯普兰所设计的"主要货币循环"的部门里有法人企业、联邦政府、住户、其他所有交易主体等的机构部门,但并没有考虑到对这些部门间的"主要货币循环"相互关系的追踪。由此可见,在弗瑞士设计的"经济循环图"中,构成其循环要素的交易最终都仅表示为实体性循环以及金融性循环的结果。"经济循环图"设计的另一个不足是缺乏描述经济循环的体系严谨性。与其后出现的货币循环账户联系起来考虑,力图反映经济循环的统计设计不应仅仅观测被封闭的机构部门内的实物经济的循环,还必须可以同时观测在开放的机构部门之间的实体经济的循环与金融经济的循环。

同为挪威学者的欧克鲁斯特(Aukrust)继承了"经济循环图"的思想,归纳整理了建立国民经济核算体系的基础概念,整合了国民经济核算体系的基本理论框架。他设定了经济科目(Economic Objects)与部门(Sectors)的概念。他将经济科目区分为实物性科目与金融性科目,实物性科目里不仅包括有形财产,还包括劳务;金融性科目里有货币、请求权、资产、包含在实物资产收入内的各种所有权等科目。欧克鲁斯特在强调了部门与经济科目的相互关系的基础上对部门做了如下定义:部门是支配实物资产,保有对其他部门的金融资产而且具有生产与消费能力的经济主体。他还对交易做了如下定义:交易是经济科目从某一部门向另一部门(包括本部门内)转移的行为。同一实物或金融科目的交易将其合计起来就成为流量。某一部门与另一部门之间的流量就成为部门间流量(Intersectoral Flows),同一部门内的流量成为部门内流量(Intrasectoral Flows)。此外,交易还可区分为相向而行型的交易(Requited Transactions)与非相向型的交易。欧克鲁斯特还将非相向型的交易称为转移性交易(Transfer Transactions)。

欧克鲁斯特的上述研究发表在国际国民所得与财富学会(The International Association for Research in Income and Wealth,IARIW)主办的学术期刊 *Review of Income and Wealth* 上(Aukrust,1966),其中与货币循环分析有关的两个特点值得注意。

第一点值得关注的是将企业会计的复式计账方法与复式记账体系引入到宏观核算中。由于企业会计记录损益核算表的损益核算与记录资产负债表的财产核算是同时记账的核算系统,根据欧克鲁斯特设计的核算原理,可以从实物循环与金融循环观测记录有关流量的交易额中推导出资金收支的平衡关系,所以通过分析金融循环的平衡关系也就可以测算出货币循环的基本结构。因为企业会计的资产负债表在期初和期末的时点上可以计算资产与负债的平衡关系,但国民经济核算还不能根据欧克鲁斯特设计的核算原理推导出宏观的资产与负债的平衡关系,所以这种测算方法在当时还不能直接运用到宏观的财产核算中去。

第二点值得关注的就是欧克鲁斯特对部门和交易科目的定义以及核算原理如何与在建立 68SNA 时所讨论的屏蔽账户(Screen Account, Benard, 1972)以及市场账户(Stuvel, 1965)相适应的问题。根据欧克鲁斯特的核算原理,设相向而行型的交易与非相向型的交易被同时表示为具有共同价值额的度量。所谓屏蔽账户指的是将本应在统计框架内详细记录的各个交易要素(科目)屏蔽掉,而只关注统计框架外的合计栏,按照特定的交易主体或部门的资金流入(货币循环的来源)与对特定的交易主体或部门的资金流出(货币循环的使用)整理分类,并使其平衡的核算形式。导入屏蔽账户有两个作用:一是通过建立屏蔽账户可以简化账户与记入科目;二是对相关交易科目设定屏蔽账户可以屏蔽掉交易主体之间资金的流向,可以在事后表明有关交易科目的供需平衡。由此可见,68SNA 和 93SNA 的投入产出表与资金循环账户都是沿袭了屏蔽账户的构想及核算形式。

二、从 53SNA 向 68SNA 的进展

在 53SNA 中还没有列入资金循环账户,与当时美联储建立的货币循环账户有关的部分是国内资本形成账户。如果将法人部门的借款与资本转移的调整分别处理,国内资本形成账户的资金来源方(贷方)就由以下部门构成:一是由法人总储蓄所构成的法人资本形成的资金筹集;二是由民间非法人部门的资本形成的资金筹集;三是由公共非法人部门的资本形成的资金筹集。与之对应的资金使用方(借方)就由国内固定资本形成与库存品增加这两个项目构成。因此在力图将资金筹集与资金使用结合表述的 53SNA 中,为了设定各部门的资金筹集项目,除了在各部门设置经常账户与资本调整账户(Capital Reconciliation Account)外,还要将这些资金筹集项目作为各自部门的资本调整账户的平衡科目来设计。不言而喻,这些资金筹集项目就是货币循环账户的资金来源项目。同时,如果将各部门的资金筹集账户合计起来,就可以推导出海外账户中的资金筹

集账户。

将这些资本筹集账户各部门的资金来源减去资金使用可以得到各部门的净资金流量。但是这些净资金流量不能告诉我们是与哪种金融交易有关,又是与哪个部门进行的金融交易。为了弥补这些不足,将各个交易部门整理分类,提出了对整体经济活动,按照"实物与金融两分法"(The Real and Financial Dichotomy)的新分类。按照此新分类所构筑的新 SNA 体系就是 68SNA。68SNA 以国民收入账户(National Income Accounts)为核心,首次引入了 FFA,还包括投入产出表(Input-Output Tables)、国际收支表(Balance of Payments)以及反映存量的国民资产负债表(National Balance Sheets)等五大主要账户。68SNA 提供了 53SNA 所没有反映的将流量与存量、实物经济与金融经济相结合的信息。其中一个很有特点的尝试就是前面所提到的挪威经济学家弗瑞士在 20 世纪 50 年代末所倡导的"REFI Inter-flow Table"的构想。所谓的 REFI 就是"Real and Financial Transactions"(实物与金融交易)的简称,通过将实物经济的流量与金融经济的流量汇总并列在一张矩阵表中,表示国民经济核算的综合体系。

68SNA 的基本框架如同该体系中的 2.17 表所表现的那样,是一个由各种交易的汇总为基本要素的巨大的矩阵表,可以看作弗瑞士所构想的"REFI Inter-flow Table"的自然发展。在 68SNA 综合体系中,行与列的两端设有各交易项目的期初和期末的资产与负债,将存量科目作为矩阵要素列入矩阵表是 68SNA 的首创。上述五大账户的相关科目经过适当的合并或汇总就可以配置在矩阵体系中,特别是对投入产出表与资金循环账户的设计,此特征非常明显。将表示投入产出表的中间产品投入的交易设为 U 表,将表示其产出的交易设为 V 表,再将其做矩阵行列分离,按照一定的技术假定计算相关的系数,也就构成了通常所说的投入产出分析。而对 FFA 的设计则将金融交易的科目设为行,将金融交易主体的机构部门设为列,由这样的行与列构成了资金循环的矩阵行列。这些行列式的表现形式也就是上一节提到的由屏蔽账户的行列所表示的形式,所以理解屏蔽账户的功能对分析矩阵行列式的数据是很重要的,具体的分析技术方法将在第四章展开讨论。

三、93SNA 与 FFA

随着 20 世纪 80 年代以来的经济全球化的发展、信息软件技术的开发与应用、新的金融商品的出现等,68SNA 已经不能满足实际需要。因此,联合国统计局、IMF、世界银行、欧盟以及经济合作开发机构(OECD)共同组织有关的专家成立了国民经济核算协调工作组(Intersecretariat Working Group on National Accounts,ISWGNA)。该协调工作组对 68SNA 做了大幅度的修改,在 1993 年 2 月召开的第 27 届联合国统计委员会会议上采纳了 ISWGNA 提出的 93SNA(System of National Accounts 1993)。

建立 93SNA 的目的主要有三点:使 SNA 数据更新(Up to Date);各项统计概念更明确(Clarify);各账户之间数据更协调(Harmonize)。此外,93SNA 的统计范围也扩大了,增加了卫星账户(Satellite Account)及社会核算矩阵(Social Accounting Matrix,SAM)这两个新账户。与 68SNA 相比,93SNA 的账户体系面貌一新,各账户的交易科目以及概念有了较大的更新与扩展。限于本研究的主题,我们将讨论的焦点主要集中到 FFA 上。

93SNA 对 FFA 最大的更新是增设了调整账户,其意义可以概括为两点:①93SNA 充实了金融账户以及资产负债账户的衔接,开拓了更广阔的应用领域。这主要表现为金融账户与其他账户间的衔接,实现了与存量账户的一体化。特别应该提出的是有关对储蓄概念的处理。从实体经济与金融经济来看,储蓄具有双重意义。从实体经济看,储蓄是可支配收入用于最终消费后的余额,为实物的资本形成做出贡献;从金融经济看,储蓄又成为各部门资金筹集的重要来源。特别是从资金流量的角度来看,这个资金筹集科目很容易受到资本损益(Capital Gain or Loss)等资产价值变化的影响。在表示资金来源与用途的金融账户中,储蓄科目与资本转移科目是并行的,如何表示这个资本损益,如何评价,对 SNA 设计者以及实际运用都很重要。93SNA 导入了调整账户,解决了这个有关资本额变化的问题。②对解决存量账户在期初资产与期末资产相衔接起到了不可缺少的作用。比如设(0,1)期间的宏观经济的期初资产为 $A(0)$,期末资产为 $A(1)$,资产的净积累为 NA,持有包括了资本损益的资产价值变化为 VA,则期初与期末的资产价值额之间有如下的均衡关系成立:

$$A(1) = A(0) + NA + VA$$

93SNA 对 FFA 另一项的更新是增加了三维的"详细资金循环表"(Detailed Flow of Funds Accounts)。68SNA 的 FFA 只表示交易项目的种类与该交易项目属于资产或负债的二次元信息,但 93SNA 的 FFA 更提供了该交易项目是对哪个交易主体的资产或对哪个交易主体负债的三次元信息。

表 1-5 综合经济账户的简略模型

分类	合计	来源 商品与劳务账户	使用/资产 国外	使用/资产 本国经济	交易科目	来源/负债 本国经济	来源/负债 国外	使用 商品与劳务账户	合计	账户
经常账户	M	M	X		进口		M	X	M	生产账户
	X		$M-X$		出口			U	X	商品/劳务对外账户
	O	O		U	中间消费	O			O	
	U			Y	增加值				U	
	$Y+(M-X)$		$M-X$	C	收入	Y	$M-X$	C	$Y+(M-X)$	收入使用账户
	$S+(M-X)$			S	消费				$S+(M-X)$	
					储蓄					
积累账户	I		$M-X$	I	投资	S	$M-X$	I	I	资本账户
	$-$			$S-I$	SI 平衡				$-$	
	$\Delta A+\Delta L_f$		ΔL_f	ΔA	资金盈亏	$\Delta A-\Delta L$	$\Delta L_f-\Delta A_f$		$\Delta L+\Delta A_f$	金融账户
	$\Delta\hat{K}$			$\Delta\hat{K}$	资金增减					
	$\Delta\bar{A}$		$\bar{L}_f$	$\Delta\bar{A}$	非金融资产	$\Delta\bar{L}$	$\Delta\bar{A}_f$		$\Delta\bar{L}+\Delta\bar{A}_f$	其他账户
					负债	$\Delta\bar{W}$	$\Delta\bar{W}_f$		$\Delta\bar{W}+\Delta\bar{W}_f$	变动账户
					净资产					
资产负债表	K^0		L_f^0	K^0	非金融资产	L^0	A_f^0		$L^0+A_f^0$	期初资产
	$A^0+L_f^0$			A^0	金融资产	W^0	W_f^0		$W^0+W_f^0$	负债表
					负债					
	K^1-K^0		$L_f^1-L_f^0$	K^1-K^0	非金融资产	L^1-L^0	$A_f^1-A_f^0$		L^1-L^0	资产负债
				A^1-A^0	金融资产	W^1-W^0	$W_f^1-W_f^0$		W^1-W^0	的变动
					负债					
					净资产					
	K^1		L_f^1	K^1	非金融资产	L^1	A_f^1		$L^1+A_f^1$	期末资产
	$A^1+L_f^1$			A^1	金融资产	W^1	W_f^1		$W^1+W_f^1$	负债表
					负债					
					净资产					

将 93SNA 的综合经济账户简化为表 1-5，从中我们可以明确 93SNA 中的 FFA 与其他账户体系的关系。93SNA 综合经济账户列方向的本国经济列中还划分有五部门，这里省略了。此外，综合经济账户右边的账户分类中有其他资产变动账户与再调整账户，在表 1-5 中也只划分为一个账户。表 1-5 中有些字母右下角添写的"f"，表示对外交易；标为"$-$"意为其他交易；而在资产负债表部分注示的"0"为期初，"1"为期末。在表 1-5 的交易项目中最重要的是平衡项(Balancing Items)。一方面，从表中交易科目从上至下的顺序看，在本国经济列中的生产账户的 Y(增加值)、收入使用账户的 S(储蓄)、资本账户的 $S-I$(S-I 平衡)、金融账户的 $\Delta A - \Delta L$(资金盈亏)，以及资产负债表的 W(净资产)等都是平衡项。另一方面，站在对方的立场记录本国经济对外交易的国外部门中，商品劳务对外账户中的 $M-X$(经常收支)与金融账户中的 $\Delta L_f - \Delta A_f$(资本收支)也可以视为平衡项目(符号与本国经济相反)。这些平衡项首先在各账户的使用方发生，然后与下面账户的来源方相对应。最后，列的合计栏原则上是左右相等的，这是基于复式计账原理 T 字形账户的规则来处理的。

根据表 1-5 显示的 FFA 与其他账户体系的对应关系，有如下的事后恒等关系式成立。

$$M + O = X + U + C + I \quad （商品劳务账户） \tag{1}$$

$$O - U = Y \quad （生产账户） \tag{2}$$

$$Y - C = S \quad （收入使用账户） \tag{3}$$

$$S - I = \Delta A - \Delta L \quad （资本账户与金融账户的结合） \tag{4}$$

以上四个账户是表示国民经济核算流量的账户。其中，(1)式是按照支出的商品流量法(Commodity Flow)推测的，(2)式是按照收入的附加价值法推测的。根据(1)式与(2)式，有以下的关系式成立：

$$Y = C + I + X - M \quad （收入 = 支出） \tag{5}$$

由此可见，(5)式是从(1)式衍生而来的。进而，根据(3)式、(4)式、(5)式，可以推出以下的均衡等式：

$$S - I = \Delta A - \Delta L = X - M \quad （IS 平衡 = 资金盈亏 = 经常收支） \tag{6}$$

在(6)式，资金盈亏可以按照国内各机构部门分类，再加上国外部门的资金盈亏($\Delta A_f - \Delta L_f$)就是 FFA。所以由此也可看出，FFA 实际上起到了连接实物与金融、国内金融交易与对外金融交易的中枢作用。如果将($\Delta A - \Delta L$)进一步按照国内金融交易部分($\Delta A_d - \Delta L_d$)与对外金融交易部分($\Delta A_f - \Delta L_f$)分类,有下式成立:

$$S - I = (\Delta A_d - \Delta L_d) + (\Delta A_f - \Delta L_f) = X - M \tag{7}$$

由于其中的 ΔA_d 与 ΔL_d 在国内各部门之间相互抵消,所以可得到以下的国际收支公式:

$$X - M = \Delta A_f - \Delta L_f \quad (经常收支 = 资本收支) \tag{8}$$

从(7)式与(8)式可归纳整理出 SI 平衡与 FFA 及国际收支表的关系。另外,将表1-5的积累账户与资产负债表略做整理,也可以得到如下的均衡关系式。(9)式至(12)式显示了93SNA中的实物与金融、流量与存量的结合。

资产负债表的变动	资本账户 金融账户	其他资产变动账户	
$K_1 - K_0$ =	I +	$\Delta \bar{K}$ ⎱ 使用/	(9)
$A_1 - A_0$ =	ΔA +	$\Delta \bar{A}$ ⎰ 资产	(10)
$L_1 - L_0$ =	ΔL +	$\Delta \bar{L}$ ⎱ 来源/	(11)
$W_1 - W_0$ =	S +	$\Delta \bar{W}$ ⎰ 负债	(12)

93SNA 的另一重大更新就是将社会核算矩阵定义为以矩阵形式表示的 SNA 账户,包括货物和服务的供给与使用、收入形成、收入分配和使用、资金流量和金融流量、对外交易部分(参见93SNA,表20.1)。其中,位于社会核算矩阵第四部分的资本账户和金融账户交错在一起,由相关的行和列分别反映按机构部门分类的资本流量、按产业部门分类的固定资本形成流量和按金融资产分类的金融流量。当资本和金融交易与国外发生交易时便将其合并,从而形成矩阵表中净借出一项。将社会核算矩阵导入93SNA 为 FFA 的分析应用开辟了更为广阔的视野。

四、国际国民所得与财富学会的理论贡献

在 FFA 以及其后产生的国民经济核算体系的制定过程中,由专家学者以及欧美日各国中央银行和统计局为主要构成的国际国民所得与财富学会(The International Association for Research in Income and Wealth,IARIW)发挥了理论先导作用。从国际的视野讨论有关国民经济核算的理论及应用问题是该学会的中心

议题,专家学者与国际统计机构相结合为其主要特色。该学会于1948年夏季在剑桥大学成立并召开了第一次年会,以后基本是每两年召开一次年会,其中,1959年9月在南斯拉夫召开的第6届年会,1960年8月在中国香港地区召开的该学会的第一次亚洲区域会议,以及1961年8月在联邦德国召开的第7届年会上,FFA的测量及分析方法都成为会议的主要议题。

2012年8月,IARIW与美国商务部经济分析局(The U.S. Bureau of Economic Analysis,BEA)在美国波士顿联合主办了第32届年会。就08SNA相关的测量经济稳定与增长、大数据与官方统计、资产负债表的经济理论基础、国民核算框架中的银行业服务的测量、美国经济核算中的金融中介服务的定义、国民账户框架中的福祉与生产基准的测算、资本的测算、跨国企业追踪、住户与环境的测算、住宅市场测算等问题得到了广泛的关注与讨论。

五、08SNA 与 FFA

08SNA(System of National Accounts 2008)的制定由欧盟统计局、经济合作开发机构、IMF、世界银行、联合国统计局五机构联合组织,在具体方案的制订上由上述机构联合成立的ISWGNA以及由国际统计机构与欧洲央行挑选的顾问专家小组(Advisory Expert Group,AEG)发挥了主导性作用。在2008年2月召开的第39届联合国统计委员会会议上采纳了08SNA方案的第1—17章;在2009年2月召开的第40届联合国统计委员会会议上采纳了08SNA方案的第18—29章。由于08SNA的出台,与其相关联的国际收支手册第6版BPM6、金融统计修订版手册(MFSM)、国际标准产业分类修订第4版(ISIC Ver.4)、主要产品分类第2版(CPC Ver.2)、修订版政府财政统计手册(GFSM)等也正在依次编制。

(一)08SNA的主要更新与发展

在由68SNA向93SNA更新时,增加设计了一些新的统计账户,但08SAN基本延续了93SNA的统计框架,有63项更新项目,主要可划分为固定资本形成与实物存量、金融、国际化以及一般政府与公共部门。08SNA在对应经济全球化的发展、提高与生产性指标的协调一致、反映移民与跨国企业、追踪跨越国境的金融交易等方面有很大的改进。其主要更新点如下:

1. 固定资本形成与实物存量

鉴于知识产权重要性的提高,做了如下的修订:

(1) 将研究开发作为资本形成处理,而93SNA是按照中间消费处理的。

(2) 武器系统按资本形成处理,而93SNA是按照中间消费处理的。

(3) 93SNA资产概念的计算机软件在08SNA中包括数据库,此外,软件与数据库都视为产品。

(4) 知识产权的产品(软件)的原创与复制品分别按产品处理,完全可销售并可使用一年以上的复制品按固定资产处理。

(5) 导入资本服务(Capital Services)的概念。所谓资本服务就是指被用于生产过程中的资本存量(工厂的厂房、机器),它们为生产做了贡献,即视为提供了资本服务。

2. 金融

金融是近年来急速变化的部门之一,为了反映实际,08SNA对金融做了如下的更改:

(1) 除对不良债权的名义余额在原始表记录以外,其公允价值(Fair Value,即不良债权在市场上买卖的价格)在栏外标注。

(2) 与间接推算的金融中介服务(Financial Intermediation Services Indirectly Measured, FISIM)有关的所有存款、信贷以及利息都作为测算的对象(在93SNA中为扣除自有资金的信贷)。

(3) 企业养老金的领取权按照会计发生原则记录的同时,对有关社会保障的养老金按照对居民部门的负债记录并编制参考表。

(4) 改善由于地震等发生巨额保险金支付的特殊事件对非生命保险服务(伤害保险)的产出的推测方法。93SNA的非生命保险服务的产出额是按照"收取的保险费-实际支付保险费"来推算的,而08SNA是按照"收取的保险费-支付保险费的均值"来推算的。

3. 国际化

(1) 个人居住地的变更。随着个人居住所在国的变更,会发生没有所有权的变更但资产向海外转移,因此在对外资产与负债统计上要变更所有者居住地的所在国。这里不作为买卖交易与/或资本转移处理,而是计入存量的其他资产变动(93SNA没有提供对此的处理方法)。

（2）加工制品。作为零部件出口组装后又进口的加工制品不作为进出口处理，而是将其正在加工的进出口制品的净值作为加工服务记录（93SNA 是作为进出口处理的）。

（3）中介贸易。制造业及批发与零售业使用贸易中介时，其商品的进货作为负的出口，商品的销售作为正的出口处理。二者的差额作为中介贸易服务记录（93SNA 没有对此的建议）。

4. 一般政府与公共部门

（1）更加明确了一般政府、公共部门与民间部门的分类标准。

（2）明确了公共性企业向政府支付的特殊红利的处理以及政府向公共性企业的资本注入等的处理。

（3）对于政府与民间合作的建设项目（Public-Private Partnership，PPP）中的固定资产的经济所有权来说，根据政府与民间各自承担的风险和享受的利益来决定。08SNA 提出了评价其风险与利益的基准。

由以上可看出，基于 93SNA 修订而成的 08SNA 有以下六个特点：一是统计单位的明确化与机构部门的修改；二是对各交易项目的范围设定以及生产概念界定给予了较为详细的解说；三是扩大了资产、资本形成、固定资产折旧等的概念外延，且更加细致化；四是增加改进了对金融手段与金融资产的核算处理，修改了相关定义；五是详细规定了有关政府及公共部门的交易范围；六是调整了 SNA 与国际收支第 6 版的概念及分类，使其协调一致。

08SNA 另一重要的贡献在于对包括 FFA 在内的金融核算的发展与完善。其中涉及金融核算的相关重要部分为第 3 章的流量、存量和核算规则，第 4 章的机构单位与部门，第 10 章的资本账户，第 11 章的金融账户，第 13 章的资产负债表，第 21 章的公司活动核算，第 26 章的国外账户及其与国际收支的关系，第 27 章的金融统计与资金循环的联系。从总体来看，08SNA 对金融核算的主要发展可归纳为概念、分类、产出估算方法、特定项目处理和其他五个方面。包括 FFA 在内的金融核算的新发展涉及广泛的交易项目，对核算方法、流量与存量的处理都将产生巨大影响。其中，部分主要总量指标的估算、金融服务产出的核算和金融资产与负债的处理将因此而改变。

（二）08SNA 与 FFA

从 FFA 列入 68SNA 以来，历经 93SNA 与 08SNA 的更新，FFA 得到不断完善与发展。08SNA 更加充实了 FFA 的分类及使用功能,增加了对跨境金融交易的统计描述,明确了货币统计与 FFA 的联系,强调 FFA 以三维结构来表述金融统计数据,倡导应用资金流量矩阵表(From whom-to-whom Flow of Funds Accounts, W-to-W)。FFA 成为 SNA 的中枢账户,在 SNA 中的系统位置可由图 1-2 表示。

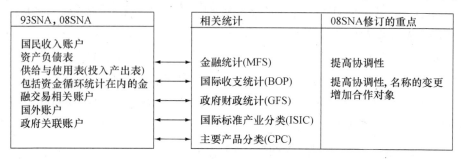

图 1-2　SNA 与 FFA 的分支系统(图中箭头表示 08SNA 增加的内容)

图 1-2 表示了与 93SNA 相对应的 08SNA 和相关核心账户的系统关系。SNA 由经常账户、积累账户与资产负债表这三个分支系统组成。而 FFA 则与积累账户中的金融账户、资产负债表、金融交易表相衔接,通过与这些核心账户相比较,更可以了解 FFA 的作用。FFA 不仅与资产负债表以及金融相关账户等构成了一个分支系统,居于 SNA 核心账户的位置,还与 IMF 编制的货币与金融统计(Monetary and Financial Statistics, MFS)有着密切的关联。

由图 1-2 还可看出,08SNA 框架下的金融核算与其他国际统计标准的协调性也得到了进一步增强。其中包括 FFA 与 MFS 的协调,FFA 及国外账户与国际收支统计等的协调。MFS 包括货币与金融统计的概念框架和方法论准则,成为国际通行的货币与金融统计基本方法和原则,也是各国中央银行开展金融统计的主要依据。SNA 是一个受到多个国际组织建议影响而形成的综合核算体系,其核算原则性较强,但 FFA 在编制上只受到金融商品(金融手段)的种类与部门分类的影响,在核算体系中具有较强的对应灵活性。比如,FFA 既属于 SNA 的分支系统,也与国际收支相衔接,而且还与金融统计相对应。在 IMF 公布的《货币与金融统计手册》(2000 年版)与《货币与金融统计编制指南》(2008 年版)中,均有对 FFA 论述的章节。

这里特别讨论 08SNA 的第 27 章(Links to monetary statistics and the flow of funds,货币统计与资金循环的联系),比较其与 93SNA 的异同,展望 FFA 的发展

方向。如前所述,08SNA 基本沿袭了 93SNA 的统计框架,与 93SNA 相同,在 08SNA 中也设置了资本账户(第 10 章)与金融账户(第 11 章),但在 08SNA 中特别单独设置了第 27 章,其目的在于强调与 IMF 等其他国际通用性统计的协调性和融合。在第 27 章中由货币统计、金融统计、FFA 这三部分构成,介绍了货币统计与金融统计的基本定义、金融工具及部门分类、金融资产与负债的分类以及核算准则,还说明了 FFA 等 SNA 账户系列的数据如何与货币与金融统计相联系。此外,FFA 通过表 27.3(金融账户简表)着重提出了三维 FFA 表的重要性,即不但要知道某部门以何种金融工具筹集到资金的信息,还要掌握是哪个部门提供了相应资金的信息,追踪金融资产的净获得。为了全面完整地把握金融流量及其在经济中的作用,追踪部门之间更详细的金融交易关系以及这些关系据以发生的金融资产的流量及流向非常重要。

08SNA 也提出了详细资金循环表(参见 08SNA 的表 27.4)的建议。该表各列按照资产或负债交易的部门展示,各行则按照债务人部门分解的资产类型展示。可以按照需要将某一部门分解为若干子部门展开更为详细的分析。此外,与 93SNA 不同的是,根据反映现实金融交易状况的需要,08SNA 的详细资金循环表增设了两大类交易项目,一是增设了投资基金份额/单位,二是增加了金融衍生工具与雇员股票期权。建立详细的 FFA 可以满足多种经济分析的需要以及描述本期金融活动与发展趋势,可以为制定经济政策提出相应的预测信息,还可以将金融交易活动与非金融经济体结合起来,追踪观察资金流量通过各部门以各种资产形式流入最终资金借入者的渠道,并以此来测算金融政策的波及效应,达到储蓄与投资趋于均衡的过程。

第三节 对 FFA 的展望

温故是为了知新;采他山之石是为了攻己之玉。通过以上对 FFA 的历史回顾,了解了世界主要国家先行编制 FFA 的概况,以及 53SNA、68SNA、93SNA 以及 08SNA 与 FFA 的更新,我们可以纵览 FFA 的发展过程,比较历次 SNA 的更新改版对 FFA 的修改完善,设想 FFA 的未来。

资金循环分析的理论与实践

一、柯普兰首创研究的意义与局限性

受到斯通所设计的账户以及丹麦与联邦德国等的账户体系的影响,柯普兰教授首创的货币循环账户(Money Flows Account,MFA)无疑为我们观察实体经济与金融经济的资金循环做了开拓性的贡献。正是这张货币循环表为我们将实体经济与金融经济结合起来观察宏观经济提供了新的思路,丰富了我们的分析方法;同时也为各国政策当局与中央银行制定经济政策及金融政策提出了重要的依据;也为其后的联合国、IMF以及世界银行等国际组织编制国际统一标准的统计观测体系提出了重要的理论框架。

在20世纪40年代科普兰教授提出的对FFA的构想及统计方法即便在21世纪的当今仍然具有很现实的指导意义。比如,观察实体经济与金融经济的数量依存关系的统计构想;将整个国民经济划分为若干个国内部门以及国外部门的统计分类;注重实物账户和金融账户之间的协调与衔接的统计核算;在观察MFA时的"主要货币循环"的设想;为了观测"主要货币循环"所采取的社会会计方法的基本框架;反映收入的分配和再分配相关联的统计设计;不仅包括流量,还要反映货币存量的统计范围;等等。

但柯普兰教授的研究重点停留在货币循环(现金及存款的流动)上,即把握货币循环与实体经济的对应关系(货币的产业性流通)是其主要的研究目的,但没有注意到对于货币循环内部的各种金融交易,比如现金流动、存款、银行信贷以及证券市场变化(货币的金融性流通)的观察。MFA的统计范围是以通货(Money)为主的,在现阶段,比起"Money",更需要对证券市场、金融派生商品及海外市场的统计观察,所以有必要将其研究对象从"主要货币循环"扩展到"资金循环"。当然,这在某种程度上受限于20世纪50年代初期的直接融资手段还不是很丰富、直接金融市场尚未成熟。

柯普兰教授倡导的观察经济整体的两个方面,即观察实体经济与金融经济的依存关系的思想无疑是正确的,但在具体编制FFA时,不应过于拘泥于这个观点而限制统计行政部门的实际操作。比如包括中国在内的世界上编制FFA的主要国家(美国例外),基本上是由政府统计部门编制FFA的实务交易部分,由中央银行编制金融交易部分。受收集资料渠道及采集相应原始数据的限制以及部门行业的特点,在编制 FFA 时,通常是金融交易部分的部门与交易项目分类要比实物交易部门的细致,FFA 数据公告的时期方面也是金融交易部分提前于实物交易部分。但在实际编制 FFA 时,为了拘泥于实物交易与金融账户的一致,在交易部门与交易项目的设计上要求金融交易部分与实物交易一致,在公告时期上也要求二者基本一致的做法是没有必要的。科学合理的做法应该是,为与其他账户(如 GDP 统计)保持衔接,在 FFA 的整体框架基本保持一致的前提下,采用"编制 FFA 的积木式叠加"方式,使得金融交易部分与实物交易既保持了整体框架的一致,又可根据政府统计部门与中央银行统计部门各自的编表目的及采集数据的渠道不同,允许其保持各自在部门细分类及交易项目设置上的不同。在数据公告的时期上也应采取"各尽所能,准确及时"的原则,各自择期向社会公告。

二、对实物交易与金融交易的核算方法的整合

编制 FFA 的最大的一个技术性障碍就是测量实物交易与金融交易的衔接一致问题,这也是各国统计部门面临的共同问题。参见本章第二节的均衡关系式的(4)式至(6)式可知,理论上说实物交易部分的各机构部门的储蓄与投资的差额合计等于经济总体的资金余缺,即实物交易中资金来源与使用的差额最终表现为实物投资的净贷出/净借入(净金融投资),而金融交易中的金融资产变化与负债变化的差额最终表现为金融交易部分的净金融投资,这两个净金融投资应该完全一致。

但是在实际操作中,这两者之间的差额是经常存在的,这两者之间的偏差是一个世界性的统计问题。所谓世界性的统计问题指的是二者统计资料的来源及处理方式不同,形成了计算的偏差。主要原因有三点。第一是会计处理原则不同。各部门的实物交易采用发生主义计算,而金融交易采用现金主义,这种核算方法的不同造成了两者计算结果的偏差。第二是对交易对象处理方式的不同。实物交易并不包括既存资产(黄金、高尔夫会员权)的买卖交易,但却被计算在金融交易里。第三是核算方法的不同。指在实物交易中已经实现的资本卖出所得(Capital Gain)的混入等与金融交易中按部门分摊比率的偏差等出现的推算误差及遗漏。在 93SNA 与 08SNA 中都对此问题提出了相应的对策。比如,

93SNA提出了对现存资产概念范围的扩大,导入无形固定资产、贵重金属品、无形非生产的处理方法等;08SNA对固定资本形成与实物存量核算的修订、对知识产权的产品(软件)的原创与复制品分别按产品处理、导入资本服务等的措施,力图缩小这一偏差。通过这些国际标准的修订,各国统计部门在实际操作中对实物交易与金融交易的核算方法的改善,有望使衔接实物交易部分与金融交易部分的净金融投资逐步趋向一致。

三、垂直性推算与水平性推算的课题:与其他相关账户的整合

所谓垂直性(Vertically)推算指的是将各个部门编制的财务报表数据作为基础资料,然后按照各部门交易项目排列纵向分别推算出各个交易项目的数据。此种推算方法的精确度高于水平性推算方法,但也存在一些问题。首先,当财务报表的科目与FFA的交易项目不一致的时候,就需要对其进行调整。如何将各个财务报表的科目数据合并或分割,使财务报表的特定科目与FFA上的特定交易项目相吻合是一个需改进的课题。其次,垂直性推算的另一个应该考虑的问题就是如何衔接不同交易项目的核算。比如,对某一部分交易项目的核算会成为其他交易项目核算的接口,所谓"FFA的积木式叠加"就是采用了垂直性推算。在保持整体框架一致的前提下,如何衔接、如何叠加也是有待解决的课题。另外,应完善由企业会计核算向社会会计核算的数据资料转换。根据93SNA及IMF的《货币与金融统计手册》,对FFA的期货交易进行处理时,就需要对企业财务报表数据做调整;对债券或股票等交易项目的余额是按照现价统计的,所以也有必要将财务报表的账面价格按照现价基准进行转换。

所谓水平性(Horizontally)推算指的是横向地将FFA的每一个交易项目总额,按照该交易项目占各部门资产或负债的比例分摊推算出该部门持有的该交易项目的数额。这样横向水平地汇总各部门的该交易项目数额,应该等于每项交易项目的总额。运用水平性推算时要考虑与其他相关账户的整合与协调,比如,中央银行编制的货币供给统计和资金循环统计都属于货币与金融统计的范畴,FFA中的国外部门的数据来源与国际收支统计以及对外资产与负债统计(International Investment Position, IIP)都密切相关。所以编制FFA与这些横向

水平相关的账户就有一个整合协调的问题。要保持整个核算程序从头至尾的一贯性,所有部门对每一个交易项目的资产方合计与负债方合计应该保持一致,而且所有金融资产流量的合计应等于所有金融负债流量的合计。

四、FFA 信息需求的提高

到目前为止,各国金融政策的操作目标主要分为利息与货币供应量。货币供应量是中央银行重要的金融政策操作目标,它的变化也反映了中央银行金融政策的变化。但今后随着在金融市场中直接融资比重的增大,FFA 有可能取代货币供应量而成为制定金融政策的参考依据。今后市场经济的发展将会使政策当局由调节货币向调控资金(Flow of Funds)的转换成为必要。从图 1-3 可知基础货币统计、货币供应量与 FFA 的区别,FFA 的统计范围最宽,可以反映整个金融市场的结构变化。而且随着网络技术的发展,统计信息收集与传输的技术将会越来越简捷,完全可以保证政策当局对 FFA 的时效要求。FFA 的信息质量、信息价值以及信息价值的社会反馈也正是政策当局以及社会所需要的。

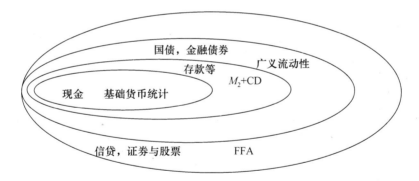

图 1-3　基础货币统计、货币供应量及 FFA 的统计范围[①]
资料来源:IMF,*Monetary and Financial Statistics*:*Compilation Guide*,2008.

由此我们还可以得到两点启示:一是比起传统的货币供给统计作为制定经

---

① 基础货币包括中央银行为广义货币和信贷扩张提供支持的各种负债,主要指银行持有的货币(库存现金)和银行外的货币(流通中的现金),以及银行与非银行在货币当局的存款。我国对货币层次的划分是:M_0 = 流通中的现金;狭义货币(M_1) = M_0 + 活期存款(企业活期存款 + 机关团体部队存款 + 农村存款 + 个人持有的信用卡类存款);广义货币(M_2) = M_1 + 城乡居民储蓄存款 + 企业存款中具有定期性质的存款 + 信托类存款 + 其他存款。CD 为大额可转让定期存单(Negotiable Certificate of Deposit)。

济政策的依据而言,"资金"的概念相对于"货币"而言,现代经济中"资金"的内涵更加丰富,其外延更加广阔,随着市场经济的发展更加适合政策当局完整全面观察市场动向的需要。二是通过增强FFA以及货币与金融统计的协调性和整合,能够使经济统计编制者与使用者提高从金融角度审视FFA数据的专业素养,放开分析的视野。面对日益发展的非银行金融中介、各种创新型金融工具以及跨市场、跨产品、跨境资金流动风险,为了更好地适应宏观审慎分析和金融政策制定的需要,对观测资金循环的信息需求将会越来越高。

第二章 FFA 的基本结构及主要模式

随着金融衍生品的出现,资金的流量及流向日趋复杂。1997 年的亚洲金融危机与 2007 年由美国次级信贷导致的金融危机对全球经济造成的冲击影响是巨大的,不但冲击了金融市场,也波及了实体经济;不仅重创了国内经济的增长,还急速传染到了有关国家及国际市场。为此,从学术理论界到经济政策当局都需要加强对金融稳定与安全的研究,作为制定政策依据的统计数据当然是必不可少的。其中,既反映了实体经济也包括了金融经济,既概括了国内部门的资金流动也观测到国外部门的资本流入与流出的 FFA 就是一个具有国际通用性的统计信息系统,准确理解涵盖了金融市场与经济实体相互关系的 FFA 很有必要。为此,本章首先整理描述 FFA 的账户体系及基本结构,然后简介 FFA 的发源地美国的 FFA,以及具有六十余年历史的日本的 FFA,进而讨论在 1998 年问世的中国的 FFA。通过比较各国 FFA 的特点,提出现存 FFA 的问题以及今后发展的方向。

第一节 FFA 的账户体系及基本结构

在第一章已经提到 FFA 是 SNA 的核心账户之一。在本章论述其与 SNA 的关系之前,首先简要介绍一下企业会计中的资产负债表[①](Balance Sheet)与损益

---

① 资产负债表表示企业在一定日期(通常为各会计期末,存量)的财务状况(即资产、负债和业主权益的状况)的主要会计报表。资产负债表利用会计平衡原则,将合乎会计原则的资产、负债、股东权益交易科目分为"资产"和"负债及股东权益"两大区块,在经过分录、转账、分类账、试算、调整等会计程序后,以特定日期的静态企业情况为基准,浓缩成一张报表。

核算表①(Income Statement)之间的关系,这涉及 FFA 的基础资料来源,也关系到宏观经济核算与微观经济核算的衔接。

一、企业会计的资产负债表与损益核算表

按照会计的复式计账以及成本核算记账的基本原则,我们可以知道连接资产负债表与损益核算表的科目应当为本期的净收益。为了明确这一结构关系,本章首先作了三张简图来说明资产负债表与损益核算表的基本结构,以及损益核算表与资产负债表的关系。首先,从图 2-1 可知资产负债表在某时点的资产、负债、净资产,通过比较在某时期的期初与期末的资产、负债、净资产,就可以得到在此期间的资产、负债、净资产的增减量(流量)。图 2-1 中的阴影部分表示的就是期末净资产减去期初净资产的本期净收益。如果此数值为负,即为净亏损。如果要明确上述的净收益或净亏损是由何种原因产生的,就涉及对收益与费用的会计处理问题。通常来说,通过企业的经营生产而使净资产得以增加的原因则称为收益,反之,如使净资产减少的原因则称为费用。损益核算表就是明确某期间的收益与费用的企业会计表,图 2-2 的阴影部分显示的就是从收益减去费用的本期净收益。

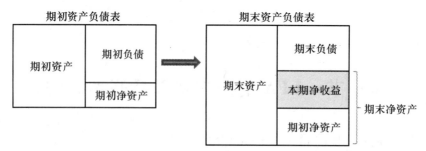

图 2-1　资产负债表的基本结构

通过资产负债表与损益核算表都可以得到本期净收益,所以图 2-1 与图 2-2 的阴影部分是一致的。图 2-3 表示了这两张核算表可以通过本期净收益衔接起

---

① 损益核算表(Profit and Loss Account),又称为利润表,是指反映企业在一定会计期的经营成果及其分配情况(流量)的会计报表,是一段时间内公司经营业绩的财务记录,反映了这段时间的销售收入、销售成本、经营费用及税收状况,报表结果为公司实现的利润或形成的亏损。

来,因此有以下的均衡关系存在:

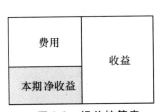

图 2-2 损益核算表

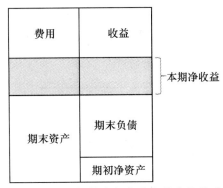

图 2-3 损益核算表与资产负债表的关系

费用 + 期末资产(图 2-3 左侧)
= 收益 + 期末负债 + 期初净资产(图 2-3 右侧)　　　　(1)

同时还有下述关系式成立:

期初资产 + 本期资产增减(Δ 资产) = 期末资产
期初负债 + 本期负债增减(Δ 负债) = 期末负债 　　　　(2)

通过图 2-1、图 2-2 以及(2)式,我们可以得到资产负债表与损益核算表所反映的流量与存量的结合。

费用 + (Δ 资产) = 收益 + (Δ 负债) 　　　　(3)

(3)式表示了存量核算与流量核算的关系,它不仅表示了企业层面的流量与存量的会计核算关系,而且也可以反映宏观经济主体的存量账户(资产负债表)与流量账户(损益核算表)的关系。由此我们可以看出国民经济核算与微观核算的关系,它们的基本核算原理相同,在基础数据衔接上有一致性。

二、SNA 的资产负债表与收入支出账户

SNA 中的资产负债表的基本结构与企业的资产负债表相同,将位于图 2-1 中的期末资产负债表右侧的本期净收益部分更换为储蓄即为 SNA 的资产负债表。参照图 2-1 所示的基本原理,从期末资产负债表减去期初资产负债表就可以得出在此期间的资产、负债、净资金的增减额。进而,将期末净资产减去期初净资产得到的余额就是储蓄,与净资产的增减相对应,储蓄可能为正值,也可能

为负值。另一方面,根据93SNA与08SNA,储蓄是经过所得的初次分配、所得的再分配以及可支配收入的使用账户计算而成,将此三个账户综合汇总起来的就是所得支出账户。图2-4表示了这三个账户之间的关系。

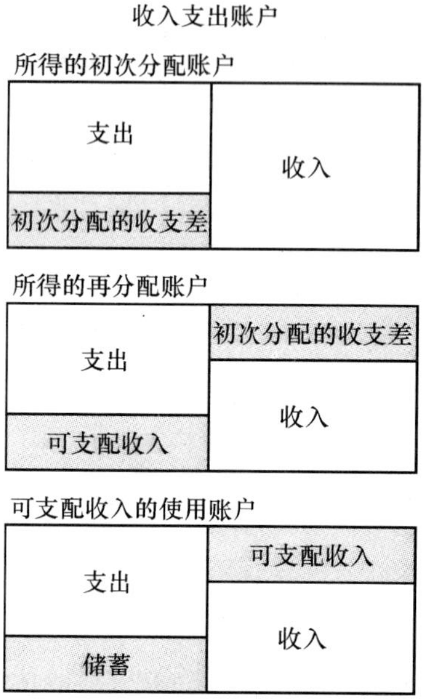

收入支出账户

所得的初次分配账户

| 支出 | 收入 |
| 初次分配的收支差 | |

所得的再分配账户

| 支出 | 初次分配的收支差 |
| 可支配收入 | 收入 |

可支配收入的使用账户

| 支出 | 可支配收入 |
| 储蓄 | 收入 |

图 2-4 收入支出账户的结构关系

图 2-5 SNA 的收入支出账户框架

如图 2-4 所示,在所得的初次分配账户的右方和左方分别计入收入与支出,其差额作为初次分配的平衡项被连接到所得的再分配账户。从这个被连接的初次分配的平衡项与再分配账户中收入的合计中减去支出的差额就是可支配收入。这项可支配收入进而再被连接到可支配收入的使用账户,在可支配收入使用账户中的可支配收入与收入的合计中减去支出部分的差额就是储蓄。上述三个账户都是通过平衡项连接的,如将这三个账户的平衡项相互抵消,使用一个账户表示的话,就可以表示为如图 2-5 那样的简略化的收入支出账户。其中的阴影部分表示的储蓄就可以表示为一定期间的经济主体的收入与支出的差额。

以上对SNA的资产负债表与收入支出账户的整理归纳表明,从这两者的账户中都可以计算出储蓄,所以可以将包含了储蓄的资产负债表与收入支出账户的对应关系表示成图 2-6。

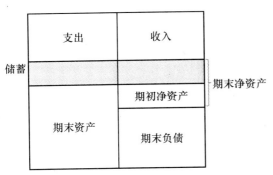

图 2-6 收入支出账户、资本筹集账户与资产负债表的关系（1）

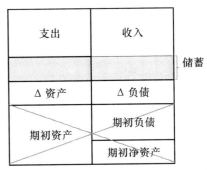

图 2-7 收入支出账户、资本筹集账户与资产负债表的关系（2）

图 2-6 显示，支出+期末资产（左方）=收入+期末负债+期初净资产（右方）。另外，如将期间的增减变化用 Δ 表示的话，则也可以用"期末=期初+期中的增减（Δ）"这种关系来表示。对图 2-6 的期末资产与期末负债的关系更加明确的表示如图 2-7 所示。如果对图 2-7 下半部分的期初资产不予考虑，则图 2-7 显示的关系如（4）式所示。

$$支出 + \Delta 资产（左方） = 收入 + \Delta 负债（右方） \tag{4}$$

这种账户结构与如前所述的企业会计描述的个别经济主体以及其合计的核算形式相近，分别表示了收入与受益、支出与费用、储蓄与本期净收益的对应关系。从现实来考虑，微观核算与宏观核算的关系不仅反映在企业会计上，而且也适用于住户部门与政府部门等所有的经济主体。如将微观的损益核算与宏观的收入支出核算概括地称为流量账户，而将被应用于微观核算与宏观核算的资产负债表称为存量账户，同时将图 2-7 中的资产进一步分类为金融资产与非金融资产，则表示流量账户与存量账户的关系如图 2-8 所示。

将资产划分金融资产和非金融资产的流量账户与存量账户的各个项目都可以与 93SNA 以及 08SNA 的相关账户相对应。图 2-8 上半部分的支出与收入项目相当于 93SNA 以及 08SNA 的收入支出账户。其他项目则根据采用历史成本核算（Historical Cost Accounting）或是采用现期成本核算（Current Cost Accounting）的不同，其对应的账户有所不同。08SNA 采用现期成本核算，但为了便于参考比较，采取了一系列措施，如将相关项目按历史成本核算处理，则有 Δ 非金融资产与资本筹集账户中的实物账户、Δ 金融资产与 Δ 负债及资本筹集账户的金

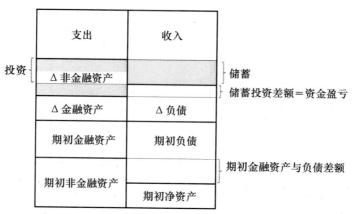

图 2-8 金融资产与非金融资产的流量账户及存量账户的关系

融账户相对应的关系;如期初资产负债表加上资本筹集账户就可以得到期末资产负债表。从图 2-8 还可知,由于收入与支出的差额就是储蓄,Δ非金融资产与投资相对应,所以"收入－支出－Δ金融资产"的部分就是储蓄投资差额。同时,从反方向看"Δ金融资产－Δ负债"表示的就是资金盈亏部分。另一方面,按照 08SNA 采用的现期成本核算方法,需将资产按照现期成本价格进行调整,所以Δ非金融资产等于资本筹集账户的实物账户加上调整账户的非金融资产。同样,Δ金融资产与Δ负债等于资本筹集账户的金融账户加上调整账户的金融资产。

三、FFA 的账户关系及基本结构

图 2-1 至图 2-8 描述的是微观核算与宏观核算以及宏观经济整体的账户关系。这里再将宏观经济整体划分为若干的经济主体部门(如金融、政府、企业、住户、国外),对每一个经济主体分别设置记录收入与支出(流量账户)、资产与负债(存量账户)的账户,并将各个经济主体的各项交易行为汇总,就构成了 FFA 的基本结构(见表 2-1)。根据上一节的关系式(1)与(3),按照 08SNA 的现期成本核算原则,则可用以下的(5)式表示资金流量账户与资金存量账户的关系。

$$支出 + 期末资产 = 收入 + 期末负债 + 期初净资产$$

或

$$支出 + \Delta 资产 = 收入 + \Delta 负债 \tag{5}$$

若所有的经济主体的流量账户与存量账户的交易项目都保持一致的话,就可以明确谁的支出(资产)是谁的收入(负债)这种关系。所以对相同的交易项目来说,就有以下的均衡关系式(6)式成立。

$$\text{支出的合计} = \text{收入的合计}$$

或

$$\text{资产的合计} = \text{负债的合计} \quad (6)$$

如将交易项目设定为实物交易与金融交易两部分,而且各个经济主体部门的交易项目是一致的,其数据来源是可以收集的,并且对每一部门的每一交易项目均按照会计复式计账方式划分为支出(Uses,简记为 U)与收入(Sources,简记为 S),则资金流量账户的基本结构如表 2-1 所示。

表 2-1 资金流量账户的基本结构

	金融		政府		企业		住户		国外		合计	
	U	S	U	S	U	S	U	S	U	S	U	S
实物交易												
投资(I)												
储蓄(S)												
$S-I$												
金融交易												
资金盈亏												
现金/存款												
保险												
有价证券												
信贷												
企业间信用												
其他												
合计												

表 2-1 的行表示各交易项目,列表示各交易主体部门。其中,实物交易部分的 $S-I$ 与金融交易的资金盈亏相衔接,如某部门储蓄大于投资,在金融交易中则表现为资金盈余;反之则为资金不足。如设 i 为交易科目($i=1,\cdots,h$),j 为各经济主体($j=1,\cdots,n$),从列来看,各经济主体的支出等于收入,符合(6)式的均衡关系。列的均衡关系如(7)式所示。

$$\sum_{i=1}^{h} U_{ij} = \sum_{i=1}^{h} S_{ij} \quad (7)$$

从行来看,实物交易部分的各大交易项目按照 SNA 体系框架取得平衡,如总投资等于总储蓄,有以下(8)式成立:

$$\sum_{j}^{n} U_{jI} = \sum_{j}^{n} S_{jS} \tag{8}$$

但就各行的金融交易项目 i 而言,每一交易项目在各部门的支出合计等于收入合计,即表示了谁的支出是谁的收入的关系,所以有(9)式成立:

$$\sum_{j}^{n} U_{ij} = \sum_{j}^{n} S_{ij} \tag{9}$$

同时,从全社会观察,则有各个部门对所有交易项目的支出合计等于收入合计,即全社会资金支出等于资金总收入,有下列(10)式成立:

$$\sum_{j=1}^{n} \sum_{i=1}^{h} U_{ij} = \sum_{j=1}^{n} \sum_{i=1}^{h} S_{ij} \tag{10}$$

根据(5)式与(6)式以及表 2-1 所示的资金流量账户的基本结构,我们再来讨论流量账户与存量账户的关系。同理,将与流量账户实物交易相对应的存量账户的非金融资产(Non-financial Assets)设为 N,将与流量账户金融交易相对应的存量账户的金融资产(Financial Assets)设为 F;同时将在流量账户里每一部门的每一交易项目按照复式计账的 U 与 S 在存量账户中改换为资产(Asset,简记为 A)与负债(Liabilities,简记为 L),则资金存量账户的基本结构可表示成表 2-2,也可称之为资产负债表。

表 2-2 资金存量账户(资产负债表)的基本结构

	金融		政府		企业		住户		国外		合计	
	A	L	A	L	A	L	A	L	A	L	A	L
非金融资产												
项目 1	N_{11t}		N_{12t}		…		…		N_{15t}			
…	…		…				…		…			
项目 k	N_{k1t}		N_{k2t}						N_{k5t}			
金融资产												
项目 1	F_{11t}	L_{11t}	F_{12t}	L_{12t}	…	…	…	…	F_{15t}	L_{15t}		
…	…	…	…	…					…	…		
项目 m	F_{m1t}	L_{m1t}	F_{m2t}	L_{m2t}	…	…	…	…	F_{m5t}	L_{m5t}		
合计												

从表 2-2 的列的平衡关系来看,根据(5)式与(6)式,将某部门 j 在 t 时点的净资产设为 W_{jt},则有以下(11)式成立:

$$W_{jt} = \sum_{i=1}^{k} N_{ijt} + \sum_{i=1}^{m} F_{ijt} - \sum_{i=1}^{m} L_{ijt} \tag{11}$$

即某部门 j 在 t 时点的净资产等于该部门的非金融资产合计加上金融资产合计减去金融负债合计。

对资金存量账户各行的金融资产而言,每一交易项目 i 在各部门的资产合计等于负债合计,即表示了谁的资产是谁的负债的关系,所以有以下(12)式成立:

$$\sum_{j=1}^{n} F_{ijt} = \sum_{j=1}^{n} L_{ijt} \tag{12}$$

再来整理流量账户与存量账户的关系。① 设 0 为期初,1 为期末。根据(5)式(支出+期末资产=收入+期末负债+期初净资产),有以下关系式成立:

$$\sum_{i=1}^{h} U_{ij} + \sum_{i=1}^{k} N_{ij1} + \sum_{i=1}^{m} F_{ij1} = \sum_{i=1}^{h} S_{ij} + \sum_{i=1}^{m} L_{ij1} + W_{j0} \tag{13}$$

(13)式从账户结构表明了流量与存量的关系、期初资产与期末资产的关系、资产与负债的关系。下面所要介绍的美国、日本以及中国的 FFA 基本都是根据表 2-1 与表 2-2 的基本结构扩展充实细分而来的。

第二节 美国的 FFA

一、美国 FFA 的特点

美国的 FFA 资料翔实,其信息量包括 145 张统计表;时间序列较长,其年度数据始于 1945 年,季度数据始于 1952 年。美联储在每年的 3 月、6 月、9 月、12

---

① 流量账户与存量账户之间的关系还涉及资产价格调整的问题,即需要设立调整账户。为简明论述账户的基本结构,此处省略对调整账户的讨论。

月的第二周公布 FFA,其统计报表被称为 Z.1 release①,包括 6 部分,即概况(Summaries,包括 17 张统计表)、机构部门(Sectors,包括 23 张流量表与 23 张存量表)、交易项目(Instruments,包括 34 张流量表与 32 张存量表)、资产负债表与净资产账户(Balance Sheet and Changes in Net Worth,包括 3 张资产负债表与 3 张调整表)、附表(Supplementary Tables,包括 5 张流量表与 6 张存量表)以及美国宏观经济协调账户(Integrated Macroeconomic Accounts for the United States,包括 9 张整合表)。② 其中主要的统计信息由机构部门的表与交易项目的表所构成,二者由记录一定时期的金融资产增量与负债增量的流量表(Flows)和记录期末时点的金融资产与负债余额的存量表(Levels)构成。其流量表与存量表的关系如在 Z.1 release 序篇中所解释的那样,可用以下关系式表示:

余额$(Outstanding)_t$ = 余额$_{t-1}$ + 流量$(Flows)_t$ + 不连续部分$(Discontinuity)_t$

即期初的余额加上本期的流量与不连续部分等于期末的余额。所谓不连续部分,是由资产评价额的变化、原始资料的中断以及定义变更等原因而产生的数据间断。大部分时间序列的不连续部分几乎为零,但在股价急剧变动的期间、原始资料中断的期间等不连续部分的数值会增大。

美国的 FFA 具有其独特之处,其表式的基本结构并不同于表 2-1 或表 2-2 的模式。由于美国的 FFA 并没有采用 93SNA 标准,所以与 SNA 所提倡的基本框架表式有所不同。主要有两点不同:第一是对有形资产投资与对金融资产投资的处理不同。在 SNA 中对有形资产的投资与对金融资产的投资,分别被计入资本账户与金融账户,但美国的 FFA 将二者一并计入 Sources-and-uses 的框架里。第二是对调整账户中资产变化的处理不同。SNA 倡导将由于评价额改变的资产变化与由于其他原因产生的资产变化区分处理,但美国的 FFA 中大部分的机构部门都没有区分相当于 SNA 调整账户的不连续部分。尽管如此,美联储编制的 FFA 还是考虑到了与美国商务部经济分析局编制的国民收入与生产账户(National Income and Product Accounts,NIPA)的衔接整合。特别是在 NIPA 中核算的收入(Receipts)或支出(Expenditures)以及储蓄(Saving)等指标在 FFA 里也

---

① 美联储 FFA 的编号之所以用 Z,据说是按照 A、B、C 英语字母排序确定货币与金融统计范围的宽窄,没有比 FFA 范围更宽的金融统计,所以 FFA 用 Z 表示。

② 参见 http://www.federalreserve.gov/releases/z1/Current/z1.pdf。

保持了与其相衔接的计算,而且在 FFA 的相关统计表中明确了与 NIPA 的关系。

二、部门与交易项目分类

美国 FFA 的部门分类如表 2-3 所示,部门分类较为详细,共划分为 30 个部门。由于是美联储编制的,所以虽然设置了国内非金融部门、金融部门以及国外部门,但以金融部门的细分类尤为翔实,反映了美国金融体系的特点。从其部门分类排列可看出现代版的 FFA 依然受到柯普兰所设计的美国货币循环账户的影响(参见第一章)。国内非金融部门包括住户及非营利团体、非金融企业、州与地方政府以及联邦政府。在金融部门的细分类中,依次划分为货币当局、商业存款性金融机构、保险公司、养老基金、投资基金、政府资助基金、房地产投资以及股份公司等。其中,货币当局主要为联邦储备银行及其分支机构,也包括财政部特定货币账户、货币黄金、特别提款权、财政部发行货币(包括标准银元、部分硬币、国民银行纸币、回收货币项目等)。此外,部门分类中专门设定有国外部门,美国的对外贸易与金融交易基本都反映在该部门的流量表(F.106 Rest of the World)与存量表(L.106 Rest of the World)中。

表 2-3　美国 FFA 的部门分类

编号	机构部门(英文)	机构部门(中文)
1	Households and Nonprofit Organizations	住户及非营利团体
2	Nonfinacial Business	非金融企业
3	Nonfinancial Corporate Business	非金融公司工商业
4	Nonfinacial Nocorporate Business	非金融非公司工商业
5	State and Local Governments	州与地方政府
6	Federal Government	联邦政府
7	Rest of the World	国外部门
8	Financial Business	金融部门
9	Monetary Authority	联邦储备银行
10	Private Depository Institutions	私人存款机构
11	U. S.-Chatered Depository Institutions, ex. Credit U	美国本土存款机构(不包括信用社)

（续表）

编号	机构部门（英文）	机构部门（中文）
12	Foreign Banking Offices in U.S.	在美国的外国银行
13	Banks in U.S.-Affiliated Areas	在美国自治区的商业银行
14	Credit Unions	信用社
15	Property-Casualty Insurance Companies	财产保险公司
16	Life Insurance Companies	人寿保险公司
17	Private Pension Funds	私人养老基金
18	State and Local Government Employee Retirement Funds	州与地方政府退休基金
19	Federal Government Retirement Funds	联邦政府退休基金
20	Money Market Mutual Funds	货币市场共同基金
21	Mutual Funds	共同基金
22	Closed-End and Exchange-Traded Funds	封闭型与市场交易型基金
23	Government-Sponsored Enterprises	政府资助企业
24	Agency-and GSE-Backed Mortgage Pools	代理机构/政府资助企业支持的抵押贷款
25	Issuers of Asset-Backed Securities	证券化资产发行者
26	Finance Companies	财务公司
27	Real Estate Investment Trusts	房地产投资信托
28	Security Brokers and Dealers	证券经纪人与交易商
29	Holding Companies	股份公司
30	Funding Corporations	融资公司

资料来源：http://www.federalreserve.gov/releases/z1/Current/z1.pdf。

美国 FFA 中各部门内部以及各部门之间的资金信贷依托的主要金融工具分类如表 2-4 所示，按照美国金融市场的特点划分为 34 项。其中既有反映政府资金筹措的金融工具，如黄金与持有的官方外汇储备、特别提款权与财政货币等，也有描述企业融资行为的交易项目，而且主要交易项目在于追踪民间的资金信贷往来。

表 2-4 美国 FFA 的交易项目

编号	交易项目(英文)	交易项目(中文)
1	U.S. Official Reserve Assets and SDR Allocations	黄金与持有的官方外汇储备
2	Special Drawing Rights (SDRs) Certificates and Treasury Currency	特别提款权与财政货币
3	U.S. Deposits in Foreign Countries	在国外存款
4	Net Interbank Transactions	银行间交易净额
5	Checkable Deposits and Currency	支票存款与货币
6	Time and Savings Deposits	定期与储蓄存款
7	Money Market Mutual Fund Shares	货币市场共同基金股份
8	Federal Funds and Security Repurchase Agreements	联邦基金与回购协议证券
9	Open Market Paper	公开市场票据
10	Treasury Securities	国库券
11	Agency-and GSE-Backed Securities	有政府保证的资产担保证券
12	Municipal Securities and Loans	地方债与信贷
13	Corporate and Foreign Bonds	公司与外国债券
14	Corporate Equities	公司股票
15	Mutual Fund Shares	共同基金股份
16	Depository Institution Loans Not Elsewhere Classified	未分类存款机构借款
17	Other Loans and Advances	其他借款与预付款
18	Total Mortgages	按揭贷款合计
19	Home Mortgages	住房抵押贷款
20	Multifamily Residential Mortgages	多户住宅抵押贷款
21	Commercial Mortgages	不动产抵押贷款
22	Farm Mortgages	农业房产抵押贷款
23	Consumer Credit	消费信贷
24	Trade Credit	贸易信贷
25	Security Credit	证券信贷
26	Life Insurance and Pension Fund Reserves	寿险与养老基金准备
27	Taxes Payable by Businesses	工商业应缴税
28	Proprietors' Equity in Noncorporate Business	非公司工商业所有者权益
29	Total Miscellaneous Financial Claims	其他金融债权
30	Identified Miscellaneous Financial Claims-Part Ⅰ	确定的各种金融债权:第一部分
31	Identified Miscellaneous Financial Claims-Part Ⅱ	确定的各种金融债权:第二部分

（续表）

编号	交易项目（英文）	交易项目（中文）
32	Unidentified Miscellaneous Financial Claims	不确定的各种金融债权
33	Sector Discrepancies	部门差异
34	Instrument Discrepancies	项目差异

资料来源：http://www.federalreserve.gov/releases/z1/Current/z1.pdf。

民间资金交易项目基本按照资金的流动性排列，首先是通过银行存款机构的信贷项目，其次是通过债权市场与证券市场的融资项目。为观察房地产资金流量对金融市场的冲击，其中特别设定了按揭贷款交易项目。此外，为观察消费与贸易变化对实体经济的影响，分别设定了消费信贷与贸易信贷项目，为追踪金融衍生品对金融市场的冲击而设定了证券信贷，为把握社会稳定状况而设定了寿险与养老基金准备项目等。

第三节 日本的 FFA

一、政府机构编制的 FFA（实物交易部分）

日本的 FFA 类似于表 2-1 的模式，即 FFA 分为实物交易与金融交易两部分。侧重于实物交易部分的 FFA 是日本 SNA 体系中的资本筹集账户（Capital Finance Accounts），由日本内阁府编制，反映在国民经济核算年报中。资本筹集账户分为机构部门账户与综合账户，按照实物交易与金融交易分别提供会计年度（从 4 月至来年 3 月）、公历年以及季度的信息。

各机构部门的资本筹集账户（参见表 2-5）是从宏观角度描述经济循环中实物与金融相互关系的账户，由记录各制度部门在实体面的资本积累（投资）以及资本筹集（储蓄）状况的实物交易表，以及二者的缺口（储蓄与投资的差额）是如何通过金融交易弥补的金融交易表所构成。虽然各机构部门的资本筹集账户的实物交易与金融交易的项目因部门而略有不同，但基本一致。在实物交易的借方表示了各部门投资的形态，由总固定资本形成与土地购入净值构成。在贷方则显示了资本筹集的来源,由所得支出账户得到的储蓄与由生产账户得到的固定资产折旧以及来自其他部门的资金转移净额构成。其资本积累与资本筹集的差额被记录为净贷出(+)/净借入(-)。

表2-5　机构部门资本筹集账户

	实物交易
1.1	总固定资本形成
1.2	折旧
1.3	库存增加
1.4	土地的购入(净额)
1.5	净贷出(+)/净借入(-)
	资产变动
1.6	储蓄(净额)
1.7	资本转移等(流入)
	(1)来自居住者
	(2)来自海外
1.8	资本转移等(流出)
	(1)对居住者支付
	(2)对海外支付
	由于储蓄与资本转移发生的净资产变化
	金融交易
2.1	现金与存款
2.2	信贷
2.3	股票以外的证券
2.4	股票与其他股权
2.5	金融衍生商品
2.6	其他金融资产
	资产变动
2.7	净贷出(+)/净借入(-)(资金盈亏)
2.8	借入
2.9	股票以外的证券
2.10	股票与其他股权
2.11	金融衍生商品
2.12	其他负债
	净贷出(+)/净借入(-)(资金盈亏)与负债变动

资料来源:日本内阁府经济社会综合研究所,《国民经济核算年报》。

金融交易部分表示了如何筹集资金以及怎样运用金融资产。在其借方显示了金融资产的增减,贷方表示了金融负债的增减。金融交易表的借方与贷方差额被记录为净贷出增加(+)/净借入(-)(资金盈亏)。实物交易部门的净贷出(+)/净借入(-)与金融交易净贷出增加(+)/净借入(-)(资金盈亏)在理论上应该是一致的,但在统计编制时由于基础资料等的不同,二者实际上存在一定的统计误差。

综合了各机构部门的综合资本筹集账户如表2-6所示。在实物交易部分由于土地的购入(净值)是在居住者之间进行的,所以可以相互抵消。另外,国内的资本转移部分在国内各部门之间也可以相互抵消,只剩下与海外之间的资本转移。所以在实物交易的借方由总固定资本形成扣除折旧加上库存增加及对海外债权变动构成。在贷方则显示了资本筹集的来源,由储蓄与海外资本转移净额构成。借方与贷方的差额被记录为国内净贷出(+)或国内净借入(-)。同样,在金融交易部分,国内各部门之间的金融交易被相互抵消,只记录与海外的金融交易。

表2-6 综合资本筹集账户

实物交易	
1.1	总固定资本形成
	其中无形固定资产
1.2	折旧
1.3	库存增加
1.4	对海外债权变动
	资产变动
1.5	储蓄
1.6	来自海外资本转移净值等
1.7	统计误差
	由于储蓄与资本转移发生的净资产变化
金融交易	
2.1	对外资产变动
	对外资产变动
2.2	对海外债权的变动
2.3	对外负债变化
	对外债权变化与对外负债变化

注:① 总固定资本形成-折旧+库存增加+对海外债权变动=资产变动=储蓄+来自海外资本转移净值+统计误差。
② 来自海外的资本转移净值等=来自海外的资本转移净值-无形资产的海外购入净值。
资料来源:日本内阁府经济社会综合研究所,《国民经济核算年报》。

按照 SNA 的原理,为了使实物交易与金融交易相衔接,内阁府编制的 FFA 设计了购入土地与资本转移的项目,即虽然土地交易不作为生产活动,不计入生产账户,但在金融交易中伴随着资金流动的交易活动均被计入,所以需要调整这二者间的缺口。同理,作为资本形成的资金来源的资本转移,由于并没有发生与此对应的资金支出,所以也有必要将其分离开来。

二、日本银行编制的 FFA(金融交易部分)

日本银行从 1954 年开始编制流量表,分为季报与年报。季报的速报滞后三个月,约六个月后再公布经过确认的季报。另外,在每年 3 月公布延续的时间序列以及修正的数据。FFA 由以下三套表组成:第一是流量表,记录由金融交易所发生的本期的资产/负债的增减额。第二是金融资产/负债存量表,包括在期末时点持有的资产与负债的余额,其存量数据反推追溯到 1953 年。第三是调整表,记录金融资产/负债表与金融交易表之间的偏差额(金融资产/负债表的前期与本期的差额减去金融交易表的交易额后所剩余的部分),其中包括在本期中由于股价变化所引起的资产评价额变动的资产与负债的增减。

(一)部门分类

日本银行现行的 FFA 的部门分类是参照 93SNA、IMF 制定的《货币与金融统计手册》,并基于日本金融体制的特点而进行的。重视经济运转的机能以及实际状况是编制 FFA 的基本思路,其部门分类如表 2-7 所示,主要可划分为金融机构与非金融机构两大类。对金融机构的部门分类主要着眼于金融中介的机能,将金融机构划分为金融中介机构与非中介机构。金融中介机构的存在,使得资金盈余主体得以顺畅地向资金不足主体提供资金,所以金融中介机构成为观察资金循环最重要的部分。金融中介机构由四部分组成,即接受存款开展信贷的银行等存款机构、经营保险及养老金的保险与养老基金、证券公司等非银行机构以及政府系列金融等其他金融中介机构、中央银行。在金融中介机构这四大部分内,还有许多细分类。这些细分类的安排一是体现了以国际标准为参照基础,二是反映了日本国内金融市场结构的特点。

表 2-7 日本银行 FFA 的部门与交易项目分类

部门（45 部门）	交易项目（51 项目）
金融机构	现金/存款
中央银行	现金
存款机构	准备金
银行等	在央行政府存款
国内银行	流行性存款
在日外国银行	定期存款
农林水产金融机构	可转让存款
中小企业金融机构等	外汇存款
邮政储蓄	财政融资资金存款
共同运用信托	信贷
保险/养老金基金	央行贷款
保险	银行间短期贷款
生命保险	买入票据/卖出票据
民间生命保险公司	民间金融机构贷款
非生命保险	住宅贷款
民间损伤保险公司	消费者信用
合作保险	向企业/政府等信贷
养老基金	公共性金融机构贷款
企业养老金	住宅信贷
其他养老金	非金融部门贷款
其他金融中介机构	分期付款债权
证券投资信托	期货/债券交易
公共企业团体债券投资信托	股票以外的证券
MMF/MRF	国库短期证券
股票投资信托	国债
非银行机构	地方债
金融公司	政府机构债
特别目的公共团体信托	金融债
公共性金融机构	公共事业债
财政融资资金	居住者发行的外债
政府系统金融机构	商业票据

（续表）

部门(45 部门)	交易项目(51 项目)
证券委托买卖与自我买卖业务	投资信托受益证券
证券公司	信托受益权
非中介型金融业务	债权流动化相关商品
非金融法人企业	抵押证券
民间非金融法人企业	股份/其他股权
公共性非金融法人企业	股份
一般政府	金融衍生商品
中央政府	远期合约类
地方公共团体	期权合约类
社会保障基金	保险/养老金准备金
公共性养老金	保险准备金
住户	年金准备金
对住户民间非营利团体	证券存款
国外海外	企业间贸易信用
（上述部门合计）	应收/应付款
国内非金融部门	对外直接投资
（国内非金融部门合计）	对外证券投资
养老金合计	其他对外债权债务
（养老基金/公共性养老金合计）	黄金/SDR 等
	其他
	资金盈亏（资金流量表）
	金融资产/负债差额（金融资产/负债存量表）
	调整差额（调整表）

注：MMF(Money Management Fund)指的是从事公共团体债券及短期金融资产的投资信托。

MRF(Money Reserve Fund)指的是从事短期公共团体债券的证券综合账户专项投资信托。

资料来源：日本银行，《入門資金循環—統計の利用法と日本の金融構造》，东洋经济新报社，2001。

对非金融机构的部门分类与 93SNA 以及与美国的 FFA 一样，划分为非金融法人企业、一般政府、住户、对住户民间非营利团体以及海外部门。其中有关海外部门的分类与国际收支统计中的非居住者基本相同。此处所提到的居住者指的是个人或法人在某国的经济领土内有某种场所、住所、生产地或者其他建筑物,并且在这些地方或者从这些地方无限期地或者有限期但却长期地从事或者打算继续从事大规模经济活动和交易。① 但在 FFA 中的国境概念与国际收支(Balance of Payments,BOP)统计有所不同,主要指的是外资为了在日本国内发行日元债券(Yen-denominated Foreign Bond)而在国外成立的特别目的公司(Specific Purpose Company, SPC)②,FFA 将其作为居住者处理,而 BOP 统计则作为非居住者处理。

FFA 这样处理的主要理由在于:一是如将与国外的 SPC 的资金交易计入国外部门,反而难以把握国外部门的资金变化;二是以经济性收益为主来考虑的话,如此区分与 93SNA 并不矛盾,特别从把握经济运转的机能与实态来看是比较适当的。

(二) 交易项目的设置

日本银行 FFA 的交易项目的设置如表 2-7 的右半部分所示,基本与 93SNA 及《货币与金融统计手册》相对应,但在确定各个交易项目的金融资产与负债的范围以及反映在市场变化中的实际状态方面所做的交易项目分类有其特点。基于资金的流动性,各个交易项目分别按照现金/存款、信贷、股票以外的证券、居住者发行的外债、信托受益权、抵押证券、股票、金融衍生商品、保险/养老准备金、对外资金交易等排列。根据 93SNA 与《货币与金融统计手册》,典型的金融资产通常是按照债权人与债务人之间已经明确地收到了确定的金额支付后来处理的,但如金融衍生商品、保险、养老准备金、融资租赁等并不具有典型的金融资产的性质,或者从其表象来看类似一种服务的购入或转移交易。在日本银行编制的 FFA(金融交易部分)中,对这些金融交易是否应该作为金融资产来处理均有解释,其中金融衍生商品、保险、融资租赁(企业的金融交易)作为金融资产处理;对养老金项目中的企业养老金、其他养老金、个人养老金作为住户部门的金融资产处理,而其他的如厚生养老金、互助养老金则作为社会保障基金的资产来处理。

---

① IMF, Chapter 4. *Economic Territory, Units, Institutional Sectors, and Residence*, Sixth Edition of the IMF's Balance of Payments and International Investment Position Manual, p.70.

② 日本基于资产流动化的法律(1998 年 6 月 15 日法律第 105 号)而成立的法人。

(三) 编制方法概要

日本银行的 FFA 由三部分构成：一是金融交易表（流量表），二是金融资产负债表（存量表），三是调整表。从统计编制的角度看，应该首先分别确定流量与存量的数据，然后用存量表上期末数据与本期末数据的差额减去本期流量表数据，其差额就成为调整表的金额。但在实际编表中，由于能够直接掌握的流量项目的资料较少，通常是通过金融资产负债余额的上期末存量减去本期末存量来算出流量金额，所以日本银行编制 FFA 的基础是存量统计。

从资料来源以及各交易项目的编制方法看，主要有两种方法。一是以各财务报表为基础数据的垂直编制法，二是水平编制法，前者的精确度高于后者。特别是金融机构，如不考虑非银行机构，其财务报表的数据都可以直接使用，可以保证主要项目的精确度。但对于金融机构以外的部门不一定都可以直接使用各财务报表，需要做一些推算，所以垂直编制法也有其局限性。而水平编制法是根据每项交易项目分别计算出总额，然后将其按照各部门水平分摊推算。此方法虽然被称为分摊推算，但对于存款及信贷这样的交易项目，可以从银行得到各存款者或各贷款者较为准确的统计数据，所以也可以在一定程度上编制出精确度较高的统计。另外，对于股票这种交易项目而言，虽然存在着统计数据公布频度以及部门细分类等的制约，但如果有各持股票部门的统计信息并据此推算，也可以确保一定程度的精确性。

第四节 中国的 FFA

1985 年，在国务院国民经济核算领导小组的领导下，成立了由国家计委、国家统计局、中国人民银行及财政部组成的联合研制组，开始研究我国的 FFA。1986 年试编了全国 FFA 简表，1987 年初步形成了 FFA 及其编制方案，1992 年 FFA 被正式纳入中国新国民经济核算体系中。国家统计局在 1998 年首次在《中国统计年鉴》上公布了 1992—1995 年的包括实物交易与金融交易的 FFA；中国人民银行在 1998 年第一期统计季报上也第一次公布了较为详细的 FFA（金融交易）。目前，我国有关部门已公布了 1992—2011 年的 20 年的

FFA数据。中国的FFA类似于日本的模式,即区分为实物交易部分与金融交易部分,但有其自己的特点。其中,实物交易部分由国家统计局负责,金融交易部分则由中国人民银行编制。下面重点讨论中国FFA的基本结构、特点与现存的一些问题。

一、中国FFA的基本框架及特点

与上述美国与日本的FFA相比较,我国的FFA既具有与国际标准相同的部分,也具有自身的特点。从相同部分来看,部门分类与SNA的大部门分类基本一致,而且中国FFA的实物交易与金融交易的部门尽管排序有所不同,但分类是相同的,都划分为住户、非金融企业、政府、金融机构以及国外部门。交易项目分类也是基于SNA的基本概念来设置的,其基本结构区分为实物交易与金融交易两部分,也是与93SNA相吻合的,即我国FFA总的基本框架保持了与SNA的一致性,有利于开展国际比较。

(一)实物交易部分

中国的FFA有其自身的特点。从实物交易部分看(参见表2-8),第一个特点是中国FFA(实物交易)的范围较宽。目前世界各国的FFA基本可区分为"国民收入账户的垂直扩张"与"金融性统计的水平展开"这两种类型。国家统计局编制的实物交易表类似于日本内阁府编制的国民经济核算年报中的资本筹集账户(参见表2-6),但其核算范围比日本的表要宽很多,属于"国民收入账户的垂直扩张"类型。中国FFA的实物交易部分将根据支出法国内生产总值计算出来的增加值按各机构部门区分调整,以各机构部门的增加值作为FFA的出发点,将收入、分配、再分配、消费、储蓄、固定投资形成以及净金融投资作为核算的范围。

第二个特点是从中国FFA的实物交易表中可以把握收入的分配与再分配的关系,进而观察各机构部门的可支配收入的形成过程与使用过程。通过较宽范围的对FFA的观察可以追踪分析在宏观经济的生产、消费、储蓄、投资等过程中的企业、个人以及政府三者的初次分配关系。通过税收、经常转移可以观察到收入再分配与可支配收入的形成过程,以及可支配收入如何被运用于最终消费、储蓄及投资。中国FFA(实物交易)观测的初次分配、再分配以及可支配形成与使用的关系可用以下均衡式来表示。

表 2-8 资金流量表（实物交易，2009 年）

（单位：亿元）

机构部门 交易项目	非金融企业部门 运用	非金融企业部门 来源	金融机构部门 运用	金融机构部门 来源	政府部门 运用	政府部门 来源	住户部门 运用	住户部门 来源	国内合计 运用	国内合计 来源	国外部门 运用	国外部门 来源	合计 运用	合计 来源
1. 净出口												-15 037		-15 037
2. 增加值		197 393		17 768		33 231		92 511		340 903				340 903
3. 劳动者报酬	73 832		4 951		27 499		60 187	166 958	166 469	166 958	629	140	167 098	167 098
（1）工资及工资性收入														
（2）单位社会保险付款														
4. 生产税净额	38 824		2 326			41 963	603		41 963	41 963			41 963	41 963
（1）生产税														
（2）生产补贴														
5. 财产收入	26 284	14 823	22 646	23 050	4 131	6 253	3 495	11 359	56 557	55 485	6 766	7 837	63 322	63 322
（1）利息	13 715	8 002	20 424	22 645	3 814	1 707	3 468	9 068	41 421	41 421			41 421	41 421
（2）红利	10 115	6 766	985	405				793	11 099	10 028	6 766	7 837	17 865	17 865
（3）地租	1 707						27	1 734	1 734	1 734			1 734	1 734
（4）其他	748	56	1 237		317	748		1 499	2 302	2 302			2 302	2 302
6. 初次分配总收入		73 275		10 894		49 606		206 544		340 320				340 320
7. 经常转移	10 074	969	4 759	2 270	20 524	33 521	21 456	22 214	56 812	58 975	2 913	751	59 726	59 726
（1）收入税	8 354		3 183		1 695	15 486	3 949		15 486	15 486			15 486	15 486
（2）社会保险缴款					12 303	16 116	14 421		16 116	16 116			16 116	16 116
（3）社会保险福利					6 137			12 303	12 303	12 303			12 303	12 303
（4）社会补助	109							6 246	6 246	6 246			6 246	6 246
（5）其他经常转移	1 610	969	1 576	2 270	390	1 919	3 086	3 666	6 662	8 825	2 913	751	9 575	9 575
8. 可支配总收入		64 171		8 406		62 603		207 302		342 482				342 482

（续表）

机构部门 交易项目	非金融企业部门 运用	非金融企业部门 来源	金融机构部门 运用	金融机构部门 来源	政府部门 运用	政府部门 来源	住户部门 运用	住户部门 来源	国内合计 运用	国内合计 来源	国外部门 运用	国外部门 来源	合计 运用	合计 来源
9. 最终消费					45 690		123 585		169 275				169 275	
(1) 居民消费							123 585		123 585				123 585	
(2) 政府消费					45 690				45 690				45 690	
10. 总储蓄	64 171		8 406		16 913		83 718		173 208			−16 617		156 591
11. 资本转移	720	3 817			3 831	1 006			4 551	4 824	1 006	733	5 557	5 557
(1) 投资性补助		3 817			3 817				3 817	3 817			3 817	3 817
(2) 其他	720				14	1 006			733	1 006	1 006	733	1 740	1 740
12. 资本形成总额	110 710		228		19 574		33 950		164 463				164 463	
(1) 固定资本形成总额	105 105		228		19 307		32 040		156 680				156 680	
(2) 存货增加	5 606				267		1 911		7 783				7 783	
13. 其他非金融资产获得减处置	14 101				−7 531		−6 570							
14. 净金融投资	−57 543		8 177		2 045		56 338		9 018		−16 890		−7 872	

资料来源：国家统计局，《中国统计年鉴》，2012。

各部门增加值合计 = GDP (14)
GDP + 净财产收入 = 初次收入 = GNI (15)
GNI − 经常转移 = 可支配收入 (16)
可支配收入 − 最终消费 = 总储蓄 (17)
总储蓄 + 净资本转移 − 总投资 = 净金融投资 (18)
净金融投资 = 国内资金供给 − 国内资金需求 (19)

实物交易部分的最后一个项目是净金融投资，这是与金融交易部分相衔接的一个项目。从理论上来说，实物交易部分的净金融投资与金融交易部分最初出现的净金融投资应该是相等的。

(二) 金融交易部分

中国FFA金融交易部门的项目很多都是按照93SNA的金融账户所设置的，但为了反映国内金融体系，许多项目设置也采取了适应中国实际的安排（参见表2-9）。其特点有三。

第一是首先提示资金筹措的结果，之后再说明形成此结果的原因。首先给出净金融投资，不言而喻，这是与实物交易相对应的项目；接下来给出的资金运用合计与资金来源合计，是在某期间资金交易的结果。这里的"净金融投资"就是各部门资金运用合计与资金来源合计的差额，在68SNA里称为"资金盈余或不足"，在93SNA中作为最后一个项目，称为"净贷出/净借入"。这在中国FFA金融交易中的排列顺序有所不同，但作为平衡项目的作用是一样的。

第二是与大多数中央银行编制的FFA一样，根据资金的流动性按照国内间接金融方式、直接金融方式以及对外金融排序交易项目。反映国内间接金融方式的有通货、存款、证券公司客户保证金、贷款、未贴现的银行承兑汇票、保险准备金、金融机构往来、准备金等。国内直接金融项目包括各种证券、债券、股票以及证券投资基金份额等。金融市场通过间接金融与直接金融的方式调节分布在各机构部门的社会资金。其中大部分交易项目是与93SNA相对应的，但也有为了把握财政资金的运用情况以及中央银行与国营商业银行的信用关系以及国际资本流动状况而单独设置的财政存款、外汇贷款、金融机构往来等项目。

资金循环分析的理论与实践

表 2-9　资金流量表（金融交易，2011 年）

（单位：亿元）

交易项目 \ 部门	住户 运用	住户 来源	非金融企业 运用	非金融企业 来源	政府 运用	政府 来源	金融部门 运用	金融部门 来源	国内合计 运用	国内合计 来源	国外 运用	国外 来源	总计 运用	总计 来源
净金融投资	48 644		-44 271		10 178		-1 318		13 234		-13 234		0	
资金运用合计	74 140		66 790		20 363		194 721		356 014		25 258		381 272	
资金来源合计		25 496		111 061		10 185		196 038		342 781		38 492		381 272
通货	4 961		555		123		153	6 162	5 792	6 162	370		6 162	6 162
存款	47 690		41 373		19 763		5 396	113 415	114 222	113 415	2 219	3 026	116 442	116 442
活期存款	15 712		5 431		7 485			28 628	28 628	28 628			28 628	28 628
定期存款	31 440		20 200		10 668			62 307	62 307	62 307			62 307	62 307
财政存款					-300			-300	-300	-300			-300	-300
外汇存款	333		4 989		134		111	3 126	5 568	3 126	584	3 026	6 152	6 152
其他存款	206		10 753		1 776		5 285	19 655	18 021	19 655	1 635		19 655	19 655
证券公司客户保证金	-1 840		-4 020		-35		-571	-6 511	-6 466	-6 511	-45		-6 511	-6 511
贷款		25 496		66 963		1 691	95 764	1 442	95 764	95 592	1 245	1 417	97 009	97 009
短期贷款		10 620		27 822			38 442		38 442	38 442			38 442	38 442
票据融资				112			112		112	112			112	112
中长期贷款		14 646		20 993			35 640		35 640	35 640			35 640	35 640
外汇贷款		20		5 396		-3	5 586		5 586	5 413	1 245	1 417	6 831	6 831
委托贷款		204		10 739		1 770	14 154	1 442	14 154	14 154			14 154	14 154
其他贷款		6		1 901		-77	1 830		1 830	1 830			1 830	1 830
未贴现的银行承兑汇票				10 271			10 271	10 271	10 271	20 542			20 542	20 542
保险准备金	6 417		931			2 107	2 308	5 242	7 348	4 188			7 348	7 348
金融机构往来							8 480	4 188	2 308	4 188	6 172	4 291	8 480	8 480

（续表）

部门	住房		非金融企业		政府		金融部门		国内合计		国外		总计	
交易项目	运用	来源	运用	来源	运用	来源	运用	来源	运用	来源	运用	来源	运用	来源
准备金							36 154	36 154	36 154	36 154			36 154	36 154
证券	2 484		-157	19 397	112		18 758	-3 927	21 196	21 611	343	-71	21 540	21 540
债券	-794		-86	13 659			17 075	-3 605	16 195	16 195			16 195	16 195
国债	-794		-8			6 142	6 944		6 142	6 142			16 213	16 213
金融债券			-13				16 226	16 213	16 213	16 213			16 213	16 213
中央银行债券			-22				-19 797	-19 818	-19 818	-19 818			-19 818	-19 818
企业债券			-44	13 658			13 702		13 658	13 658			13 658	13 658
股票	3 278		-71	5 738	112		1 683	-322	5 002	5 416	343	-71	5 345	5 345
证券投资基金份额	606		860		416		376	2 282	2 258	2 282	24		2 282	2 282
库存现金							1 072	1 042	1 072	1 042		30	1 072	1 072
中央银行贷款							-727	-727	-727	-727			-727	-727
其他（净）	13 823		8 808		-16		4 139	26 753	26 753	26 753			26 753	26 753
直接投资			3 211	14 224					3 211	14 224	14 224	3 211	17 435	17 435
其他对外债权债务			4 958	2 466		246	-3 428	252	1 530	2 965	2 965	1 530	4 495	4 495
国际储备资产							25 057		25 057			25 057	25 057	25 057
国际收支错误与遗漏				-2 259						-2 259	-2 259		-2 259	-2 259

资料来源：中国人民银行，《中国人民银行统计季报》，（1），2013。

资金循环分析的理论与实践

第三是通过直接投资、其他对外债权债务及国际储备资产项目反映对外金融交易。其中,国际储备资产是一个包括了黄金、外汇及 SDR 的项目,这在 93SNA 中是排列在最初序列的项目。按 93SNA 的定义,黄金根据使用目的分别计入生产账户、资本账户、金融账户,即黄金作为外汇储备的"货币用黄金",与作为商品的"非货币用黄金"是有所区分的,后者还进一步分类为产业用黄金与投资用黄金。在 93SNA 中仅将作为外汇储备的"货币用黄金"计入金融账户的"黄金与 SDR",这一点中国的处理与 93SNA 相同。

此外,还有一个值得一提的特点是中国人民银行在 2011 年开始公布的社会融资规模统计,也是资金流量概念。社会融资规模是全面反映金融与经济关系,以及金融对实体经济资金支持的总量指标。社会融资规模是指一定时期内实体经济从金融体系获得的资金总额。这里的金融体系是整体金融的概念。从机构看,包括银行、证券、保险等金融机构;从市场看,包括信贷市场、债券市场、股票市场、保险市场以及中间业务市场等。具体看,社会融资规模主要包括人民币贷款、外币贷款、委托贷款、信托贷款、未贴现的银行承兑汇票、企业债券、非金融企业境内股票融资、保险公司赔偿、投资性房地产和其他金融工具融资十项指标。[①] 根据以上中国人民银行调查统计司的解释,这个社会融资规模的统计目的与 FFA 完全相同,也是一个流量的概念,其统计的内涵与 FFA 一致,其统计范围及口径经过调整完全可以作为 FFA 中金融部门的数据使用(参见表 2-10)。而且从时效来看,社会融资规模是月度指标,可及时满足政策部门对把握金融与经济关系、全面反映实体经济的融资和金融市场动态的需要。所以,社会融资规模统计应当说是对充实 FFA 的一个创举。为提高统计效率,笔者建议应完善整合社会融资规模统计,使之与 FFA 相协调,这样可取得事半功倍之效。

---

① "中国人民银行调查统计司负责人就社会融资规模有关问题答记者问",2012-09-13,http://www.pbc.gov.cn/publish/goutongjiaoliu/524/2012/20120913101340033459806/20120913101340033459806_.html。

表 2-10 社会融资规模统计表

社会融资规模 The Aggregate Financing to the Real Economy
其中：人民币贷款 Of which: RMB bank loans
外币贷款(折合人民币) Foreign currency bank loans (converted into RMB)
委托贷款 Entrusted loans
信托贷款 Trust loans
未贴现银行承兑汇票 Undiscounted bankers' acceptances
企业债券 Net financing of corporate bonds
非金融企业境内股票融资 Equity financing on the domestic stock market by non-financial enterprises

资料来源：中国人民银行调查统计司，http://www.pbc.gov.cn/publish/html/kuangjia.htm? id=2013s18.htm。

二、中国 FFA 存在的问题及展望

随着经济体制改革的不断发展、我国统计体制由原来的 MPS 体系向 SNA 的过渡，以及国际上 93SNA 和 08SNA 的修订等影响，我国编制的 FFA 也不可避免地存在一些需要改进的问题。主要表现为以下四个方面。

(一) 关于部门分类

中国 FFA 的部门分类形式上参考了 93SNA 的机构部门，但由于可收集基础数据的问题，其部门分类较粗。中国 FFA 并没有引入 93SNA 所建议的细部门分类，比如存款机构、保险养老金机构、其他金融中介机构等。而且，国家统计局的实物交易表与中国人民银行的金融交易表采用了相同的比较粗的住户、非金融企业、政府、金融机构、国外五大部门分类，完全没有细分类。当然，按照 SNA 的概念，从把握资金流动的原因、实体经济与金融经济的依存关系而言，有必要在大部门分类的基本结构上保持一致。但编制实物交易与金融交易的目的各有不同，其侧重的调查对象不同，资料收集渠道也有所不同，在大部门分类保持一致的前提下，理应根据各自的实际需要，采取细部门划分。比如参照美国与日本 FFA 的部门分类，同时根据中国实际需要，在政府部门内细分中央财政、地方财政、行政事业等；在金融部门内细分中央银行、国有银行、民营银行、其他金融中介机构等。编制不同的数据模块，根据需要采取积木式的拼装或拆卸。这样既保持了与国际标准的统一，有利于国际比较，也可以如实反映中国的实际。只考虑国际标准而忽视本国实际是本末倒置，但只强调本国实际而不兼顾国际标准

也是事倍功半的。

(二)关于交易项目的改进

93SNA对交易项目的设置有所建议,同时通过比较世界上主要国家的FFA的交易项目也可知,交易项目的设置基本采取两种形式,即按照金融资产的流动性与基于法的性质(债务人与债权人关系的形态)反映经济的运转及实际状态来对交易项目分类。实物交易表的项目设置反映了收入、分配、消费、储蓄及投资这样一种经济循环的关系,很有中国特色。

金融交易部分则是与其他国家中央银行编制的FFA具有更多的相同点,基于中央银行的角度,核算由于交易而引起的金融资产与负债的变化。08SNA在金融资产核算方面做了进一步的完善,同时,我国从20世纪90年代以来金融资产类型也发生了许多变化,所以FFA金融交易部分也应做相应的改进,笔者认为主要应增加以下三个项目。

1. 住宅贷款

对比美国与日本的FFA可知,这两个具有较长编制历史的FFA中均设有住宅贷款一项,特别是美国FFA中,对按揭贷款还设有四个细项目,这对观察分析2007年美国金融危机起到了很大的作用,值得我国参考。特别是最近数年来,我国房地产的资金筹措与运用的流量越来越大,而且参照其他国家的先例,此现象会持续下去。这是政策当局以及全社会都很关注的问题,所以有必要在中国的FFA中增设住宅贷款项目。

2. 金融衍生商品

93SNA曾讨论金融衍生商品的问题,但却没有将其列为独立的金融资产类别;08SNA则明确指出如果金融衍生商品可以估价并能独立于其标的资产进行估价,应列入独立的金融资产类别核算,并且对其核算方法提供了指引。金融衍生商品指的是与基础金融产品相对应的一个概念,是建立在基础产品或基础变量之上,其价格随基础金融产品的价格(或数值)变动的派生金融产品。这里所说的基础产品是一个相对的概念,不仅包括现货金融产品(如债券、股票、银行定期存款单等),也包括金融衍生商品。金融衍生商品的基础变量则包括利率、汇率、各类价格指数甚至天气(温度)指数等。我国改革开放三十多年来,金融不断完善,衍生品市场也逐步发展起来。虽然中国衍生品市场还处于初级发展阶段,金融商品期货起步较晚,但在交易量上已经取得了长足的进步。从防范金融危机角度对金融衍生商品发展的统计监测势在必行,所以有必要将金融衍生商品列入 FFA 中的交易项目。

3. 寿险与养老准备金

通常,65 岁以上的人口比例超过总人口的 7%,就被称为"老龄化社会",而超过了 14% 就被称为"老龄社会"。中国内地已于 1999 年快速进入了老龄化社会,在 2004 年年底,65 岁以上人口占总人口的比例为 7.6%;2011 年年底,中国 65 岁以上老龄人口已达 1.23 亿,占人口总数的 9.1%[①],人口老化速度很快。因此有必要考虑在 FFA 中增加寿险养老准备金项目(Life Insurance and Pension Fund Reserves),这首先是我国的实际需要,同时也是 08SNA 所建议的,而且美国与日本的 FFA 中均设有此项目。

(三) 关于净金融投资:实物交易表与金融交易表的衔接

从理论上来说,位于实物交易部分最后项目的净金融投资与金融交易部分最初出现的净金融投资(Net Financial Investment)应该是相等的,是衔接实务交易与金融交易的一个平衡项,意味着投资储蓄差额与资金盈余或不足的平衡关系,即 $S - I = \Delta A - \Delta L$。联系国际收支看,还有 $S - I = \Delta A - \Delta L = X - M$ 成立,即 S-I 平衡 = 资金盈亏 = 经常收支[参见第一章的(4)式与(6)式]。这两者之间的偏差是一个世界性的统计问题,在中国的 FFA 中既存在着国际上共同的课题,也有中国特有的问题。所谓国际上共同的课题指的是二者统计资料的来源及处理方式不同,形成了计算的偏差,主要有三点:第一是会计处理原则不同。各部门的实物交易采用发生主义计算,而金融交易采用现金主义,这种核算方法的不同造成了两者计算结果的偏差。第二是对交易对象处理方式的不同。在实物交易中并没有包括即存资产(黄金、高尔夫会员权)的买卖交易,但它却被计算在金融交易里。第三是由于核算方法不同,在实物交易中已经实现的资本卖出所得的混入等与金融交易中按部门分摊比例的偏差等出现的推算误差及遗漏。

所谓中国特有的问题也包括三点:第一点是二者采用了不同的会计原则。中国实物交易表中的各部门增加值、劳动者报酬、总消费及总投资等项目是按照发生主义记账,但与财政有关的项目则是按现金主义记账,即同样是在实物交易

[①] 国家统计局,《中国统计年鉴》,2012。

部分也存在着不同的会计记账原则。第二点是实物交易与金融交易的资料来源不同。实物交易是将国际收支中经常收支的净额作为国内部门的储蓄投资差额来处理,但金融交易却是将各部门金融资产与金融负债的差额作为资金盈余或不足计算。第三点是二者的核算方法不同。金融交易部分的核算方法比较规范,国内部门的净金融投资与国外部门的净金融投资是相对应的平衡关系,只是符号不同而已,二者相加为零。比如,2009 年国内部门合计净金融投资在运用方为 20 910 亿元,与此对应,国外部门运用方则对应为 -20 910 亿元,两项相加在合计栏的运用方则为零。但实物交易部分的计算令人费解。实物交易表的净金融投资在国内部门与国外部门相差很大,但实物交易表对此差额的处理是将二者相加后放在合计栏的运用方,无法解释其内在的经济含义。同样是 2009 年,实物交易表国内部门合计的净金融投资在运用方为 9 017.7 亿元,但与此对应的国外部门运用方却为 -16 890 亿元,二者相差甚远,实际上这是生产法 GDP 与支出法 GDP 的统计误差。但两项相加被置于合计栏的运用方为 -7 872.3 亿元①,这个 -7 872.3 亿元是个什么概念?其含义不明,逻辑不清,但 2000—2009 年的实物交易表都是这样处理的。存在统计误差本身是可以理解的,但随着统计方法的改进,其误差应该是逐渐缩小,而不是日益扩大的。但 2000 年以来实物交易表的净金融投资的差额是在持续增长的(参见图 2-9),由此可见我国经济统计的质量还需改进。

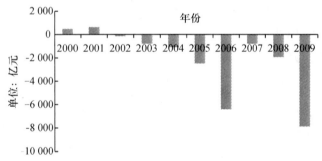

图 2-9 净金融投资在国内与国外部门间的误差变化
资料来源:国家统计局,《中国统计年鉴》,"FFA 实物交易",2012。

---

① 国家统计局,《中国统计年鉴》,2012。

（四）完善 FFA 与提高数据公告的时效

与世界各主要国家的 FFA 相比，我国的 FFA 既有比较超前的部分，比如已在两年前公布了社会融资规模统计，这代表了 FFA 改进的方向，但也有落后于其他国家的地方。到目前为止，我国 FFA 的流量统计已经公布了 20 年的年度数据，但至今还没有存量统计问世，也没有公布季度数据。纵观世界各国的 FOF 统计现状（参见表 2-11），中国的统计现状与中国在世界上的第二大经济体的位置很不相称。这不是统计估算技术的问题，也不是资料来源的问题，而是统计行政当局的观念问题。所幸本届中国政府已在多种场合讲过多次"用好增量，盘活存量"的经济政策。① 为"盘活存量"，首先要知道存量。FFA 的统计口径宽于货币供给，掌握其存量的重要性不言而喻，所以可以预见中国 FFA 存量统计应该是指日可待了。另外，为观察追踪市场变化，除了应尽快公布季度数据外，提高 FFA 数据公布的时效也是一个应改善的问题。目前我国实物交易表的公布滞后三年，金融交易表的公布滞后两年，远远不能满足观察市场变化、为制定政策提供客观依据的现实需要。比照表 2-11 列出的世界主要国家公布 FFA 的滞后期，应能得知我国 FFA 的落后状态。从我国实际出发，收集实物交易表的资料难度要高于金融交易表，所以这二者没有必要在公布数据的时期上保持一致。金融交易的数据收集的基础条件要好于实物交易，金融交易部分可率先公布包括季度数据在内的相关统计信息，提高时效，满足全社会及政策当局的需要。当然，这需要会同有关统计行政部门与相关立法机构制定相关的法规制度，用法规的形式规定、保证统计数据公布的日期及内容。

---

① "李克强三提'盘活存量货币'传递政策新信号"，新华网，2013-06-23，http://finance.people.com.cn/gb/n/2013/0623/c1004-21940142.html。

资金循环分析的理论与实践

表2-11.a 主要国家与地区FOF统计(金融交易)的现状

	美国	日本	英国	德国	法国	意大利	加拿大
编制机关	Board of Governors of the Federal Reserve System	Bank of Japan	Office for National Statistics	Deutsche Bundesbank	Banque de France	Banca d'Italia	Statistics Canada
数据公布频率	季度	季度	季度	年度	年度	季度	季度
数据分布滞后期	10周	10—11周	10—11周	28周	16周	17—18周	11—13周
开始公布数据的时期	Year: from 1945; Quarter: from 1st quarter 1952	Year: from 1954; Quarter: from 1st quarter 1964	Year: from 1963; Quarter: from 1st quarter 1963	From 1949	From 1953	Year: from 1990; Quarter: from 1st quarter 1990	Year: from 1961; Quarter: from 1st quarter 1961
基于现行统计标准可在网页下载的数据	Year: from 1945; Quarter: from 1st quarter 1952	Year: from 1954; Quarter: from 1st quarter 1964	Year: from 1987; Quarter: from 1st quarter 1987	From 1991	From 1995	Year: from 1995; Quarter: from 1st quarter 1999	Year: from 1961; Quarter: from 1st quarter 1961
部门×交易项目	33×34	46×52	12×43	10×21	25×47	10×46	40×25
与93SNA一致	Ok	Ok	Ok (For 95ESA)	Ok (For 95ESA)	Ok (For 95ESA)	Ok (For 95ESA)	Ok
流量表	Ok	Ok	Ok	Ok	Ok	Ok	Ok
存量表	Ok	Ok	Ok	Ok	Ok	Ok	Ok
流量表与存量的调整表	Ok	Ok	Not	Not	Ok	Not	Not
网址	Http://www.federalreserve.gov/release/Z1/	Http://boj.or.jp	http://www.Statistics.gov.uk	http://www.bundesbank.de/	Http://www.bangue-france.fr/	http://bancaditalia.it/	http://www.statcan.ca
出版物名称	Flow of Funds Accounts	Financial and Economic Statistics Monthly	Financial Statistics (Blue Book)	Special Statistic Publication 4, Monthly Report	Comptes et Indicateurs Economique	Supplements to the Statistical Bulletin	National balance sheet accounts, quarterly estimates, National balance Sheet accounts,

资料来源:参照日本银行调查统计局《入门资金循环》(第七章),东洋经济新报社,2001,由笔者编制。

第二章 FFA的基本结构及主要模式

表2-11.b 主要国家与地区FOF统计（金融交易）的现状

	韩国	中国台北	菲律宾	泰国	马来西亚	印度尼西亚	中国
编制机关	Board of Korea	"Central Bank" of China	Bnagko Sentralng Philippines	Office of the National Economic and Social	Bank Negara Malaysia	Central Bureau of Statistics	The Peoples's Bank of China
数据公布频率	季度	年度	年度	年度	年度	季度	年度
数据分布滞后期	11周	一年	三年	两年	一年	9~12个月	两年
开始公布数据的时期	Year: from 1955; Quarter: from 1st quarter 1965	From 1965	From 1980	From 1972	From 1987	Year: from 1980; Quarter: from 1st quarter 1988	From 1992
基于现行统计标准可在网页下载的数据	Year: from 1975; Quarter: from 1st quarter 1975	From 1982	Not	From 1995	Not	Quarter: from 1st quarter 1999	Not
部门×交易项目	11×43	8×31	5×14	23×18	4×11	8×24	5×35
与93SNA一致	For 68SNA	Ok	Ok	Not	Ok	Ok	Ok
流量表	Ok	Ok	Ok	Ok	Ok	Ok	Ok
存量表	Ok	Ok	Not	Not	Not	Not	Not
流量表与存量的调整表	Not	Not	Not	Not	Not	Not	Not
网址	http://www.bok.or.kt/aws/frameeng.thml	http://www.boc.gov.tw.EngHome/economic/statistics/fof/index.htm		http://www.nesdb.go.th/Mainmenu/macro/Flowdata/25422542/menu.html		http://www.bps.go.id/sector/nra/funds/tables.html	
出版物名称	Flow of Funds (Quarterly) Monthly Statistical Bulletin, Economics Statistics Yearbook	Flow of Funds in Taiwan district, Republic of China	Annial Report	Flow-of-Funds, Accounts of Thailand 1995_1999	Annual Report	Quarterly Indonesian Flow-of-Funds Accounts	中国人民银行统计季报

资料来源：参照相关国家的FFA，由笔者编制。

第三章 中国经济高速增长期的资金循环：1992—2011

国际上通用的资金循环统计体系经中国政府有关部门、中国人民银行及有关专家学者历时十余年的研究、试算，终于在1998年得以在中国问世，对其展开使用分析已是势在必行。为此，结合1997年亚洲金融危机以及2008年美国金融危机前后国内外经济环境的变化，运用FFA从资金循环的角度审视20世纪90年代以来我国经济的实物方面与金融方面、经济整体与各部门、国内与国外的资金流向及流量、金融市场的变化、金融政策的效果，对此展开资金循环分析具有非常重要的现实意义。

资金流量常被比喻为流通在国民经济中的血液，是与一定时点的资金存量相对应的概念，即一定时期内在国民经济中流动的广义货币总量，包括通货与实物商品、劳务相交换的量和通货与金融商品（有价证券及股票等）相交换的量。资金循环在实物经济领域里，表现为通货与实物商品交换的"相互对流"；在金融经济领域里，通货将与实物商品相分离，资金循环主要表现为金融市场的资金筹集与使用所引起的资金移动。将国民经济中的资金循环按照经济机构部门分类（居民、非金融企业、政府、金融机构、国外），构成各部门的资金来源和使用，并记述有关交易的统计表，即为资金循环表。该表的横行显示部门之间的信贷资金流动，纵列表明各部门以何种方式筹集资金又运用到何处，简明地反映了一定时期（一年或一季度）资金在各部门间的流向及流量，是SNA的中枢账户。依据资金循环表展开资金循环分析可按两阶段进行。一是关于资金的产业性循环分析，即将资金作为生产、收入、支出的媒介手段所展开的货币流通分析。此分析被称为国民收入的垂直性扩张，分析的重点在于通过GDP与资金运用的变化以及投资储蓄差额与资金余缺、国际收支的均衡说明资金与实物经济的变动依存关系。二是关于资金的金融性循环分析，即资金退出与实物交换的阶段，作为金融商品进入金融市场，随着在信贷市场、证券市场、海外资金市场等金融市场的交易而进行的资金循环分析。此阶段的分析被称为金融统计分析的水平性扩张,分析的重点在于解释资金余缺的原因、各经济机构部门资金筹集及使用的基本特征、广义金融市场的结构变化以及金融政策的波及效果。

在本章我们将使用中国资金流量统计,按照资金循环分析的理论框架,对1992年至今的中国经济的资金循环进行纵向分析,观测资金的产业性循环与金融性循环的波动特点及变化趋势,讨论分析中国资金循环中存在的结构性问题,提出政策建议。

第一节 实体经济与金融经济的变动依存关系

首先让我们讨论资金的产业流通问题,统计并描述性分析我国 GDP 与资金循环的依存关系、投资储蓄差额与资金余缺的变化,以及资金余缺与国际收支的均衡关系。

一、资金运用与 GDP 的变化

图 3-1 表示了实体经济与金融经济的依存变化关系,表示中国的资金运用占 GDP 的比重。为了参照比较日本泡沫经济形成与破灭的轨迹过程,图 3-1 中列举了 1980 年以来日本的相关数据。因为国内非金融部门与金融部门的资金流动是一种相对应的资金运用与筹措的关系,为了客观地反映实体经济与金融经济的关系,本章使用了资金流量统计中的国内各非金融部门资产加上海外部门负债作为实体经济的资金使用。二者的合计也等于国内各非金融部门负债与海外部门资产的合计,所以此指标反映了资金供需的两个方面,是一个表示实体经济与金融交易关系的宏观指标。它既可从流量角度表明所谓金融深化程度[1],也

---

[1] 通常金融深化指标用 M_2/GDP 表示,该指标最早见于麦金农(Mckinnon,1973)对金融深化理论的研究。M_2/GDP 实际衡量的是在全部经济交易中,以货币为媒介进行交易所占的比重。一般来说它是衡量一国经济金融化的初级指标。通常来说,该比值越大,说明经济货币化的程度越高。但笔者认为此算法有其局限性。一是 M_2 为存量指标,而 GDP 为流量,二者的比较口径是不吻合的。二是资金运用为流量,与同期 GDP 比较在口径内涵上一致,另外,资金流量的统计范围宽于货币供给统计,能更全面适当地反映一国经济金融化的程度。因此,本章使用了笔者定义的指标。

可表示单位 GDP 所使用的资金量,还可从不同时期的时间序列比较反映存在于实体经济中的金融泡沫的膨胀程度。

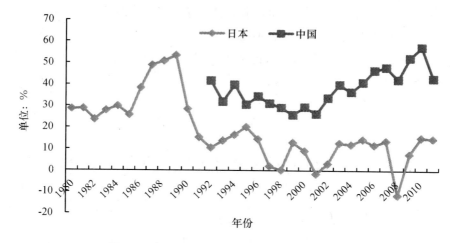

图 3-1 资金运用(筹集)占 GDP 的比重(%)
注:资金运用为资金流量统计中国内非金融部门资产与海外部门负债合计。
资料来源:中国人民银行,《中国人民银行统计季报》;日本银行,《金融经济统计月报》。

首先让我们运用该指标观察中国经济的实体与金融关系的基本变化。限于统计数据的限制,我们只能给出 1992 年至 2011 年的走势,但从中可以观察到下述三个特点。

第一,根据该指标的变化我们可以观察到中国经济的景气循环。从 1992 年至 1994 年我国资金运用占 GDP 的比重基本在 30%—40% 左右;以后至 1999 年基本处于下降状态,为 30%,其中 1999 年为最低值 25.8%;从 2001 年开始此指标开始回升,直至 2010 年达到最高值 57%,2011 年为 43%。从这些变化中我们可以看出,在金融紧缩与景气过热的状况下该指标下跌,在金融缓和与景气回复时该指标处于上升趋势,表示了经济增长的循环起伏。政策当局可以根据此指标的变化适时调整经济政策。

第二,进入 21 世纪以来,资金运用占 GDP 的比重不断扩大,随着金融体制的改革、金融市场的健全以及金融交易手段的更新,我国的金融深化(Financial Deepening)程度不断加深。2000 年以来,政策当局适当放松了对金融市场和金融体系的过度干预,适度放松了对利率和汇率的严格管制,使利率和汇率成为反映资金供求与外汇供求对比变化的信号,从而有利于增加储蓄和投资,促进了经济的增长。金融深化能扩大金融中介的作用,形成金融与实体经济发展相互促进的良性循环。

第三,2008年美国金融危机后中国的资金运用占GDP的比重迅速增高,在2010年达到57%,而同期GDP增长率为9%,意味着生产单位GDP所耗用的资金量增加,在20世纪90年代初中国的资金运用占GDP的比重为40%,90年代后期为30%,而在进入21世纪以后大幅度上升为接近60%,隐喻着实体经济中存在着金融泡沫的膨胀。作为一个参照对象,我们列出了日本从1980年至2011年的资金运用占GDP的比重。从其30余年的变化轨迹看,在1980年至1985年间,该指标在28%左右平稳移动,但从1986年起急速上升,到1989年增至53%,之后就发生了众所周知的泡沫经济的破灭。受其影响,该指标在1990年开始下跌到28.5%,到1992年一举下降为10%,此后一直持续在低水平徘徊。在美国金融危机爆发的2008年竟然为-11.5%,带来了日本经济20余年的萧条不振。从该时期金融市场的成熟以及金融深化程度看,日本远远高于中国,日本在1990年泡沫经济破灭前后资金运用占GDP比重的急剧变化对中国具有很清晰的示警参考作用。中国在2010年的该指标为57%,已经超过日本泡沫经济爆发前1989年的53.4%,那么,2011年以后中国的资金循环走势如何?是否也会重蹈日本泡沫经济的覆辙呢?下面从资金的产业性循环与金融性循环(参见本章第三节)两个方面探讨这个问题。

二、资金的产业性循环分析

GDP从支出方面可区分为最终消费、投资以及货物与劳务的净出口。当国内储蓄不能满足投资需要,出现资金短缺时,必然要从国外筹集资金,因此有国际资本的流入。反之,当储蓄大于投资出现国内资金盈余时,也会以对外投资、购买他国债券等形式对外使用资金,所以也会有国内资金的流出。根据资金循环统计体系的定义,实体经济、金融经济与国际收支会有如下的事后均衡关系成立:

$$(S_p - I_p) + (T - G) = (\Delta A - \Delta L) = EX - IM \qquad (1)$$

即民间储蓄投资差额+财政收支余额=资金余缺=经常收支。上式还可以转换为

$$(T - G) = T - (EX - IM) - G = S_g - I_g \qquad (2)$$

即财政收支 = 政府储蓄 – 政府投资 = 政府储蓄投资差额。如果将(1)式中的 $\Delta A - \Delta L$ 进一步分解为国内金融部分($\Delta A_d - \Delta L_d$)与对外金融交易($\Delta A_f - \Delta L_f$),则有

$$(S_p - I_p) + (S_g - I_g) = (\Delta A_d - \Delta L_d) + (\Delta A_f - \Delta L_f) = EX - IM \qquad (3)$$

由于($\Delta A_d - \Delta L_d$)在国内部门间相互抵消,所以从国际收支表中可得到

$$EX - IM = \Delta A_f - \Delta L_f \qquad (4)$$

即经常收支 = 资本收支。

上述(3)式与(4)式表明了储蓄与投资差额、资金盈余或不足与国际收支的理论上的均衡关系。根据这种均衡关系,国外部门的资金余缺与本国经常收支的逆(顺)差相一致,有着与国内的储蓄投资差额相对应的事后性的恒等关系。按照这种理论上的恒等式,表3-1归纳整理了从1992年至2011年的反映资金产业性循环的趋势变化。

表3-1 资金产业性循环的变化 (单位:%)

年份	储蓄率 S	资本净流入率 F	投资率 $I = (S+F)/GDP$	经济增长率 GR	$ICOR = I/GR$	$S/ICOR$	FOF/GDP
1992	37.6	-0.1	37.5	14.2	2.6	14.2	67.6
1993	40.7	3.6	44.3	14.0	3.2	12.9	70.1
1994	41.8	5.6	47.4	13.1	3.6	11.6	71.4
1995	41.9	5.1	47.0	10.9	4.3	9.7	57.6
1996	40.8	4.5	45.2	10.0	4.5	9.0	70.3
1997	41.0	2.3	43.4	9.3	4.7	8.8	51.0
1998	40.4	-0.5	39.9	7.8	5.1	7.9	43.4
1999	38.9	0.8	39.8	7.6	5.2	7.4	45.2
2000	37.7	0.2	37.9	8.4	4.5	8.3	45.3
2001	38.6	2.7	41.3	8.3	5.0	7.8	44.8
2002	40.4	2.3	42.7	9.1	4.7	8.6	61.3
2003	43.1	3.4	46.5	10.0	4.6	9.3	7.8
2004	45.6	5.8	51.4	10.1	5.1	9.0	68.5
2005	47.0	2.6	49.6	11.3	4.4	10.7	71.4
2006	49.2	0.2	49.4	12.7	3.9	12.7	78.4

(续表)

年份	储蓄率 S	资本净流入率 F	投资率 $I=(S+F)/GDP$	经济增长率 GR	$ICOR=I/GR$	$S/ICOR$	FOF/GDP
2007	50.4	2.2	52.6	14.2	3.7	13.6	86.3
2008	51.4	-0.1	51.3	9.6	5.3	9.6	74.0
2009	51.5	2.7	54.1	9.2	5.9	8.7	95.4
2010	51.8	2.4	54.3	10.4	5.2	9.9	107.4
2011	50.9	3.0	53.9	9.3	5.8	8.8	81.9

注：储蓄率为支出法 GDP 减去最终消费支出，即 $S=GDP-C=I+$ 净出口；

资本净流入 =（国外资本流入 - 国内资本流出）/GDP；

国内资本流出不包括外汇储备净增；

FOF 为包括国内非金融部门、金融部门与国外部门的资金运用（= 筹集）合计。

资料来源：中国人民银行，《中国人民银行统计季报》；国家统计局，《中国统计年鉴》。

根据上述均衡关系，首先对中国的储蓄投资与资金余缺及经济增长的关系做如下分析。表 3-1 中的储蓄率为总储蓄率，即支出法 GDP 扣除最终消费部分，其中一部分用于实体经济的投资，剩余部分用来支付对外净出口。从一国经济整体看，当自有资金即储蓄不能满足投资需要时，就需要向国外部门筹集资金，于是产生了国外资本流入；反之，当国内储蓄大于投资时，表现为资金净盈余，会出现国内资金流向国外。① 从储蓄、资本净流入、投资及经济增长看，从 1992 年至 2011 年中国的产业性资金循环有如下特征。

第一，从 1992 年以来中国储蓄率呈现逐步增长，到 2010 年高达 51.8%。以国外直接投资为主要形式的资本净流入率，除了 1992 年与 2008 年以外基本保持了正增长，从而支持了中国的高投资率。而投资率从 1992 年的 37.5% 递增到了 2010 年的 54.3%，进而达到了自 20 世纪 90 年代以来的投资扩张性的高经济增长模式。这种高储蓄率与基本保持正增长的资本净流入率为中国的投资扩张型经济增长提供了可能，也是经济起飞阶段不可缺少的资金来源保证。

第二，在此分析期间，边际资本弹性系数（Incremental Capital Output Ratio, ICOR）基本是上升趋势（参见图 3-2），由此可见中国资金循环中泡沫在逐渐增大。ICOR 从 1992 年的 2.6 增加至 2011 年的 5.8，但出现了两次回转。一次是

---

① 有关储蓄投资差额与对外资金净流出的详细论述请参见第十章的第二节。

在亚洲金融危机爆发的1997年至1999年,另一次为美国金融危机爆发后的2008年至今,2009年为最高值5.9。ICOR的计算公式为投资率除以经济增长率,所以该指标的上升意味着投资效率的下降。在20世纪90年代初增长1%的GDP需要追加2.6%的投资,但到2011年则需要追加5.8%的投资,投资效率呈大幅度下降趋势。从此指标的变化中也可以佐证我们在上一节对中国资金循环中泡沫增大的疑问。因此有必要审核储蓄资金的使用效果与引进外资的适度规模。

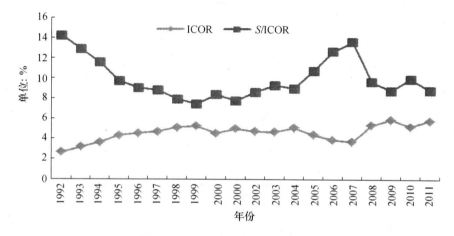

图3-2 ICOR与S/ICOR的推移

资料来源:中国人民银行,《中国人民银行统计季报》;国家统计局,《中国统计年鉴》。

第三,仅依靠国内储蓄的增长率(S/ICOR)被称为潜在经济增长率。其变化的结果显示,中国的经济潜在增长率较强,即使没有外资流入,中国经济也可期待达到9%的平均增长率。这条曲线表明如果仅从资金角度看,中国的资金供给总量是相当宽松的。另一方面,国外资本流入对中国的经济增长有积极作用,但在金融危机时期对中国的经济增长会产生副作用。潜在经济增长率的计算方法为储蓄率与ICOR的倒数的乘积。由于ICOR的倒数的含义是增加1%的投资可以带来多大程度的经济增长,所以其倒数与储蓄率相乘的结果表示,没有国外资本流入、仅依靠国内的储蓄资金所能取得的经济增长,即潜在的经济增长率。该指标的时间序列也表现为两次起伏变化。第一次是受亚洲金融危机的影响,在20世纪90年代初期的潜在增长率较高,1992年为14.2%,其后呈现为递减趋势,最低点为 1999 年的 7.4%。第二次变化是受美国金融危机的影响,从 2004 年以后出现回升,至 2007 年达到 13.6%,此后呈下滑趋势。1995 年经济增长率与潜在增长率的差为 1.2%(10.9% - 9.7%),其后的期间二者之差基本保持在 0.05%(2000 年)至 1.13%(2004 年)之间,但在 1998 年亚洲金融危机时二者之差为 -0.1%,2008 年二者之差为 -0.02%。

观察 ICOR 与 S/ICOR 两条曲线的变化,我们至少可以得出两个要点。一是从 1990 年以来我国的资金利用效率是边际递减的,因此有必要注意提高资金运用的效率,防止泡沫经济的膨胀所导致的经济结构的扭曲及产能过剩。二是国外资本流入对中国的经济增长有积极作用,但在金融危机时期对中国的经济增长会产生副作用,应提高对国际资金循环的监管能力。鉴于国际形势的变化,今后一段时期我国经济应该选择重质量、提高效率的稳定增长模式。

表 3-1 宾栏的最后一列为资金运用规模与 GDP 的比率,从 1992 年的 67.6% 上升到 2010 年的 107.4%。这显示了两个问题。其一是表明了在分析期间我国资金运用的规模大幅度增加,总量是相当的宽松。其二则显示了我国资金运用效果的下降和资金循环中泡沫的增加。1992 年生产 1 单位 GDP 需要使用其 67.6% 的资金,但到了 2010 年,生产 1 单位 GDP 需要使用 1.074 倍的资金,这就是这 20 年产业性资金循环的结果。其原因如以上对各项指标的分析所言,从宏观经济整体来看,显示了伴随着高储蓄所产生的投资扩张型增长模式的局限性,以及边际资本边际递减带来的投资效率的低下,进而导致了经济增长质量的下降。

第二节 非金融部门的资金余缺分析

实体经济整体的储蓄投资差额是各经济机构部门的资金余缺与资金筹措的综合结果。这里我们要分析解释各经济机构部门是如何运用储蓄资金的,当资金不足时又是如何筹集资金进行投资,进而使得经济整体的储蓄投资差额与资金余缺平衡,最终达到实体经济与金融经济的均衡、国内资金盈余(或不足)与国际收支的均衡。所谓各经济机构部门的资金盈余(或不足)也就是各部门的金融资产或负债,对应于各机构部门的储蓄投资差额。同时,国内各机构部门持有的金融资产或负债经过相互抵消后的净额,与国外部门的资金余缺相对应一致。因此,各经济机构部门的资金盈余(或不足)量的高低也就反映了该部门在整个资金循环均衡增长中的位置及作用。

图3-3表示了从1992年至2011年中国各部门资金盈余或不足(资产减负债的差额)的基本特征。其中,住户部门的资金盈余占GDP的比率由1992年的18%下降到2011年的10%,显示了住户部门的资金盈余状态在相对萎缩。与此相对应,经常是资金不足的非金融企业部门的资金不足比率却由1992年的14.7%缩减到2010年的4%。在20世纪90年代初,由于经济高速增长旺盛投资的需求,企业部门进行了大规模的资金筹集,1996年资金不足比率达到了16%的水平。但在1997年以后,企业部门资金需求减退,到2010年其资金不足比率为自90年代以来的最低点,显示了中国经济增长乏力与内需不足的现实,2011年回升到9.5%。从政府部门的资金运用看,从1992年至2004年政府部门经常居于资金不足的状态,但从2005年至2011年,政府部门却基本上成为资金盈余部门,这意味着自2005年以来,为拉动经济增长,投资的主体由民间部门转变为政府部门。从2007年至2008年,受美国金融危机的影响,中国政府为扩大内需增加了公共投资,使得政府部门为资金不足(2007年为-2.4%),但在2009年以后政府部门的资金盈余比率基本为2%左右。另一方面,国外部门除1993年以外,一直处于资金不足状态,即中国国内资金净流出的状态,其比率从1992年的1.28%,上升至2008年的最高值9.9%,至2011年保持在2.8%。进入21世纪后,在中国经济持续高增长的同时,经常收支与资本收支出现巨额双顺差,其结果也就是带来了外汇储备存量的剧增,由1992年的194亿美元增加至2011年年末的3.2万亿美元。从图3-3的各部门资金盈余或不足的长期发展趋势来看,无论是住户部门的资金盈余还是企业部门资金不足的走势都呈现出一个萎缩的状态;而政府部门的资金盈余异常增大与国内部门资金净流出的剧增,都显示着金融交易中风险的增加,所以有必要对住户部门、企业部门以及政府部门的资金盈余或不足的原因做详细的考察。对向国外部门的资金净流出的问题我们将在第十章做专题分析。

下面我们结合储蓄与投资的宏观均衡来考察住户部门的资金盈余、企业部门的资金不足以及政府部门的资金不足的变化。三个部门的资金盈余或不足占

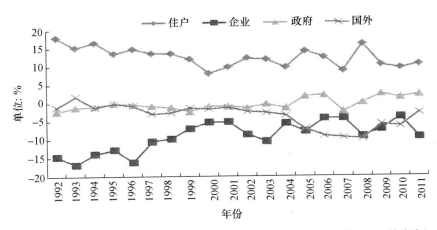

图 3-3　中国各部门资金盈余或不足的变化(各部门金融净资产占 GDP 的比率)
资料来源：中国人民银行，《中国人民银行统计季报》。

GDP 的比率与各部门储蓄投资的因果关系可以用以下三个关系式表示。根据其公式计算的相关数值如表 3-2 所示。

$$住户部门的资金盈余率：F_s/Y = S/Y \cdot Sh/S \cdot (Sh - Ih)/Sh \quad (5)$$
$$企业部门的资金不足率：F_d/Y = I/Y \cdot Ic/I \cdot (Sc - Ic)/Ic \quad (6)$$
$$政府部门的资金不足率：F_d/Y = G/Y \cdot (Sg - Ig)/G \quad (7)$$

其中，F_s 为资金盈余；F_d 为资金不足；Y、S、I 为按支出法计算的 GDP、储蓄、投资；G 为财政支出。

一、住户部门资金盈余率的下降

从表 3-2 的住户部门的资金盈余看，从 1992 年至 2009 年的资金盈余率处于下降趋势，从 1992 年的 18% 下降至 2000 年的 8%，其后虽然有起伏变化，但基本处于下滑状态。形成这一结果的原因可从总储蓄率(S/Y)、住户部门储蓄占总储蓄比重(Sh/S)以及住户部门净储蓄比率[$(Sh - Ih)/Sh$]来分析。从这三个指标的变化可知，总储蓄率在分析期间是大幅度上升的，2007 年以后甚至达到了 50% 以上。住户储蓄方面，20 世纪 90 年代以来住户储蓄占了总储蓄的一半以上，但其比重却呈下降趋势，由 1992 年的 50.7% 下降至 2008 年的最低点 44.8%，表明在总储蓄中住户部门储蓄所占份额的减少。净储蓄比率的数据取自中国资金流量表(实物交易)中的住户部门的总储蓄与资本形成总额，二者之差

表 3-2 住户、企业及政府部门资金盈余或不足

(单位:%)

年份	住户					企业				政府	
	F_s/Y	S/Y	S_h/S	$(Sh-Ih)/Sh$	F_d/Y	I/Y	I_c/I	$(S_c-I_c)/I_c$	F_d/Y	G/Y	$(S_g-I_g)/G$
1992	17.9	37.6	50.7	74.3	-14.7	36.6	78.3	-56.5	-2.4	13.6	-17.5
1993	15.1	40.7	44.4	73.6	-16.8	42.6	81.3	-57.4	-1.3	12.6	-10.2
1994	16.5	41.8	52.3	76.0	-13.9	40.5	79.8	-54.0	1.0	11.5	-8.7
1995	13.5	41.9	49.7	73.4	-12.8	40.3	79.7	-51.7	-0.1	11.5	-8.7
1996	14.7	40.8	52.4	70.5	-16.1	38.8	76.7	-58.8	-0.5	10.7	-5.1
1997	13.5	41.0	56.4	70.7	-10.6	36.7	75.4	-50.8	-0.9	11.3	-8.1
1998	13.4	40.4	57.6	71.9	-9.8	36.2	75.1	-52.2	-1.3	12.5	-10.2
1999	12.0	38.9	57.0	69.5	-7.0	36.2	75.4	-51.9	-2.4	14.5	-16.6
2000	8.0	37.7	55.9	62.8	-5.3	35.3	69.0	-28.7	-1.0	16.1	-6.3
2001	9.7	38.6	53.6	62.1	-5.3	36.5	69.7	-30.3	-1.0	17.3	-5.7
2002	12.2	40.4	50.4	56.1	-8.7	37.8	67.3	-30.5	-1.5	18.3	-7.9
2003	11.8	43.1	50.4	55.2	-10.6	41.0	65.0	-33.1	-0.4	18.0	-2.2
2004	9.6	45.6	45.1	47.6	-5.6	43.0	63.7	-24.6	-1.5	17.7	-8.5
2005	14.1	47.0	46.3	45.2	-7.9	41.5	61.0	-22.2	1.8	18.1	9.8
2006	12.4	49.2	46.5	57.8	-4.3	41.7	66.7	-31.1	2.1	18.2	11.6
2007	8.7	50.4	45.4	63.0	-4.3	41.6	68.7	-28.9	-2.5	18.7	-13.1
2008	15.9	51.4	44.8	63.1	-9.2	43.8	69.1	-31.6	0.0	19.8	0.1
2009	10.3	51.5	48.3	59.4	-7.3	47.2	67.3	-42.0	2.4	21.9	10.8

资料来源:中国人民银行,《中国人民银行统计季报》,"资金流量表(金融交易)";中国国家统计局,《中国统计年鉴》,"资金流量表(实物交易)",2012。

78

与该部门储蓄相除表明住户部门储蓄净增的变化。在分析期间住户部门净储蓄比率也是大幅度下降的,由1992年的74.3%下跌至2005年的45.2%,此后缓慢回升至2009年的59.4%。这可以有两种解释:一种解释是住户部门占总储蓄的份额是下降的;另一种解释则为2005年以来住户部门通过购置房产向不动产等领域的投资增加了。所以,受总储蓄率增加、居民储蓄占总储蓄比重下降,以及住户部门净储蓄比率下跌的综合影响,在分析期间住户部门的资金盈余率处于下降的态势。还有一个值得关注的问题就是,住户部门的净储蓄额从2000年的1.3万亿元急剧增加至2009年的5万亿元。这部分巨额储蓄资金为追求更大的增值,还会随时待价而沽,伺机自找出路,其流向与流量对社会经济的冲击和影响是不容忽视的。

二、企业部门资金不足率的变化

表3-2的企业部门的资金不足率的变化反映了中国经济的趋势动态变化。在1992年至1996年之间,该指标徘徊在-12.8%至-16.1%之间,显示了企业部门资金不足的严重状况。但在1997年亚洲金融危机后,该指标持续回升,在2006年至2007年为-4.3%的水平。企业部门的资金不足率是可以反映实体经济与金融经济关系的指标。在经济过热、金融紧缩时,企业的资金不足率会上升;但在经济高增长、低通胀、实施适度从紧金融政策时,其数值会下降;反之,在经济滞胀、实施金融缓和政策时,企业资金不足率会减少并可能转为正值,即企业部门出现资金相对过剩状况。表3-2中的企业部门资金不足率恰好显示了这种景气循环的变化轨迹。另外,投资率、企业投资占总投资比重,以及企业投资资金缺口率分别显示了相对应于企业资金不足率的因果关系变化。20世纪90年代以来,在经济整体投资率由1992年的36.6%上升至2009年的47.2%的背景下,企业部门的投资比率在1999年以前在75%以上,其后却呈现出下降的趋势,由2000年的69%下降至2009年的67.3%。这种现象说明了两个问题:一方面说明20世纪90年代企业部门在经济中取代了以往的政府的作用,占据主导地位;另一方面也说明了政府在经济活动中职能的转变,其公共投资的份额在减少。但在2008年美国金融危机后,企业部门投资比率下降,而政府部门投资比率上升,显示了政策当局为扩大内需调整经济增长结构的政策取向。此外,导

致企业部门资金不足缓解的另一个因素是企业部门投资资金缺口率。在分析期间,该指标在20世纪90年代为50%以上,表明在当时企业投资中约有一半需要靠从外部集资。但从2000年以后企业投资资金缺口率回升为-28.7%,其后基本维持在-30%左右的状态。这表明一方面企业投资资金不足的问题得到了一定程度的缓解,另一方面也显示了企业部门资金需求减退、中国经济增长乏力与内需不足的现实。

企业部门的投资资金缺口率的回升表明,自2004年中国经济出现了储蓄上升投资下降,经济整体存在着结构性的问题。从企业部门的角度看,企业面临的问题不再是资金短缺,而是以大量实物形式存在的过剩资本(即生产资本与商品资本)找不到产品的销售市场,以及相对少量的过剩资金找不到有效的投资出路,即产能过剩。与此相关联,企业生产能力过剩,影响国人充分就业,住户部门的储蓄资金会更加不稳定,在股市里寻找生机,增加了金融市场的投机性。企业净融资量下降态势会影响中国经济的持续稳定增长,在这种情况下,要坚持积极的财政政策和稳健的金融政策,促进全社会尤其是非金融企业投资水平的提高。住户部门住房和消费贷款大幅增加,但非金融企业部门的融资活动却并没有摆脱低迷状态,对信贷的有效需求仍不足。为此,应继续坚持积极的财政政策,通过政府投资带动非金融企业投资,扩大有效需求。政策当局应继续实施稳健的金融政策,加强公开市场操作的力度,鼓励国有商业银行发放有助于经济结构调整的贷款,支持国家开发西部的基础设施建设,促进全社会投资水平的提高。

三、政府部门的资金不足率

政府部门为仅次于企业部门的资金不足部门,但资金不足占GDP的比率较低,且呈现出下降趋势,即资金不足缓和,由1992年的-2.4%转化为2009年的2.4%。从影响政府资金不足比率的两个因素看,政府的财政支出占GDP的比率在大幅度增加,从1992年的13.6%增至2009年的21.9%;同时,政府部门储蓄缺口占财政支出比率波动较大,反映了政策当局应对国内外市场变化的政策效应。政府部门储蓄缺口占财政支出的比率由1992年的-17.5%上升至1995年的-8.7%,之后受亚洲金融危机影响,该指标从1997年开始下降,到1999年跌至-16.6%；此后平缓回复，在2006年曾上升至11.6%；但在2007年又一下子降为-13.1%，到2009年迅速回升至10.8%。

政府部门资金不足率的变化可说明三个问题：一是随着市场经济的发展，与住户部门和企业部门相比较，政府部门的资金运作在市场经济中的比重逐步下降，这已是中国向市场经济转型的一个特征。二是通过政府部门的储蓄缺口占财政支出比率的变化可反映政策当局的政策取向。1994年，在处于短缺经济所导致的高投资率、高通胀率的状况下，政府实施了宏观调控政策，目的在于控制投资，抑制通胀，紧缩财政赤字，其紧缩政策成功地使经济增长软着陆。但1997年以后，中国经济从短缺状态进入生产过剩状态，企业部门资金不足得到缓和，相对地出现了企业产能过剩。同时，住户部门储蓄资金过剩，消费不足，市场疲软，导致政府调节市场的难度越来越大。三是2005年以后政府部门的资金不足转化为资金盈余（但在2007年为应对美国金融危机有6 540亿元的净负债），2009年出现了自1992年以来的最大资金盈余额（8 624亿元）。政府是宏观经济运行的稳定器与调节者，面临2008年以来的经济基本面的恶化，政府出台了包括4万亿刺激经济的政策方案。政策的效果不仅是政府主导的支出规模的函数，而且也取决于其"乘数效应"的大小。因此，去杠杆化的进程应该远远落后于企业部门与居民部门，即民间部门去杠杆进程基本结束，宏观经济景气全面恢复之后，政府才能有环境、有余力缩减资金运用。但2009年政府部门出现最大资金盈余额的数字显示的结果却正好相反，有待政策当局反思。

政府部门的融资通常是通过发行政府债券、财政借款以及向国外贷款这三个工具进行的，其中以发行政府债券为主要融资手段，而财政借款以及国外贷款的比重很小。图3-4显示了自1992年以来政府债券融资占全社会资金筹集比率的变化。由此我们可以观察到，政府部门通过政府债券融资在全社会资金筹集中占很大比重，以1998年为顶点，其比率达到了66.2%，是政府部门在资金筹措方面出现政策性变化的一个转折点。在1992年，政府部门的债务结构为：财政借款为2%，发行政府债券为29%，国外贷款为10.2%。1994年以后，政府逐渐停止了财政借款，运用市场机制，扩大了直接融资比率。1998年，政府发行债券额为4 918亿元，比1992年增加了14倍之多，成为金融交易、证券投资的主要商品。而且，中国人民银行已经开始介入国债市场，开展公开市场操作，这对中国金融市场的发展具有深刻的意义。政府部门融资的结构性变化必然对全社会的金融资产及负债的结构产生很大的影响。进入 21 世纪以后,随着中国金融市场的逐步完善、股票市场的逐渐成熟,政府债券融资在整个资金循环中的份额不断减少,在 2011 年维持在 28.6% 的水平。这种市场融资结构变化的趋势要求政府要适应市场经济的变化,不断更新决策意识,提高政策水平,完善调节市场经济的手段。

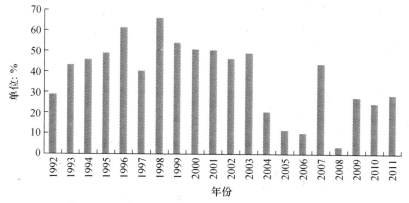

图 3-4 政府债券融资占全社会资金筹集比率的变化
资料来源:中国人民银行,《中国人民银行统计季报》,"资金流量表(金融交易)"。

通过以上对住户部门、企业部门以及政府部门的资金盈余或不足状况的统计观测及分析可知,住户部门的资金盈余率下降的原因在于居民储蓄占总储蓄比重以及居民部门净储蓄比率的下降。企业部门的资金不足率缩小的原因在于企业部门投资比率与企业部门的投资资金缺口率的下滑;根源在于企业部门投资需求不足,产能过剩,导致了企业部门的融资活动处于低迷状态,对信贷的有效需求不足。而政府部门资金不足率在 2005 年以后由负向正的变化说明了政府部门的资金运作在市场经济中的作用发生了显著变化,特别是在 2008 年美国金融危机发生后,政府部门的资金运作并没有充分体现宏观经济运行的稳定器与调节者的作用。这些都是从经济的实体方面基于资金的产业性循环的分析视点得出的结果。

如果我们用这些统计观测及分析的结果尝试说明在本章开头提出的现象,即为何我国 FOF 与 GDP 比率不断升高、资金运用效率不断下降、潜藏在资金循环中的泡沫是否在不断增大,还是不能给出一个完整确切的答案。我们还有必要继续从经济的金融方面,即基于资金的金融性循环的分析视点来进行统计观测,给出有说服力的回答。

第三节 广义金融市场分析

在完成了资金的产业性循环分析后,我们再来观察资金的金融性循环。广义的金融市场(Financial Markets)指的是资金的金融性循环的全过程,具体包括通过银行等金融机构的间接交易,通过证券市场的直接金融交易,以及外汇市场的金融交易。广义金融市场的资金来源包括国内储蓄与银行信贷所形成的国内资金,以及海外资金的流入;其资金运用包括对国内经济的资金供给以及对国外的资金流出。从广义金融市场的结构看,其横向关系包括银行机构的信贷交易、证券市场的有价证券交易以及海外资金市场交易。从纵向关系看,呈现出以中央银行位居其上,各种金融机构及非金融机构部门所组成的金字塔形的立体结构。广义金融市场分析也就是根据这种横向与纵向的关系说明资金的金融性循环的基本状况,以及观测分析金融政策的波及效果。

一、资金运用与筹集的结构变化

首先从广义金融市场的纵向,即各部门的资金运用与筹集方面来观察金融市场的结构变化。金融机构是资金运用与筹集的中介部门,在金融市场活动中所占份额较大。由表3-3可知,从1992年至2011年资金运用的构成看,金融部门占了全社会资金运用总量的一半,而且其比重从1992年的40.3%增加至2011年的51.1%,在2007年至2008年间甚至达到了55%—56.2%。其中一个主要原因在于金融机构往来项目的大幅度增大,这样,大量的金融资金在金融领域里空转,形成的只能是泡沫的增大。此特征从图3-5可以得到验证。在1992年至2011年间,我国金融部门平均1元的资金运用仅能带动3.3元的GDP,企业部门平均1元的资金运用却能带动9.8元的GDP,金融部门的资金运用效率很低。

表 3-3　资金运用与筹集的结构变化　　　　　　　（单位:%）

	住户	企业	政府	金融	国外	资金运用合计
1992	27.4	25.7	0.1	40.3	6.5	100.0
1993	22.2	15.0	1.6	52.0	9.1	100.0
1994	23.8	15.3	2.6	46.0	12.3	100.0
1995	24.4	13.4	3.5	47.2	11.4	100.0
1996	21.1	14.8	3.0	52.2	8.8	100.0
1997	26.9	16.9	2.8	44.8	8.6	100.0
1998	33.2	13.6	9.9	39.1	4.3	100.0
1999	29.7	16.2	2.2	46.0	5.9	100.0
2000	24.3	22.3	6.1	38.8	8.5	100.0
2001	28.9	16.6	4.1	44.2	6.2	100.0
2002	26.7	13.8	4.1	48.9	6.5	100.0
2003	21.7	15.7	3.6	52.3	6.7	100.0
2004	19.3	17.1	2.0	51.8	9.8	100.0
2005	22.4	11.0	6.1	52.7	7.9	100.0
2006	19.7	16.1	5.1	52.2	6.9	100.0
2007	15.2	15.3	6.2	55.5	7.8	100.0
2008	24.5	12.3	2.5	56.2	4.5	100.0
2009	18.3	22.6	5.9	51.4	1.9	100.0
2010	15.8	23.9	4.5	52.5	3.3	100.0
2011	19.4	17.5	5.3	51.1	6.6	100.0
	住户	企业	政府	金融	国外	资金筹集合计
1992	0.8	47.4	3.6	39.7	8.4	100.0
1993	0.7	39.1	3.5	50.2	6.6	100.0
1994	0.7	34.8	4.0	46.3	14.1	100.0
1995	1.0	35.6	3.8	47.8	11.8	100.0
1996	0.2	37.8	3.8	48.2	10.0	100.0
1997	0.4	37.6	4.6	42.8	14.6	100.0
1998	2.2	36.1	12.8	38.3	10.6	100.0
1999	3.2	31.8	7.5	48.4	9.1	100.0
2000	6.6	34.1	8.3	38.7	12.3	100.0
2001	7.2	28.3	6.3	49.1	9.2	100.0
2002	6.9	28.0	6.5	48.2	10.4	100.0

(续表)

	住户	企业	政府	金融	国外	资金运用合计
2003	6.6	29.3	4.1	49.8	10.2	100.0
2004	5.3	25.3	4.2	50.2	15.0	100.0
2005	2.6	22.0	3.7	53.7	17.9	100.0
2006	3.8	21.6	2.4	53.6	18.5	100.0
2007	5.2	20.3	9.0	46.6	18.9	100.0
2008	3.0	24.8	2.5	51.9	17.9	100.0
2009	7.5	30.2	3.4	50.8	8.2	100.0
2010	7.1	27.6	3.2	52.8	9.3	100.0
2011	6.7	29.1	2.7	51.4	10.1	100.0

资料来源：中国人民银行，《中国人民银行统计季报》，"资金流量表（金融交易）"。

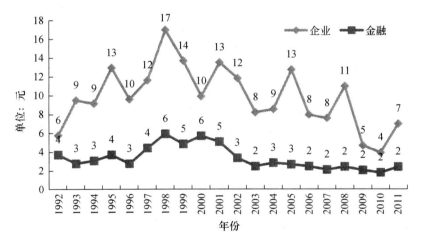

图3-5 企业与金融部门资金运用收益的变化

注：资金运用效率的计算方法为GDP/部门资金运用。

资料来源：中国人民银行，《中国人民银行统计季报》，"资金流量表（金融交易）"。

根据笔者对日本1980年至1994年的金融资产结构变化的研究得知[①]，1980—1986年间，日本经济处于稳定增长时期，日本的金融机构部门的资金运用占社会资金运用总量的比率为44.8%；但在其后的1987—1994年间，即日本泡沫经济形成—膨胀—破灭时期，其金融部门的资金运用比率上升到51%，恰

---

① 张南，《資金循環分析の理論と実践》，ミネルヴァ書房，1996。

好与我国2009年以来的状况相同。我们应引以为戒,不可重蹈覆辙。图3-5也显示,我国金融部门的资金运用效率低于企业部门,在整个分析期间处于一个较低的状态。即便是在收益较好的1992年至2001年之间,金融部门花1元钱也只能带来4—6元左右的GDP;而从2002年以后到2011年持续下降,金融部门运用1元资金,只能带来2—3元的GDP。从1992至2011年,我国GDP增大了16倍;但金融部门的资金运用量却增大了25倍,这意味着资金运用收益低下的问题严重,隐含着很大的泡沫。

此外,从表3-3的资金筹集方看,各部门在融资总量中的比重结构发生了很大变化。金融部门的融资占全社会融资的比重在不断增大,由1992年的39.7%增大到2011年的51.4%,其中在2004以后的社会融资总量比重基本高于50%以上。结合资金运用看,2004年以来全社会资金运用与筹集总量的一半以上都集中在金融部门,广义金融市场整体结构失衡,而且资产与负债分布极不合理。这样的金融市场结构只能导致资金运用效率的低下,过度资金拆借所形成的泡沫在不断膨胀,我国确实面临很大的金融风险。

从实体经济部门来看,企业与住户部门的资金运用比重较低,并且呈现出下降趋势,而且企业部门的资金运用与筹集的结构变化更为明显。企业部门资金运用比重从1992年的25.7%降低至2011年的17.5%。企业部门的资金运用比率下降的原因在于中国企业部门的资金运用效率在下降,企业的投资效益不高,导致了企业资金运用量的下跌。图3-5表明,虽然企业部门的资金运用收益从整体上看高于金融部门,但整个分析期间内呈现下降趋势。从1992年到1997年,企业投资效益处于增长期,在1997年1元的企业资金运用能带动17元的GDP。但从1998年以后处于一种投资效益递减的状态,到2010年为最低点,1元的企业资金运用仅能带动4元的GDP。导致企业投资效益下降的原因有企业社会负担过重、国内外行业竞争激烈、融资成本增高等,但直接的原因应该是我国企业整体水平的资产收益率已经实际上接近了融资成本。特别是近几年来,没有扣除利息的规模以上企业的资产收益率维持在8.8%,但银行的加权贷款利率是7%[1],如果再算上银行的理财、影子银行等高利率的成本因素,个别行业、个别企业的收益根本覆盖不了融资成本。完善直接融资市场、降低融资成本

---

[1] 中国人民银行,《中国人民银行统计季报》。

是提高我国资金运用收益的一个重要因素。

从资金筹集方观察的另一个特点是企业部门融资比重也在大幅度下降。企业部门是创造 GDP 的主要部门,理应是融资的主要机构部门,但企业部门的融资比重却不断下降,由 1992 年居融资比重首位的 47.4% 下降到 2011 年的 29.1%。其原因如在本章第二节所指出的那样,2004 年以来企业面临的问题不再是资金短缺,而是以大量实物形式存在的过剩资本找不到产品的销售市场,以及产能过剩的问题,加上融资成本增高,这样对资金的需求自然就降低了。

住户部门的资金运用与资金筹集呈现出一个相反的结构变化。其资金运用比率由 1992 年的 27.4% 下降为 2011 年的 19.4%。住户部门的资金运用比重下降与上一节所分析的住户部门资金盈余率减少有直接关系。由表 3-2 可知,住户部门储蓄占总储蓄比重以及住户部门净储蓄比率下降,造成了住户部门的资金盈余率下降,所以住户部门的资金运用比重自然也是下降的。

从资金筹集方观察,住户部门的融资比重持续上升,与该部门资金运用比重下降形成了相对应的关系。住户部门的资金筹集占融资总量的比重较小,但呈现出一个上升趋势,由 1992 年的 0.8% 上升至 2011 年的 6.7%,其中 2009 年为最大值 7.5%。主要原因在于 2008 年以后房地产价格上升带动了住户部门的购房需要,从金融机构贷款的融资量在显著增加。

政府部门的资金运用比率总体上处于上升趋势,从 1992 年的 0.1% 上升至 2011 年的 5.3%,在社会资金运用总量中的比重较低,约占 5% 左右。但随着经济危机的发生,其比率有所上升,亚洲金融危机后的 1998 年为 9.9%,美国金融危机爆发时的 2007 年为 6.2%,由此可见政府应对金融危机的政策措施。从资金筹集方观察,在分析期间,政府的融资比重呈现出两头低中间高的特点,即在 1992 年政府部门的融资比重为 3.6%,在 2011 年也是 2.7%,变化不大;但在亚洲金融危机后的 1998 年,该比重一下子上升到 12.8%;而在美国次贷危机爆发的 2007 年,也可看到该比重由 2006 年的 2.4% 骤然蹿升至 9%。由此可见政府部门在应对危机时的资金筹措。

FOF 表中设定的国外部门是站在国外的立场反映与本国从事实物交易和金融交易的部门,包括国际机构、外国政府、外国企业等非居住者,其资产和负债关系与国内部门相反。由表 3-3 可知,国外部门对中国的资金运用比率高于政府部门,在社会资金运用总量中约占 6%,但其变换波动较大。1993 年至 1995 年间上升到12%,但在2009年又急剧下降至1.9%。同时,从资金筹集方来观察该部门的变化可知,除1993年以外,在此分析期间国外部门的资金筹集比率均大于资金运用比率,基本保持在8.4%—10.1%之间,即国外部门从中国筹集到的资金大于对中国的资金运用,特别是在美国金融危机前后的2004年至2008年,其比率显著上升,国外部门的资金筹集比率大于资金运用的比率,为10%—13%,形成了大规模的中国对外资金净流出的格局。对其原因较为细致的分析讨论将在第九章与第十章展开。

二、融资工具的结构变化

下面我们再从广义金融市场的横向关系,即从银行机构的信贷交易、证券市场的有价证券交易以及海外资金市场交易观察广义金融市场融资工具的结构变化。

广义金融市场的资金供给也就是各机构部门的资金筹集。图3-6显示了自有FOF统计以来非金融部门在广义金融市场上使用融资工具所发生的结构性变化。我国非金融部门的融资渠道主要为银行贷款、证券融资以及从国外融资。由图3-6可知,以对外债权与债务形式表现的国外融资比重在1990年初期曾达到15%的水平,但从1997年持续在接近于零的状态,说明我国经济整体上资金充裕,不需要从国外融资。这与上一小节所分析的国外部门的资金运用与筹集的特征是相符的。

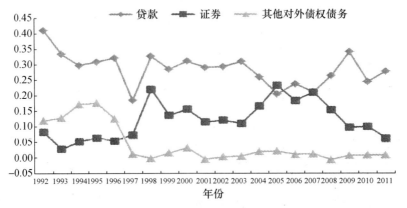

图3-6 国内非金融部门融资结构的变化
资料来源:中国人民银行,《中国人民银行统计季报》,"资金流量表(金融交易)"。

银行信贷仍然是国内非金融部门的主要融资渠道,在融资总量中占有很大比重,但呈现下降倾向,从1992年的41%下降到2011年的28%。与此相对应,通过证券融资的比重在整体上有所提高,这是我国金融市场逐步完善、金融改革的一大进步。但是通过仔细观察不难发现,在这20年的历程中,尽管证券市场得到了开拓与发展,但依然是困难重重,步履蹒跚,经历了两次大起大落,至今仍处于低落点。从证券融资占融资总量的比重变化可知,在1992年开始阶段其比重仅为8%,在1993年下落到3%以后,到1998年其比重上升到22%;其后受亚洲金融危机影响,证券融资比重趋于下滑,到2003年跌至11%,形成了第一次大的波动起伏。其后证券融资比重开始回升,持续增大到2005年的23%,成为这20年来的最高点;但在2007年有个短暂回复(21%)之后又急剧下跌,持续到2011年回落到低于1992年的最初水平(6%),呈现出了第二次的波动迂回,又回到了1992年的出发点。证券融资的变动是经济景气走向的晴雨表,证券融资比重的增减在这20年来发生的这两次大的变化轨迹与第二节所观察到的企业部门资金不足率显示的景气循环的变化轨迹是完全吻合的。证券等直接融资比重的下降,加大了企业部门的融资成本,遏制了企业的资金需要,降低了企业投资效益。作为一种恶性循环,短期利益驱使企业部门转向投资收益较高的房地产等领域,加速了泡沫经济的膨胀。所以,完善金融市场、提高证券融资结构比重、推动包括直接融资手段在内的金融体制改革对今后的经济稳定增长至关重要。

通过以上分析可知,我国金融资产总量快速扩张,但是整个经济体的金融功能并不因此有了更好的发挥。本章通过资金循环表考察各个部门的资金流动和整个经济的融资格局,结果发现我国金融结构不尽合理,存在一定程度的资金运用效率低下、金融抑制(Financial Repression)现象。但是,这也意味着我国的金融发展具有潜在的空间,其前提是需要改变不合理的金融结构。

第四节 今后的课题与展望

以上对我国经济高速增长期的资金循环做了一个长期统计观察,从所反映出的变化趋势和资金运用与筹集的结构看,中国经济的最大风险在金融领域,应该从经济发展的实体与金融两方面解决资金循环失衡问题,调整经济增长模式。通过分析观察,我们归纳整理出的主要问题及今后的展望如下。

一、调整经济增长模式

20世纪90年代以来的投资扩张型的经济增长模式达到了我国经济高速增长的战略目标。但从资金的产业性循环观察分析可知,2004年以后,我国经济出现了储蓄投资的结构失衡,显示了伴随着高储蓄所产生的投资扩张型增长模式的局限性,边际资本边际递减带来的投资效率的低下,导致了经济增长质量的下降,进而导致了实体经济与金融经济的结构失衡、国内经济增长与国际收支之间的结构失衡。2007年美国次贷危机的爆发使得我国的外部环境发生较大变化,包括资金运用与筹集结构问题在内的一些经济增长结构性问题凸显在我们面前,以往的经济增长模式已经不能持续,现实需要政策当局调整中国经济的增长模式。政策目标应当由以往追求"量"的增长,转变为注重"质"的持续稳定的经济增长。

二、把握实体经济与金融经济的数量依存关系,优化产业结构

为保持经济稳定持续增长,要把握实体经济与金融经济的数量依存关系。从资金的产业性循环与金融性循环的两方面,保持经济增长的总体结构均衡。通过积极的财政政策和稳健的金融政策,调控储蓄投资变化的均衡、资金运用与筹集的均衡、各机构部门的资金运用与筹措的合理结构。利用市场杠杆诱导社会资金的流向及流量,达到金融市场的结构合理的目标,促进全社会尤其是非金融企业投资水平的提高。由于居民部门的资金盈余率的缩小、产能过剩所导致的企业部门资金需求的萎缩,非金融部门资金流动性减慢,中国经济出现了从未有过的滞胀。但挑战与机会同在,我们应利用内需不足的时机,进行产业结构的调整与优化组合。

三、调整金融市场结构,提高资金运用的效率,防范金融风险

我国金融资产总量快速扩张,但是整个经济体的金融功能并未因此有了更

好的发挥；金融结构不尽合理，存在一定的金融抑制现象。我国目前不存在资金不足的问题，而是存在资金运用效率低下的问题。这20年中尽管证券市场得到了开拓与发展，但依然是困难重重，至今仍处于低落点。金融市场结构极不合理，证券融资比重几乎下降到1992年的原点水平。这样，企业直接融资下降，间接融资上升，将导致整个金融体系的风险重又集聚到商业银行，不符合中国投融资体制改革的方向。因此，我国应进一步发展直接融资，完善证券市场的制度建设，培育企业债券市场。商业银行在积极开展住房和消费信贷业务的同时，应加强对该类新业务的管理，企业债券市场应成为企业融资的一个重要渠道。有关部门应积极培育企业债券市场，使债券市场得到健康发展；推出成本低、信用好的企业债券，使企业债券成为企业筹资的有效工具之一。2003年以后，社会资金运用与筹集偏重在金融部门，金融经济中隐含着很大的泡沫。很有必要加强金融监管，防范金融风险。

四、完善政府部门在宏观经济运行中的稳定器与调节者的作用

坚持积极的财政政策和稳健的金融政策，促进全社会尤其是非金融企业投资水平的提高。2004年以来，住户部门住房和消费贷款大幅增加，但非金融企业部门的融资活动却并没有摆脱低迷状态，对信贷的有效需求仍不足。为此，应继续坚持积极的财政政策，通过政府投资带动非金融企业投资，扩大有效需求。中国人民银行应继续实施稳健的金融政策，加强公开市场操作的力度，鼓励国有商业银行发放有助于经济结构调整的贷款，支持国家开发西部的基础设施建设，促进全社会投资水平的提高。为了实现以提高国内消费率为核心的经济发展战略，我国的经济运行应全面转向以改善收入分配结构、提高居民收入为重点的轨道上。为达此目的，加速财政政策向公共财政转型，增加公共支出和对居民的福利支出，在提高劳动生产率的基础上提高企业对劳动者的支付水平，应成为今后我国宏观调控的长期任务。

第四章 中国资金循环的波及效应及金融风险测算
——基于矩阵式资金流量表的考察

第一节 文献综述

资金流量分析始于美国康奈尔大学柯普兰教授的《美国货币流量研究》。受其影响,世界各国中央银行纷纷建立了资金流量核算制度。1968年,资金流量核算成为国际通用的SNA的中枢账户,其统计方法及分析应用在各国取得了初步的推广。1993年,IMF、世界银行等国际组织对SNA进行修改,根据金融交易方式的创新以及金融交易制度的变化,资金流量核算在部门分类、交易项目、账户设置方面又有了进一步的充实改进。在2008年的SNA更新版中,更加充实了资金流量账户的分类及使用功能,增加了对跨境金融交易的统计描述,明确了货币统计与资金流量的联系,强调了资金流量表以三维结构来表述金融统计数据,倡导应用资金流量矩阵表(W-to-W)。

从国际上运用金融矩阵表的先行研究文献看,在20世纪50年代挪威及日本就开始展开了此领域的研究与应用。挪威是国民经济核算比较发达的国家之一,挪威中央银行、财政部、中央统计局以及奥斯陆大学分别开发了资金流量表。挪威的中央统计局在1952年以后就逐年编制了矩阵形式的资金流量表以及金融资产负债表(日本银行调查局,1961)。日本的经济企划厅在1952年至1959年间对金融矩阵表做了独自的开发研究,并公布了金融矩阵表。由经济企划厅经济研究所在1962年公布的资金流量表包括资产负债表、金融矩阵表以及国民所得与金融综合账户三张表(日本经济企划厅经济研究所,1962)。

Stone(1966)在主持修订68SAN版本时,设计了应用投入产出表将各机构部门的资金流量以及存量结合起来的金融矩阵模型。Stone参照了投入产出表的U表、V表编制的反映各部门的资产负债关系的金融矩阵表如表4-1所示。

表 4-1　矩阵式的资金流量表

		n 个制度部门		m 种金融商品资产		实物投资	行和
		1　…　n		1　…　m			总投资
n 个制度部门	1 … n	Y		a_{11}　…　a_{1m} …　…　… a_{n1}　…　a_{nm}		e_1 … e_n	W_1 … W_n
m 种金融商品负债	1 … m	l_{11}　…　l_{1n} …　…　… l_{m1}　…　l_{mn}		X			l_1 … l_m
实物储蓄		S_1　…　S_n					U 表(商品×部门)
列和	总负债	X_1　…　X_n		a_{-1}　…　a_{-m}			V 表(部门×商品)

资料来源:Stone Richard,"The Social Accounts from a Consumer's Point of View", *Review of Income and Wealth*,12(1),1966,pp.1—33.

表 4-1 最初的 n 行、n 列是各个机构部门,各行表示该部门的资产,各列表示该部门的负债。其次的 m 行、m 列是各类金融商品,各行表示各部门持有各类金融商品的资产,各列表示各部门的各类金融商品的负债。接下来的实物投资的各行表示了各部门实物资产,实物储蓄的各列表示了各部门的储蓄积累。最后的行与列记述了行和、列和。表 4-1 显示了 U-V 型表的基本结构,此表可由复式记账形式的资金流量表直接转换得到,其中的 Y 矩阵与 X 矩阵将在本章第三节详细说明。

Klein(1983)提出了将资金流量表与国民收入账户和投入产出表衔接起来用矩阵表示的研究构想,并按照投入产出模型的原理编制了金融矩阵表。他的分析方法与 Stone 酷似,但对投入系数的定义是不同的。根据表 4-1 所示的结构关系,Klein 对资金流量矩阵表的投入系数做了如下定义。

$$D = L'_{nm} \tilde{W}_n^{-1}$$
$$C = A_{nm} \tilde{L}_m^{-1}$$
(1)

(1)式中的 $\tilde{W}_n$ 是表 4-1 中 W_n 向量的各要素按照对角要素配置的对角矩阵,$\tilde{L}_m$ 是 L_m 向量的各要素按照对角要素配置的对角矩阵。D 表示了各机构部门持有的对总资产的各类金融商品负债的比例，C 表示了各部门对各类金融商品负债总额的持有资产比例。用 Klein 所定义的矩阵 D 与 C，表4-1 的 W 与 L 的关系可用下述矩阵表示。

$$W_n = \mathrm{CD}W_n + e_n = (I - \mathrm{CD})^{-1} e_n \qquad (2)$$

$$L_m = \mathrm{DC}L_m + De_n = (I - \mathrm{DC})^{-1} De_n \qquad (3)$$

由 Klein 定义的(2)式和(3)式及 Stone 的分析同样也与列昂惕夫逆矩阵相对应，但最初假定的投入系数的计算方法有所不同。Stone 是采用投入产出分析中的 U 表与 V 表的方法，但 Klein 是将资产与负债的各项目与其另一方的合计相除计算各个比例，其着眼点在于各主体的资金运用取决于所筹集到的资金，进而监测各部门的资金筹集与运用的关系。由此可看出，08SNA 更新版中的资金流量矩阵表借鉴了 Klein 的分析构想。

但上述研究还存在着一些不足之处。首先，U-V 型表是复式记账形式的资金流量表的简单转换，并未反映部门与部门之间的资金关联。其次，此类模型虽然能够观察各部门的资金筹集与运用的关系，但由于没有获得一个有明确含义的乘数矩阵，因此难以分析金融矩阵结构本身，无法分层次地研究资金流动的波及效应及传导机制。日本学者辻村和佑·雅子根据投入产出原理，在资金流量结构的序列分析、资金供需的波及效应方面做了很多研究，扩展了上述研究成果。①

中国国家统计局与中国人民银行从 1987 年开始研究试算资金流量统计，在 1998 年建立资金流量统计制度，迄今为止已经公布了从 1992 年至 2010 年的年度数据。近年来不少学者使用中国账户式资金流量表对资金流量的分析方法做了很有意义的研究。李宝瑜、张帅(2009)在分析指出了账户式资金流量表局限性的基础上，编制了部门间国民收入流量矩阵表与金融资金流量矩阵表，并以此考察了机构部门间收入流量与金融资金流量情况。胡秋阳(2010)编制了三种投入产出式资金流量表，并构建了相应的资金关联模型用于经济系统中资金关联关系的分析。三种表分别反映金融交易形成的部门间的资金关联关系、实物交易形成的部门间的资金关联关系、金融交易和实物交易等各交易项目间的资金关联关系，但该研究缺乏原始数据的支持，所做分析的结论略欠说服力。宫小琳、卞江(2010)以部门对部门资金融通关系矩阵表为数据基础，通过网络化模

---

① 辻村和佑·雅子，《资金循環分析—基礎技法と政策評価》，慶应義塾大学出版会，2002。

型量化分析了"经济冲击"在国民经济各部门间循环传导的轨迹,并量化分析了各个部门在各传染轮次中的损失量。此项研究将网络化模型理论引入资金流量分析,应该说是一种创新。此外,李扬等(2012)编制了资产负债表(资金存量)尝试评估中国金融的风险,从盘点中国各部门资产负债而言,此举有其积极意义及必要性,但存量只是经济活动的结果,而流量变化才是导致结果的原因,所以很有必要揭示资金流量对中国金融风险的波及影响。

从国际资金循环的视角看,2008年发生的美国金融危机以及2011年由于希腊政府的债务危机而蔓延到欧元区的金融危机具有很多特点,但有两点至关重要。第一,企业债务、公共债务均呈日益增长趋势。以美国为例,从2001年到2011年,美国的债务呈指数级增长。第二,局部的金融危机对世界经济造成的影响是震撼性的。由于网络技术的发展,资金循环早已没有国界的限制,各种金融工具的流量规模巨大,在金融市场中的流向变幻莫测,某一局部的债务危机的负面传导对一个国家、区域乃至整个世界的冲击往往是灾难性的。

为了拓展资金流量分析的方法以及现实需要,在参考先行研究文献的基础上,本章试图应用矩阵式资金流量表从宏观的结构层面推测由于各部门资金筹措所形成的债务危机对中国经济的影响,观测中国金融风险的波及效应。本章的安排如下:在第二节将资金流量表转换为矩阵式资金流量表,设定分析的理论框架,统计描述部门间资产与债务的产权关联,分析中国资金循环中出现的结构性问题;在第三节应用矩阵式资金流量表建立部门间金融风险的波及效应模型及展开乘数分析,考察金融交易的风险状况;解析金融风险对中国金融交易项目的最终波及效应;在第四节归纳整理分析的结论,提出政策建议及今后的课题。

第二节　部门矩阵表的编制及部门间资金流动的特征分析

一、R表与E表的理论框架

为明确分析问题的思路,首先简述资金流量表的基本概念以及分析的理论框架。国际标准的资金流量表中的行表示各个交易科目(金融商品,用 n 表示),表中的列表示各个机构部门(用 m 表示),在各部门内根据复式记账分别列有资产与负债。建立矩阵式资金流量表首先要将复式记账式资金流量表各部门的资产与负债分开,编制各部门的资产表(E 表)与各部门的负债表(R 表),其表式如图 4-1 所示。

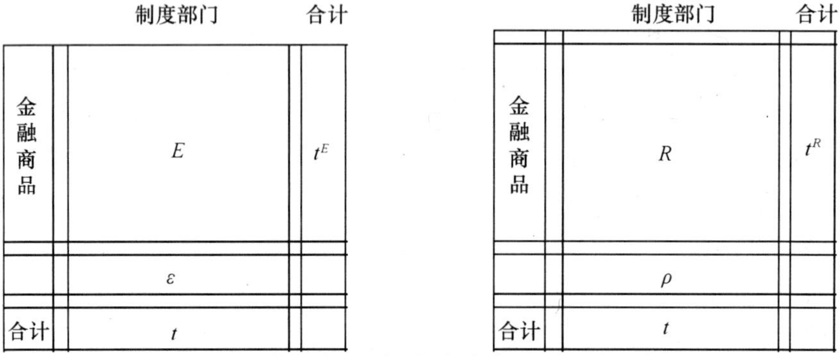

图 4-1 资产表(E 表)与负债表(R 表)的构成

图 4-1 中的 E 为金融资产矩阵,R 为金融负债矩阵;t^E 为各部门持有第 i(行)金融商品在资产方的合计,t^R 为各部门持有第 i(行)金融商品在负债方的合计,且有 $t^E = t^R$ 成立;ε_j 为第 j 部门金融净负债,ρ_j 为第 j 部门金融净资产;t 为各部门资产或负债的列合计。将 E 表与 R 表的各部分以矩阵表示则如下式所示。

$$E = \begin{bmatrix} e_{11} & e_{12} & \cdots & e_{1m} \\ e_{21} & e_{22} & \cdots & e_{2m} \\ \vdots & \vdots & \ddots & \vdots \\ e_{n1} & e_{n2} & \cdots & e_{nm} \end{bmatrix}, \quad R = \begin{bmatrix} r_{11} & r_{12} & \cdots & r_{1m} \\ r_{21} & r_{22} & \cdots & r_{2m} \\ \vdots & \vdots & \ddots & \vdots \\ r_{n1} & r_{n2} & \cdots & r_{nm} \end{bmatrix} \quad (4)$$

其中,$e_{ij}(e_{ij} \geq 0)$ 为 $j(j = 1, \cdots, m)$ 制度部门持有的 $i(i = 1, \cdots, n)$ 金融商品的资产金额,$r_{ij}(r_{ij} \geq 0)$ 为 j 制度部门所持有的 i 金融商品的负债金额。根据图 4-1 所示的 E 表与 R 表的构成关系,有 $t_i^E = \sum_{j=1}^{m} e_{ij}$、$t_i^R = \sum_{j=1}^{m} r_{ij}$ 成立。同时,按照复式记账原则,应该有 $t^E = t^R$ 成立,即第 i(行)金融商品的资产总额等于其负债总额。t_i^E 与 t_i^R 的要素矩阵如(5)式所示。

$$t^E = \begin{bmatrix} t_1^E \\ t_2^E \\ \vdots \\ t_m^E \end{bmatrix}, \quad t^R = \begin{bmatrix} t_1^R \\ t_2^R \\ \vdots \\ t_m^R \end{bmatrix} \tag{5}$$

各部门(列)的资产与负债差额由 $\sum_{i=1}^{n} e_{ij}$ 与 $\sum_{i=1}^{n} r_{ij}$ 的大小关系确定,如果 $\sum_{i=1}^{n} e_{ij} > \sum_{i=1}^{n} r_{ij}$,则部门 j 为资产增加,如 $\sum_{i=1}^{n} e_{ij} < \sum_{i=1}^{n} r_{ij}$,则为负债增加。将各部门资产合计与负债合计相比较,取较大值为 t_j,则各部门列合计 t_j 的矩阵表示为 $t = (t_1, \cdots, t_j, \cdots, t_m)$,且

$$t_j = \max\left(\sum_{i=1}^{n} e_{ij}, \sum_{i=1}^{n} r_{ij}\right) \tag{6}$$

因此有(7)式的关系成立:

$$\varepsilon_j + \sum_{i=1}^{n} e_{ij} = t_j, \quad \rho_j + \sum_{i=1}^{n} r_{ij} = t_j \tag{7}$$

其中,ε_j 为负债净增,ε_j 要素矩阵为 $\varepsilon = (\varepsilon_1, \cdots, \varepsilon_j, \cdots, \varepsilon_m)$,$\rho_j$ 为资产净增,ρ_j 要素矩阵为 $\rho = (\rho_1, \cdots, \rho_j, \cdots, \rho_m)$。(7)式表明 E 表各部门资产总额等于 R 表各部门负债总额。

按照上述理论框架,我们试图将中国资金流量表[①]转换为金融矩阵表,但存在着数据来源的限制。将复式记账式资金流量表转化为矩阵式表,理论上要求用存量数据编制。原因有二:其一是存量数据较稳定,由此计算的部门比例系数与金融商品比例系数也较为稳定;其二是矩阵中各项比例系数理论上应为正数,即 $e_{ij} \geq 0, r_{ij} \geq 0$,如果用存量数据可以满足这一要求。遗憾的是,尽管中国从1998年开始公布资金流量数据,但到目前为止仍然没有公布存量数据。由于流量数据有正有负,所以为了取得均为正数的比例系数进而编制金融矩阵表,我们尝试着对中国现有的资金流量数据加以改造调整。其方法是将资金流量表中负债方负的数据变为正数移到相应的资产方位置,而将负的资产方数据变为正数移到相应的负债方位置。这种调整方法既符合会计复式记账原则,也可说明实

---

① 中国人民银行,《中国人民银行统计季报》,(4),2011,pp.80—81。

际经济中的含义,由此我们就可以得到均为正数的资金流量数据。① 按照图 4-2 的构成以及(7)式,运用调整后的 2010 年中国资金流量数据,我们编制了矩阵式的 R 表与 E 表(参见本章末表 4-11 与表 4-12)。

二、部门矩阵表的编制与特征分析

按照矩阵式 R 表与 E 表,我们首先编制部门矩阵表。编制部门矩阵表主要采用推定方式,在推定时假定各部门对资金流量负债方(R 表)的一个交易项目按照相同的比例做资金筹措。这里区分两种情况采用不同的方法。第一种情况在 R 表中的任意金融交易项目是唯一存在的,即从 R 表矩阵的"行"来看,相对于某一金融商品而言仅有某一部门持有此金融负债项目。这样很容易从 E 表中找到哪些部门持有与此负债项目相对应的资产项目。比如我们可以列举出 R 表的"本币"项目,此项目在 R 表中仅为金融部门所持有,与此对应,在资产方的相应部门分别为住户、企业、政府及国外部门,据此我们可以编制出"本币"的部门矩阵表(参见表 4-2)。

表 4-2 "本币"交易矩阵表 (单位:亿元)

	住户	企业	政府	金融	国外
住户				5 441	
企业				586	
政府				130	
金融				0	
国外				390	

表 4-2 的"列"表示某部门的负债,"行"表示某部门持有的资产。从 2010 年本币交易实际情况看,金融部门持有的本币负债共为 6 547 亿元,对住户部门负债为 5 441 亿元,对企业部门负债为 586 亿元,对政府部门负债为 130 亿元,对国外部门负债为 390 亿元。反之,从"行"来观察,也可得到各部门对金融部门持有的资产。由此我们很容易观察某一金融商品在各部门交易所发生资金筹措的

---

① 此种方法不够严谨,但可在一定程度上表明金融矩阵中的各项比例关系,暂解"无米之炊"的难题。中国资金流量数据已公布了 19 年(1992—2010),但至今尚未公布存量数据,对于统计使用者而言实属遗憾与无奈。

流向与流量。

编制部门矩阵表的另一种情况是在 R 表中某一金融交易项目是复数存在的,即从 R 表矩阵的"行"来看,相对应某一金融商品 i 而言有 $1<j<m$ 的部门持有此负债项目。如表 4-11 中的股票项目,通过股票方式融资的部门分别是企业与金融部门,即企业与金融两部门持有股票的负债项目。在此种情况下,确定某一金融交易所发生的与复数负债项目相对应的资产方的资金流向与流量按以下两个公式推测:

$$\text{负债比例系数} = \text{部门持有某类金融负债} / \text{某类金融负债合计} \quad (8)$$
$$\text{资产方部门运用该同类金融资产额} = \text{负债比例系数} \times \text{该部门持有的同类金融资产} \quad (9)$$

具体推算步骤为:第一,推算负债比例系数;第二,按照负债比例系数计算其金融资产运用额。比如在 R 表中(参见表 4-11),企业部门发行股票的金额为 7 470 亿元,而股票项目的负债总额为 11 329 亿元,则企业部门发行股票的负债比例为 $0.66(p = 7\,470/11\,329)$。从 E 表(参见表 4-12)看,持有股票资产的部门分别是住户、政府、金融机构及国外部门,所以使用企业部门发行股票的负债比例分别与持有股票部门的股票资产相乘,即可以得到该部门所持有的企业部门的股票资产。比如住户部门所持有的股票资产为 6 387 亿元,则住户部门持有的企业股票资产为 $6\,387 \times 0.66 = 4\,212$(亿元)。依次可推算出其他部门所持有的企业部门的股票资产。同理,也可以计算金融部门发行股票的负债系数,进而推算其他部门所持有的金融部门的股票资产。其股票交易的矩阵表如表 4-3 所示。

表 4-3 股票交易矩阵表 (单位:亿元)

	住户	企业	政府	金融	国外
住户		4 212		2 175	
企业		0		0	
政府		34		17	
金融		2 998		1 548	
国外		227		117	

从表 4-3 的"列"可知,企业部门以股票筹资的形式对住户、政府、金融以及国外部门的负债分别为 4 212 亿元、34 亿元、2 998 亿元及 227 亿元;金融部门以

资金循环分析的理论与实践

股票筹资的形式对住户、政府以及国外部门的负债分别为 2 175 亿元、17 亿元及 117 亿元。同时，金融部门内部以股票形式的资金拆借为 1 548 亿元。从表 4-3 的"行"观察可知住户、政府、金融以及国外部门对企业以及金融部门以股票形式持有的金融资产。其中住户部门为持有股票资产的最大部门，分别持有企业部门的股票资产为 4 212 亿元，持有金融部门的股票资产为 2 175 亿元。而且可以看出金融部门内部以股票形式的资金拆借量比较大。

有了部门矩阵表，我们既可以观察每一项金融商品交易的详细状况，还可以根据需要将相应有关的金融商品交易合并，对各部门之间的资金供需的结构变化及波及效应做综合观察分析。

三、部门间资金循环的结构变化及风险分析

根据表 4-11 的构成，我们将短期贷款、票据融资、中长期贷款、外汇贷款、委托贷款、其他贷款、中央银行贷款以及未贴现的银行承兑汇票合并，编制了信贷交易矩阵（参见表 4-4）。

表 4-4　2010 年信贷交易矩阵　　　　　　　　　　（单位：亿元）

	住户	企业	政府	金融	国外
住户	0	0	0	0	0
企业	0	11 673	0	20 725	0
政府	0	0	0	0	0
金融	30 551	85 699	350	12 393	2 219
国外	0	0	0	0	0

由表 4-4 可知，一方面，住户通过金融部门的贷款规模为 30 551 亿元，有扩大趋势（2009 年为 24 889 亿元）。企业部门来自金融部门的贷款规模也有扩大趋势，在 2010 年为 85 699 亿元（2009 年为 78 822 亿元），此外由于未贴现的银行承兑汇票[①]的影响，企业间资金负债额为 11 673 亿元。政府部门通过信贷融资形成对金融部门的负债为 350 亿元。金融部门以票据融资形成对企业部门的负

---

① 银行承兑汇票（Bank's Acceptance Bill，BA）是商业汇票的一种，是由在承兑银行开立存款账户的存款人出票，向开户银行申请并经银行审查同意承兑的，保证在指定日期无条件支付确定的金额给收款人或持票人的票据。

债为 20 725 亿元,金融部门间由于未贴现的银行承兑汇票形成的负债为 12 393 亿元。此外,国外部门通过外汇贷款融资对金融部门的负债为 2 219 亿元。另一方面,从资产方(行)看,信贷交易矩阵表明主要是金融部门对其他部门形成了新增金融资产。各行(资产)合计与各列(负债)合计相等,2010 年中国信贷市场总资产(总负债)流量为 163 609.15 亿元。

同理,根据表 4-11 的金融交易科目,我们将国债、金融债券、中央银行债券、企业债券、股票以及证券投资基金份额等合并,编制了证券交易矩阵(参见表 4-5)。首先从负债(列)方看,除了住户部门因持有证券投资基金份额对金融部门负债 457 亿元以外,企业部门、政府部门以及金融部门都通过发行债券及股票进行了大规模的融资。从表 4-5 的"列"来看,我们可以观察到各部门通过证券市场融资的主要渠道,各部门通过债券及股票融资而形成的负债总额依次为:企业部门 19 755 亿元,金融部门 13 712 亿元,政府部门 10 007 亿元。

表 4-5 2010 年证券交易矩阵 (单位:亿元)

	住户	企业	政府	金融	国外
住户	0	4 212	112	2 175	0
企业	0	128	2	47	0
政府	0	34	144	17	0
金融	457	15 154	9 749	11 355	19
国外	0	227	0	117	0

从"行"来观察,住户通过购买企业、政府、金融部门发行的证券而持有的金融资产合计为 6 499 亿元;企业持有的证券资产为 177 亿元;政府持有的证券资产为 195 亿元;金融部门持有最大量的证券资产,为 36 734 亿元;而国外也持有企业部门与金融部门发行的证券资产 344 亿元。各行(资产)合计与各列(负债)合计相等,2010 年中国证券市场总资产(总负债)为 43 949 亿元。与中国的信贷市场规模相比较,信贷市场的流量规模为证券市场的 3.7 倍。由此表明,中国的金融市场仍然是以间接融资为主。

按照以上原理对表 4-11 的各金融交易商品从"本币"矩阵表到"国际储备资产"矩阵表逐项汇总,并在各部门资产合计(行)后加入净负债项 ε,在各部门负债合计(列)后加入净资产项 ρ[参照(7)式],我们可以得到资金流量全体矩阵表,如表 4-6 所示。

表4-6 资金流量全体矩阵表(Aggregated W-to-W table,2010年)(单位:亿元)

	住户	企业	政府	金融	国外	合计	ε	T_i(行和)
住户	0	4 211	3 541	61 714	0	69 467	0	69 467
企业	0	16 727	408	94 887	6 352	118 374	16 034	134 408
政府	0	34	144	19 644	0	19 821	0	19 821
金融	31 745	102 250	10 109	67 479	34 191	245 774	1 190	246 964
国外	0	11 185	0	3 241	4 138	18 564	26 116	44 680
合计	31 745	134 407	14 202	246 965	44 681			
ρ	37 722	0	5 619	0	0			
T_j(列和)	69 467	134 407	19 821	246 965	44 681			

表4-6清晰地表明了各部门资金筹集与运用的流向及流量。我们可以知道住户部门通过从金融部门融资而形成的对金融部门的负债为31 745亿元;从资产方看,住户部门对企业部门拥有的债权资产为4 211亿元,对政府部门持有的资产为3 541亿元,对金融部门持有的资产为61 714亿元。从各部门负债(资产)合计项看,各行合计与各列合计的差额即为各部门的资金盈余或不足。比如,住户部门行和(资产)为69 467亿元,列和(负债)为31 745亿元,则住户部门的金融资产净增为37 722亿元。同时,从各部门资产合计加上净负债ε,或各部门负债合计加上净资产ρ,即从全体矩阵表的最后一列与最后一行可看出,每行和等于每列和,即各部门的资产合计加上净负债等于各部门的负债合计加上净资产[参照(7)式]。① 此外,全体矩阵表行和的汇总等于列和的汇总,即全社会资产总量等于负债总量,显示了一定时期全社会资金流量的总规模。2010年资金流量总规模为515 340亿元,比2009年增加了99 444亿元,但同期的GDP只增加了47 991万亿元,由此可知,生产单位GDP所使用的资金量增加了两倍。由于2010年中国工业品出厂价格指数只上升了5.5%②,意味着中国使用资金的效率大幅度下降,巨大的金融泡沫存在于中国经济中。

在国内部门中企业是最大的资金不足部门,2010年企业部门的资金不足额为16 034亿元。从企业部门的负债方(列)看,企业部门通过发行股票对住户部

---

① 具体计算时由于小数点后尾数四舍五入的问题,有时行和的尾数与列和的尾数会略有小差异。
② 国家统计局,《中国统计年鉴》,2011。2010年在各种价格指数中上升最高的是原材料、燃料、动力,购进价格指数为9.6%,其次为工业品出厂价格指数5.5%,CPI为3.3%。

门的负债为 4 211 亿元;通过向金融部门借贷以及发行企业债券、股票等对金融部门的负债为 102 250 亿元;通过吸收国外直接投资以及对外债务等形成对国外部门的负债为 11 185 亿元。在企业部门资金筹集中有两个特点值得注意:一是政府部门对企业部门的资金运用规模为最小,仅通过持有企业股票形成对企业的债权 34 亿元;二是企业内部通过"未贴现的银行承兑汇票"以及企业债券形式的资金拆借规模较大,高达 16 727 亿元,由此看出企业间资金拖欠问题比较严重。

政府部门的资金筹集分别来自住户、企业及金融部门,其中以对金融部门的负债 10 109 亿元为最大。同时,政府还以保险准备金(406 亿元)及国债(2 亿元)等融资手段对企业负债 408 亿元。而从政府部门对企业部门的资金运用与筹集来源分析可知,政府部门对企业部门的资金运用只有 34 亿元,所以从资金循环的实际结构来观察,我们看不到政府部门对企业部门的资金支持,反而观察到了政府从企业筹集资金高达 408 亿元。此外,政府部门还持有对金融部门的资产 19 644 亿元。通过政府部门对其他各部门持有的资产与负债来看,在 2010 年政府部门为资金盈余部门,其金融净资产增加了 5 619 亿元。

政府是宏观经济运行的稳定器与调节者,面临着 2008 以来的经济基本面的恶化,政府出台了包括 4 万亿刺激经济的政策方案。政策的效果不仅是政府主导的支出规模的函数,而且也取决于其"乘数效应"的大小。因此,政府部门去杠杆化的进程应该远远落后于企业部门与居民部门,即民间部门去杠杆进程基本结束、宏观经济景气全面恢复之后,政府才能有环境、有余力缩减资金运用。但表 4-6 的数字显示的结果却正好相反,值得政策当局反思。

金融部门作为实体经济部门的金融中介机构,其金融资产与负债规模居于其他部门之首。从负债方来看,其金融负债额为 24.7 万亿元,占全社会金融负债总额的 52.3%;其金融资产额为 24.6 万亿元,占全社会金融资产总量的 52.1%。其金融净负债增加了 1 190 亿元。从金融部门的融资结构看,以吸收各类存款及票据融资等形式从企业部门筹集的资金量为 9.49 万亿元,占到金融部门资金筹集总量的 38%。从住户部门的融资为 6.17 万亿元,占到 25%。但金融部门内部资金拆借规模也很大,高达 6.75 万亿元,占其融资比重的 27%,在 2009 年该比重只有 19%。与上年度同期相比,金融部门内部资金拆借净增加 3.1 万亿元,这意味着有两个值得注意的问题:一是资金使用效率的下降;二是金融泡沫的增大。此外,金融部门通过其他对外债权债务、股票、金融机构往来以及外汇存款等方式从国外部门的融资为4 138亿元。从资产方来看,金融部门对住户部门持有的资产为31 745亿元,对企业部门持有的金融资产为102 250亿元,对政府部门持有的债权为10 109亿元,通过增加外汇储备等持有对国外部门的资产为34 191亿元。

国外部门对国内部门的金融负债为44 681亿元,持有国内部门的金融资产为18 564亿元,是最大的金融净负债部门,其金融净负债为26 116亿元。换言之,也就是中国对外资金净流出为26 116亿元,比2009年增加了5 206亿元。

从以上的分析可知,企业与金融部门内的不良贷款规模远比之前认为的数量规模还要大,影响程度还要严重,无力偿还的贷款数量越来越多,并且仍呈增长趋势,对此,政策当局采取了一些措施,但效果还不是很明显。截至2012年6月末,中国人民银行统计显示全部金融机构人民币各项贷款仍然同比增长16%。① 为了降低风险,中国人民银行在坚持政策连续性和稳定性的同时,2010年先后六次提高准备金率、两次提高存贷款基准利率②,进一步推动汇率形成机制改革,增强汇率弹性,并加强了对信贷投放的风险提示,引导货币条件逐步向常态回归。

第三节 金融风险的波及效应及乘数分析

通过编制部门矩阵表,观察分析2010年各部门的资金运用与筹集的基本状况,揭示了两个存在于中国资金循环中的异常现象:一是资金使用效率的大幅度下降;二是金融泡沫的明显增大。为了进一步将分析的视角聚焦于金融泡沫增大所引发的金融风险的波及效应,我们参考Stone、Klein以及迁村等先行研究文献,按照投入产出模型的原理编制资金流量矩阵的X表与Y表,建立计量模型,重点观察部门间由于债务违约所产生的波及效应。

---

① 中国人民银行,《2012年上半年金融机构贷款投向统计报告》。
② 中国人民银行,《2011年中国金融稳定报告》,p.13。

一、X 表与 Y 表的编制

图 4-2 表示了投入产出表（I-O 表）与资金流量表（FOF 表）的对应关系，资金流量表中的金融商品类似于投入产出表的商品；而资金流量表中的机构部门类似于投入产出表的产业。从资金流量的视角看，R 表的矩阵表示为"商品×部门"，显示了各列（各部门）如何通过各行（金融商品）来筹集资金，这相当于投入产出表的 U 表"商品×产业"；而 E 表矩阵的各列（各部门）显示了如何通过各种手段（金融商品）来运用资金。如将 E 表做转置矩阵 E' "部门×商品"，则相当于投入产出表的 V 表"产业×商品"。将 U 表用 U 矩阵，V 表用 V 矩阵表示的话，U 表与 R 表、V 表与 E 表有如下恒等关系式成立。

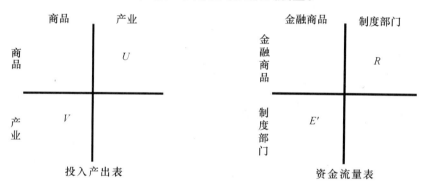

图 4-2　投入产出表与资金流量表的对应关系

$$U \equiv R$$
$$V \equiv E' \tag{10}$$

将 R 表的各要素除以各制度部门的资产或负债的合计 t_j [参照（6）式]，我们可以得到负债比率。各个负债比率（负债系数）用各部门的资金筹集组合矩阵 B 表示的话，参照（4）式，负债系数矩阵 B 的各个行列要素如（11）式所示。

$$b_{ij} = \frac{r_{ij}}{t_j} \tag{11}$$

同样，E 表的转置矩阵 E' 的各要素除以行和 t_i^E，可以得到资产比率。设资产比率（资产系数）矩阵为 D，则 D 矩阵的各个要素可按以下公式计算。

$$d_{ji} = \frac{e_{ji}}{t_i^E} \tag{12}$$

从(10)式可知,负债系数矩阵 B 与"商品×部门"的 U 表相对应,而资产系数矩阵 D 与"部门×商品"的 V 表相对应。为了推导出"商品×商品"的 X 表与"部门×部门"的 Y 表(参照表4-1中 X 矩阵与 Y 矩阵的结构关系),有必要将 X 表的投入系数矩阵与 Y 表的投入系数矩阵做如下定义。

$$X = \begin{bmatrix} x_{11} & x_{12} & \cdots & x_{1n} \\ x_{21} & x_{22} & \cdots & x_{2n} \\ \vdots & \vdots & \ddots & \vdots \\ x_{n1} & x_{n2} & \cdots & x_{nn} \end{bmatrix}, \quad Y = \begin{bmatrix} y_{11} & y_{12} & \cdots & y_{1m} \\ y_{21} & y_{22} & \cdots & y_{2m} \\ \vdots & \vdots & \ddots & \vdots \\ y_{m1} & y_{m2} & \cdots & y_{mm} \end{bmatrix} \quad (13)$$

其中 X 表中的 n 为资金流量表的交易项目,Y 表中的 m 表示机构部门。由于负债系数矩阵 B 的表示形式为"商品×部门",而资产系数矩阵 D 的表示形式为"部门×商品",所以按照矩阵计算原理,B 矩阵与 D 矩阵的乘积为 X 表,X 表为正方形矩阵"商品×商品"。表4-1中的 X 矩阵及 Y 矩阵显示了其在矩阵式资金流量表中的结构关系。设 X 表的投入系数矩阵为 A,则有(14)式成立。

$$A = BD \quad (14)$$

A 矩阵的要素可表示成下式:

$$a_{ij} = \sum_{k=1}^{m} b_{ik} d_{kj} \quad (15)$$

此处作为 b_{ik} 与 d_{kj} 乘积和的 a_{ij} 表示的是各金融商品按照什么比率从各自的金融商品筹措资金。这样,我们使用 A 投入系数矩阵可以推测由"商品×商品"形式构成的 X 表,其 X 表的某一要素 x_{ij} 按如下定义:

$$x_{ij} = a_{ij} t_j^X \quad (16)$$

参照(5)式可知,有 $t_j^X = t_j^E = t_j^R$ 成立。

同理,设 C 为 Y 表的投入系数矩阵,t_j^Y 为各制度部门的金融资产或负债的合计,参照(6)式可知,有 $t_j^Y = t_j$ 成立,则 Y 表的投入系数可定义为(17)式。

$$C_{ij} = \frac{y_{ij}}{t_j^Y} \quad (17)$$

投入产出原理的产业技术假定为,在一定时期内各个产业的技术经济比例关系与投入结构是相对稳定的。此假定运用在资金流量的领域内,可表述为使用相同的资金运用手段所运用的资金就是根据同一投资组合所筹措的资金,此资金运用和筹措的技术比例与结构也是相对稳定的,我们称之为金融商品的投资组合(Portfolio)。虽然金融市场交易比实物交易在时间上的变化更大,但各个制度部门的资金筹措与运用的投资组合是相对稳定的。特别是在中国由于受金融制度及相关法规政策的限制,各个金融机构的业务范围与融资方法渠道都有严格的法规限制,所以可以认为各部门的资金筹措组合是相对稳定的。这样就为编制"部门×部门"的 Y 表并展开分析赋予了实际意义,而且,分析某时点的金融风险的波及效应也是符合现实迫切需要的。

由于资产系数矩阵 D 的表示形式为"部门×商品",而负债系数矩阵 B 的表示形式为"商品×部门",因此在各部门资金筹措及投资组合相对稳定的条件下,根据矩阵计算原理,D 矩阵与 B 矩阵的乘积为 Y 表,Y 表也为正方形矩阵"部门×部门",Y 表的投入系数矩阵 C 可表示为(18)式。

$$C = DB \qquad (18)$$

将其用投入系数矩阵的要素表示,则如(19)式所示。

$$c_{ij} = \sum_{k=1}^{n} d_{ik} b_{kj} \qquad (19)$$

此处的 d_{ik} 也可解释为从资产方看各部门持有某金融商品的比例;b_{kj} 是从负债方看各个部门在资金筹措的组合中某一种金融负债所占的比例。应用投入系数矩阵 C,"部门×部门"Y 表的某一要素 y_{ij} 可按(20)式定义。

$$y_{ij} = c_{ij} t_j^Y \qquad (20)$$

按照以上的从(10)式到(20)式的演绎推理,投入产出表的 U 表、V 表和资金流量表的 X 表、Y 表与其相对应的投入系数矩阵的对应关系如图4-3所示(辻村·溝下,2002,p.40)。

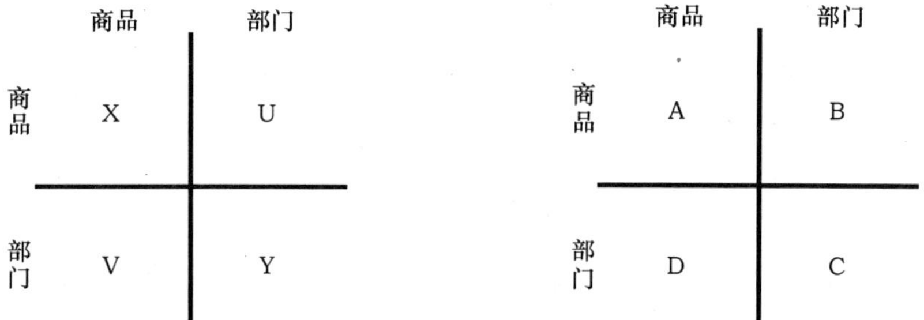

图4-3 商品(X)表、部门(Y)表与投入系数矩阵的对应关系

二、金融风险的波及效应模型

观测金融市场由于债务违约所产生的负的波及效应,主要是为了把握各部门受到了多大规模的资金亏损,部门间的多米诺骨牌式的连锁反应,以及政策当局应采取的相应对策。通过表 4-11 的住户与企业部门所持有的各项金融负债项目来看,较之证券交易规模而言,目前我国仍然是以银行信贷为主要手段的间接融资方式,中长期贷款是住户与企业部门最大的负债科目,与此相对应的债权方是金融部门。所以,我们以中长期贷款为分析对象,考察其由于债务违约所引发的各部门的波及效应。

对投资房地产的住户部门进行直接信贷的主体是金融部门中的银行机构,当住户部门由于资金来源堵塞,或房地产价格急剧波动而陷入债务违约的状态时,直接信贷的金融部门就会发生不能回收本金的负面影响。这里我们将由于住户或企业部门出现债务违约而导致金融部门发生本金损失的影响称为直接效应(参见图 4-4)。接着受到直接效应波及的金融部门就会出现资产缩水,作为连锁反应金融部门也会发生对其他部门的部分债务违约,造成以其资产为担保的对其他部门的资产损失。我们将此称为第一次间接效应。这种负面影响通过若干部门的借贷关系,会迅速蔓延到不特定的其他部门,进而会发生第二次间接效应、第三次间接效应……假定其违约债务的金额为 $-s$,那么此 $-s$ 的违约债务将通过部门间的资金信贷关系,逐次引发连锁的波及效应,导致全社会的信贷危机。

E 表	制度部门		
	1	...	m
交易项目 1			
...			
L 中长期贷款	e_{L1}	...	e_{Lm}
...			
n			

图 4-4 债务违约的直接效应

以下我们以金融矩阵表的乘数分析为基础,构筑一个描述债务违约的波及效应模型。为了使推测尽量接近实际,我们将波及过程区别为 I 与 II 两种情况来处理。Ⅰ种情况是当某部门由于债务违约而出现资产损失时,其资产损失按比例波及所有负债项目继而波及各部门。Ⅱ种情况是将观测对象限定于股票及证券等与市场波动相关性较强的特定负债项目,推测其债务违约所带来的波及损失。根据表4-11的负债项目,我们选择了与市场波动相关程度较大的项目作为观察Ⅱ种情况的指标,包括金融债券、中央银行债券、企业债券、股票、证券投资基金份额、其他(净)、直接投资、其他对外债权债务等。对Ⅰ种情况的观察旨在推测属于个别部门由于自有资本不足导致负债违约,波及全社会的债务危机。对Ⅱ种情况观察则是为了反映发生债务违约而出现资产损失时通过股票与证券等手段直接融资在市场波动压力中的减压作用。由于通常很少有所有部门同时存在自有资本不足的状况,所以Ⅰ种情况可用来推测一种潜在的危机程度;而Ⅱ种情况可表示比较现实的状况,即仅靠自有资本难以弥补资产缩水的损失时,会波及自有资本以外的其他部门的负债项目。所以考虑到这种现实的债务违约的传导风险,我们将Ⅰ种情况作为债务违约风险波及效应的上限,而将Ⅱ种情况作为债务违约风险波及效应的下限。

如表4-12所示,我们可以通过E表的中长期贷款的"行"推测某部门最初受到直接效应的损失状况。设住房信贷所需中长期贷款以L表示,参照(8)式与(9)式,推测负债方(比如住户部门)的违约债务额$-s$在资产方各制度部门所受到的影响,可以按照对应于E表中L行的行合计的比率求出。设L行的违约债务要素为$-s$,其他行交易项要素为0的n次向量为s,则s的转置向量可表示为:

$$s = (0,\cdots,0,-s,0,\cdots,0)' \tag{21}$$

将E表的各要素除以行和的转置矩阵设为D,则D的各个要素定义如(12)式所示。以m次矩阵Z_0来表示各部门将受到的直接损失效应,则Z_0可按以下公式推算。

$$Z_0 = Ds \tag{22}$$

下面讨论第一次间接效应的推测方法。前面所提到的将波及过程区别为Ⅰ与Ⅱ两种情况的间接效应是不同的。受到直接影响的部门根据各种资金筹集组合来筹措资金,如果没有某种方式的资金注入,就会发生相当于呆账金额的金融债务违约。在Ⅰ种情况下会发生与所有负债成比例的债务违约,将债务违约的各个负债比率(负债系数)用各部门的资金筹集组合矩阵B表示的话,参照(4)式与

(6)式,矩阵 B 的各个行列要素定义如(11)式所示。

在 II 种情况下,由于债务违约所带来的损失只限定于股票及证券等与市场波动相关性较强的特定负债项目,所以其损失额取决于股票及证券等在整个负债中所占的比例。将此部分债务违约占各个负债项目的比率用矩阵 B^* 表示,则矩阵 B^* 的各个要素可用(23)式表示。

$$b_{kj}^* = 0 \quad (\text{for } k \notin G),$$
$$b_{kj}^* = \left(\sum_{i=1}^{n} b_{ij}\right) \frac{b_{kj}}{\sum_{k} b_{kj}} \quad (\text{for } k \in G) \tag{23}$$

这里的 G 是表示包括在股票及证券中的交易项目集合的符号,即反映 I 种情况的矩阵 B 与表示 II 种情况的矩阵 B^* 所包括的范围是不同的。但以下对两者矩阵的推测方法都是相同的,所以都记为 B。

将直接效应矩阵 Z_0 乘以矩阵 B,可以分别推测出不同资金运用手段的直接效应的损失额。将这个直接效应的损失额再乘以资金运用比率矩阵 D,就可以推算出各部门间接受到的损失(本金损失)。此为第一次间接效应,设其 m 次矩阵为 Z_1,则 Z_1 可按以下公式推算:

$$Z_1 = DBZ_0 \tag{24}$$

对于在上一阶段受到的负的影响按照 DB 比例逐次向下阶段波及。依次类推,第二次间接效应可按 $Z_2 = DBZ_1 = (DB)^2 Z_0$ 表示,第三次间接效应可按 $Z_3 = DBZ_2 = (DB)^3 Z_0$ 这种形式推测。同理,第 k 次间接效应可按 $Z_k = (DB)^k Z_0$ 推测。而将从直接效应到第 k 次间接效应合计的 m 次矩阵记为 ξ_k,则 ξ_k 可按以下公式推算:

$$\begin{aligned}\xi_k &= Z_0 + Z_1 + Z_2 + \cdots + Z_k \\ &= Z_0 + DBZ_0 + (DB)^2 Z_0 + \cdots + (DB)^k Z_0\end{aligned} \tag{25}$$

当 $k \to \infty$ 时,则有下述(26)式成立。

$$\xi_\infty = (I - DB)^{-1} Z_0 \tag{26}$$

(26)式源自投入产出分析中的列昂惕夫逆矩阵,此逆矩阵计算的结果包括了某部门发生金融风险对其他部门波及的直接效应与从第一次到无限大 n 次的间接效果的总合(极限效果)。按照矩阵的数学性质,对列昂惕夫逆矩阵(26)式还可做如下推导:

$$\begin{aligned}
\xi_\infty &= (I-DB)^{-1}Z_0 \\
&= (I-DB)^{-1}Ds \\
&= [I+DB+(DB)^2+(DB)^3+\cdots]Ds \\
&= D[I+BD+(BD)^2+(BD)^3+\cdots]s
\end{aligned} \quad (27)$$

因此,相对于投入产出分析的商品技术比例系数的稳定性而言,在做资金流量分析时也可以认为某一时期的对金融商品(交易项目)的投资组合比例也是相对稳定的。设金融商品的投资组合比例系数为 A,参照(14)式,则有 $A=BD$,为金融矩阵 X 表"商品×商品"的投入系数矩阵。同样,参照(18)式,使用"部门×部门"金融矩阵 Y 表的投资组合比例系数矩阵 $C=DB$,求出列昂惕夫逆矩阵,也可以得到某部门的某种金融交易发生金融风险时对其他部门波及的包括直接效应与无限大 n 次的间接效果在内的极限效果。

三、推算结果与乘数分析

通过上一节的部门间资金循环的结构变化及风险分析可知,我国的金融市场仍然是以间接融资为主,所以我们选择了资金流量表中的中长期贷款为主要观察对象。根据(21)式,设中长期贷款发生了 1 单位的债务违约而其他行交易项要素为 0 的 n 次向量为 s,应用表 4-11 的数据,求出资产系数矩阵 D,参照(22)式将矩阵 D 与向量 s 相乘,我们可以求出直接效应 Z_0。参照(24)式可以推算出第一次间接效应、第二次间接效应、第三次间接效应,参照(27)式可推导出直接效应与所有间接效应合计的极限效应。并且按照 I 种情况与 II 种情况分别做了推算,当表 4-11 的中长期贷款发生了 1 单位的债务违约时,对 I 种情况推算的结果如表 4-7 所示,对 II 种情况推算的结果如表 4-8 所示。

表 4-7 I 种情况的推算结果

	直接效应	第一次间接效应	第二次间接效应	第三次间接效应	…	直接与间接合计
住户	0.0000	-0.2200	-0.0817	-0.1139		-1.0285
企业	0.0000	-0.3469	-0.1359	-0.1890		-1.6920
政府	0.0000	-0.0795	-0.0211	-0.0384		-0.3338
金融	-1.0000	-0.2572	-0.4811	-0.3008		-4.1631
国外	0.0000	-0.0131	-0.0335	-0.0207		-0.2154
合计	-1.0000	-0.9167	-0.7533	-0.6628		-7.4328

表 4-8　Ⅱ种情况的推算结果

	直接效应	第一次间接效应	第二次间接效应	第三次间接效应	…	直接与间接合计
住户	0.0000	-0.0623	-0.0238	-0.0120		-0.1251
企业	0.0000	-0.0302	-0.0237	-0.0204		-0.1740
政府	0.0000	-0.0005	-0.0002	-0.0001		-0.0010
金融	-1.0000	-0.3251	-0.1474	-0.0691		-1.6782
国外	0.0000	-0.0267	-0.0353	-0.0339		-0.2761
合计	-1.0000	-0.4448	-0.2303	-0.1355		-2.2544

由表4-7与表4-8可知,在中长期贷款发生1单位的债务违约时,对金融部门的直接效应相同,均为-1。但从间接 m 次效应看,Ⅰ种情况与Ⅱ种情况的推算结果有很大不同。一方面,从表4-7的第一次间接效应看,对企业部门的负面影响最大,为-0.3469,其次为金融部门,为-0.2572,对住户部门的负面效应为-0.22。第二次间接效应的数值表示对金融部门影响最大,为-0.4811,对企业部门的负面影响为-0.1359。此外,从第三次间接效应看仍然可观察到对金融部门的负面影响最大,为-0.3008,对企业部门的负面影响为-0.189,从中可以观察到当中长期贷款发生1单位的债务违约时所波及的间接效应对金融部门与企业部门影响较大。而由此所产生的直接效应与间接效应的合计反映在表4-7的最后一列。该数值显示对金融部门的负面影响最大,为-4.1631;其次是企业部门,为-1.692;再次是住户部门,为-1.0285;政府部门为-0.3338;对国外部门的综合影响最小,为-0.2154。另外,该矩阵全要素之和,即极限效应为-7.4328,表明最初中长期贷款1单位债务违约所带来的负面极限效应最终膨胀为7倍以上的规模。

另一方面,将中长期贷款发生1单位的债务违约所波及的观测对象限定于金融债券、中央银行债券、企业债券、股票、证券投资基金份额、直接投资以及其他对外债权债务等与市场波动相关性较强的特定负债项目的Ⅱ种情况看,表4-8中的第一次间接效应显示,对金融部门的负面影响最大,为-0.3251,其次为企业部门,为-0.0302。而第二次间接效应与第三次间接效应所受负面影响的排序变化为金融部门与国外部门。由于中长期贷款发生1单位的债务违约所产生的直接效应与间接效应的合计如表4-8的最后一列所示,其中以金融部门所受负面影响最大,达-1.6782,国外部门居其次,为-0.2761,而企业部门所受的负面波及也达到-0.1740,政府部门所受影响最小,为-0.001。矩阵全要素之和,即极限效应为-2.2544,表明最初中长期贷款发生1单位债务违约对股票、债券以及海外直接投资所带来的负面效应最终膨胀为2倍以上的规模。此推测结果低于表4-7所示的最终波及的负面极限效应。

以上的推测就是根据(21)式,将中长期贷款科目代入-1时的 s 向量与 D 矩阵相乘并进行乘数分析的结果。同理,将表4-11其他主要科目代入-1也可以得到同样的推算结果,其最终波及的极限效应排序如表4-9所示。

表4-9 金融交易项目的最终波及效应(按绝对值大小排序,2010年)

排序	交易项目	波及效应	排序	交易项目	波及效应
1	直接投资	-8.6844	16	准备金	-7.4328
2	其他对外债权债务	-8.6451	17	中央银行债券	-7.4328
3	票据融资	-8.5878	18	证券投资基金份额	-7.4328
4	外汇存款	-8.5226	19	库存现金	-7.4328
5	未贴现的银行承兑汇票	-8.0103	20	中央银行贷款	-7.4328
6	其他存款	-7.9210	21	国际储备资产	-7.4328
7	金融机构往来	-7.8743	22	国债	-7.3739
8	企业债券	-7.4455	23	其他(净)	-6.8251
9	金融债券	-7.4395	24	定期存款	-6.6351
10	证券公司客户保证金	-7.4328	25	活期存款	-6.5120
11	短期贷款	-7.4328	26	财政存款	-5.7952
12	**中长期贷款**	**-7.4328**	27	股票	-5.7528
13	外汇贷款	-7.4328	28	本币	-5.0568
14	委托贷款	-7.4328	29	保险准备金	-4.8400
15	其他贷款	-7.4328			

表4-9按绝对值大小对各个金融交易项目因发生1单位的债务违约时按工种情况推测的波及的最终负面极限效应进行了排序,显示了以下四个特点。第一,最终波及效应的绝对值最大的为直接投资(-8.6844),其次为其他对外债权债务(-8.6451),表明与国外的金融交易对中国的最终波及效应要高于其他国内金融交易项目,意味着与国外金融交易的风险要大于其他的国内金融交易。第二,最终波及效应的绝对值高于7.5的国内金融交易项目依次为票据融资(-8.5878)、外汇存款(-8.5226)、未贴现的银行承兑汇票(-8.0103)、其他存

款(-7.921)以及金融机构往来(-7.8743),显示了国内金融交易风险较大的项目。第三,最终波及效应的绝对值在7以上且在7.5以下的有15项,从企业债券到国债项目,占了所有金融交易项目的一半。其中包括了直接融资与间接融资的主要手段,这表明了中国金融市场的不稳定程度、负面效应的波及压力较大,特别是其中还包括了国际储备资产项目。第四,最终波及效应较低的交易项目有定期存款、活期存款、财政存款、股票、本币等,其最终波及效应的绝对值在5以上且在6.8以下,最低的波及效应项目为保险准备金(-4.84)。

表4-9表明,当资金流量表中的某一个金融交易项目发生1单位的债务违约时所带来的最终负面效应在-8.6844(直接投资)至-4.84(保险准备金)之间。而有关研究显示,2010年中国金融交易项目的最终波及效应普遍地大幅度高于2007年美国金融危机发生时的水平。应用以上相同方法,使用2007年12月美国资金流量数据推测的美国的58项金融交易项目的最终波及效应在-4.5788(债券信贷交易)与-1.8535(养老准备金)之间。[1] 由此可见,目前中国面临的金融风险压力要高过2007年的美国,一旦某部门出现某一局部的债务危机,如果放任不顾或监管不当,将会迅猛地发展为震撼金融市场并波及中国乃至世界的金融危机,其负面影响将远远大于2007年美国由房贷所引发的次贷危机。

第四节 政策建议与今后的课题

本研究基于部门矩阵表与列昂惕夫逆矩阵的原理,对我国金融风险的波及效应做了一个尝试性的分析。由于我国公布的资金流量表的部门分类还只有五部门,金融交易项目也只有29项,而且尚无存量数据,所以此研究对揭示我国金融风险波及的范围及冲击强度都有一定的局限性。但通过现阶段的分析结果仍然可得到一些有益的启示。

---

[1] Masako TSUJIMURA,"An Application of Leontief Inverse to the US Subprime Mortgage Crisis", Input-Output Analysis,17(1),2009,pp.88—104.

第一,金融危机源于债务积累。部门矩阵表分析表明,从 2009 年开始企业与金融部门内的不良贷款数量远比之前认为的数量还要多,程度还要严重,并且仍呈增长趋势。通过编制部门矩阵表,观察分析 2010 年各部门的资金运用与筹集的基本状况,揭示了两个存在于中国资金循环中的异常现象:一是资金使用效率的大幅度下降;二是金融泡沫的明显增大。这是需要金融政策当局格外关注的问题,并需要采取相应的政策。

第二,当居民或企业部门的中长期贷款违约时,最初所受到的直接影响可能较小,但从资金循环的视点看,会发生由居民或企业部门向其他部门的负面连锁波及效应,而且随着时间的推移以及市场的急剧变化,其产生的本金及利息的损失会膨胀到当初金额的数倍。本章所做的研究显示,其资产损失按比例波及所有负债项目继而波及各部门的最终极限效应(Ⅰ种情况)为 -7.4328,而限定于股票及证券等与市场波动相关性较强的特定负债项目的最终极限效应(Ⅱ种情况)为 -2.2544。这种债务违约所产生的负面连锁波及如同滚雪球,随着时间的推移会越滚越大,所以金融监管部门应该及早采取相应措施防患于未然。在居民或企业部门发生债务危机的初级阶段,金融监管部门只需提供必要的资金救济即可避免金融风险的扩大,否则当负面效应波及很多其他部门时,不良债权资金会迅速膨胀到巨额规模,将会导致更大的危机,陷入灾难性的状况。

第三,通过与 2009 年比较可知,虽然存贷款等间接金融或债券等直接金融交易风险的最终波及效应小于 2010 年,但 2010 年的金融交易整体的风险波及效应,即金融风险的压力要大于 2009 年。在 2009 年我国某一金融交易项目发生 1 单位的债务违约时所带来的最终负面效应在 -8.1038(其他对外债权债务)至 -4.2854(保险准备金)之间(参见表 4-10)。特别是对外金融交易项目(其他对外债权债务与直接投资)的金融风险压力明显加大,所以金融监管部门应更加注意加强对外资金交易项目的监测与管理。

表 4-10　金融交易项目的最终波及效应(按绝对值大小排序,2009 年)

排序	交易项目	波及效应	排序	交易项目	波及效应
1	其他对外债权债务	-8.1038	14	库存现金	-7.5128
2	直接投资	-7.9693	15	证券投资基金份额	-7.5128
3	金融机构往来	-7.5334	16	中央银行贷款	-7.5128
4	外汇贷款	-7.5134	17	其他(净)	-7.2353

(续表)

排序	交易项目	波及效应	排序	交易项目	波及效应
5	企业债券	-7.5134	18	国债	-7.2055
6	其他存款	-7.5133	19	外汇存款	-7.0900
7	国际储备资产	-7.5128	20	证券公司客户保证金	-6.7184
8	短期贷款	-7.5128	21	活期存款	-6.6538
9	中长期贷款	-7.5128	22	定期存款	-6.6106
10	准备金	-7.5128	23	股票	-5.3440
11	金融债券	-7.5128	24	财政存款	-4.7930
12	中央银行债券	-7.5128	25	本币	-4.7173
13	其他贷款	-7.5128	26	保险准备金	-4.2854

运用部门矩阵表开展金融风险的波及效应研究还有以下问题有待解决。

第一，目前已经公布的资金流量统计还存在以下问题：部门分类过于简单，远远不能满足分析需要；交易项目设置也不能反映金融市场的实际状况；只有流量统计尚无存量数据；数据公布时间滞后过长（实物交易数据时滞为3年，金融交易数据时滞为1年），特别是金融交易数据至今还不能公布统计季报，无法及时反映市场波动变化。为了观测金融结构变化、测量金融风险的波及效应、客观准确及时地提出制定政策所必需的依据，应尽快完善我国的资金流量统计。

第二，运用部门矩阵表与列昂惕夫逆矩阵的原理分析金融泡沫增大所引发的金融风险的波及效应时，本章设定了Ⅰ种情况与Ⅱ种情况。在观测实际发生损失时，Ⅰ种情况可认为是损失的上限，Ⅱ种情况可认为是损失的下限。但如果更进一步从接近实际考虑，应该把资产价格的变化因素放入金融风险波及效应模型中。

第三，本章主要以资金流量表中的金融交易项目为监测金融风险的对象，但金融风险的产生不仅源于金融交易，也与实物经济的变化密切相关，因此也应该将 FFA 的实物交易部分作为金融风险的观测对象。应将研究范围扩展到应用 SAM（Social Accounting Matrix）的乘数分析与资产价格变化的 CGE（Computable General Equilibrium）模型，这是今后拓展资金流量分析的另一个方面。

表 4-11　U = R 表（负债，2010 年）　　　　　（单位：亿元）

	住户	非金融企业	政府	金融机构	国外	t^R
本币	0	0	0	6 547	0	6 547
活期存款	0	0	0	64 071	0	64 071
定期存款	0	0	0	48 864	0	48 864
财政存款	0	0	0	3 045	0	3 045
外汇存款	0	0	0	2 868	0	2 868
其他存款	0	0	0	13 327	0	13 327
证券公司客户保证金	737	1 398	11	207	19	2 372
短期贷款	9 342	15 278	0	0	0	24 621
票据融资	0	0	0	9 052	0	9 052
中长期贷款	19 643	42 157	0	0	0	61 800
外汇贷款	16	3 894	0	0	2 217	6 127
委托贷款	781	7 440	276	251	0	8 748
其他贷款	769	5 256	74	0	2	6 100
未贴现的银行承兑汇票		23 346	0	23 346	0	46 692
保险准备金	0	0	3 835	2 470	0	6 305
金融机构往来	0	0	0	3 543	0	3 543
准备金	0	0	0	33 261	0	33 261
国债	0	0	9 735	0	0	9 735
金融债券	0	0	0	8 187	0	8 187
中央银行债券	0	8	0	1 410	0	1 418
企业债券	0	11 713	0	0	0	11 713
股票	0	7 470	0	3 859	0	11 329
证券投资基金份额	457	563	271	256	19	1 566
库存现金	0	0	0	714	0	714
中央银行贷款	0	0	0	469	0	469
其他(净)	0	0	0	19 395	0	19 395
直接投资	0	12 529	0	0	4 072	16 601
其他对外债权债务	0	3 354	0	1 824	2 378	7 556
国际储备资产	0	0	0	0	31 934	31 934
国际收支错误与遗漏	0	0	0	0	4 040	4 040
∑	31 745	134 407	14 202	246 965	44 681	471 999
$\rho' =$	37 722	0	5 619	0	0	
$t' =$	69 466	134 407	19 821	246 965	44 681	

表 4-12　E 表（资产，2010 年）　　　　　　　　　　（单位：亿元）

	住户	非金融企业	政府	金融机构	国外	t^E
本币	5 441	586	130		390	6 547
活期存款	24 610	28 771	10 690	0	0	64 071
定期存款	19 128	24 276	5 460	0	0	48 864
财政存款	0	0	3 045	0	0	3 045
外汇存款	55	2 473	0	0	340	2 868
其他存款	709	7 513	292	4 454	358	13 327
证券公司客户保证金	0	0	0	2 373	0	2 372
短期贷款	0	0	0	24 621	0	24 621
票据融资	0	9 052	0	0	0	9 052
中长期贷款	0	0	0	61 800	0	61 800
外汇贷款	0	0	0	6 127	0	6 127
委托贷款	0	0	0	8 748	0	8 748
其他贷款	0	0	0	6 100	0	6 100
未贴现的银行承兑汇票	0	23 346	0	23 346	0	46 692
保险准备金	5 638	667	0	0	0	6 305
金融机构往来	0	0	0	2 324	1 219	3 543
准备金	0	0	0	33 261	0	33 261
国债	112	2	144	9 478	0	9 736
金融债券	0	47	0	8 141	0	8 187
中央银行债券	0	0	0	1 417	0	1 417
企业债券	0	128	0	11 585	0	11 713
股票	6 387	0	51	4 546	345	11 329
证券投资基金份额	0	0	0	1 566	0	1 566
库存现金	0	0	0	714	0	714
中央银行贷款	0	0	0	469	0	469
其他（净）	7 387	9 227	9	2 771	0	19 395
直接投资	0	4 072	0	0	12 529	16 601
其他对外债权债务	0	4 174	0	0	3 383	7 557
国际储备资产	0	0	0	31 934	0	31 934
国际收支错误与遗漏	0	4 040	0	0	0	4 040
∑	69 467	118 373	19 822	245 775	18 565	472 002
$\varepsilon'=$	0	16 034	0	1 190	26 116	
$t'=$	69 467	134 407	19 822	246 965	44 681	

第五章　国际资金循环分析的理论与统计观测体系

引　言

资金流量分析始于 1952 年美国康奈尔大学柯普兰教授的《美国货币流量研究》。受其影响,世界各国纷纷建立了资金流量核算制度,随着 68SNA 将资金流量核算纳入 SNA,其理论研究及分析方法的应用取得了很大的发展。93SNA 与 08SNA 对资金流量核算在部门分类、交易项目、账户设置方面又有了进一步的充实改进。但是,与同为 SNA 主要账户的国民收入、投入产出相比较,资金流量分析仍然存在着很大的局限性,主要表现在两方面:其一是以 GDP 统计为核心的国民收入核算已经形成比较系统的经济统计与理论的分析体系;以均衡论为理论基础的投入产出分析,业已构成了比较成熟的应用分析模型。但至目前为止,在国内有关资金流量统计方面仍不完善,还只限于年度流量数据,缺乏季度数据以及存量数据,其分析方法的研究仍然停留在记述性分析的尝试阶段,尚未形成资金流量分析的理论体系。其二是资金流量分析往往将国内部门与海外部门区分开来,侧重于观测国内各部门的资金筹集与使用,忽视了在开放经济条件下的国内资金流量与海外资金流动的内在关系。20 世纪 90 年代以来,随着资金流动的全球化,国际资本流动的规模急剧扩大,占 GDP 的比重越来越高,从国际资金循环(Global Flow of Funds,GFF)的角度把握国内资金的流量及流向日趋必要。

为了观测国际资金流动对地区经济的影响以及相关国家间金融的相互关联,2013 年 8 月在香港召开的第 59 届国际统计大会上,IMF 的统计专家 Luca 等人对国际资金循环的概念、国际流动性资金、建立国际资金循环统计所需的数据源、按地区分类的资金流量与存量的测算模块等提出了具体设想,并介绍了对加盟 IMF 的 25 个国家或地区进行测算的情况。因此,研究国际资金循环的变化以

资金循环分析的理论与实践

及建立统计观测体系具有很现实的意义,也是对资金循环分析理论方法的创新与发展。

本章试图将国内部门与海外部门结合起来,将国内资金流量与国际资本流动衔接起来,从储蓄投资流量、对外贸易流量、对外资金流量三方面分析变化的机制,建立国际资金循环分析的理论框架,根据国际组织公布的国际金融统计,探讨适用于国际资金循环分析的统计观测体系。

第一节 国际资金循环分析的先行研究

关于国际资本流动的研究可追溯到 17 世纪重商主义的文献。重商主义的代表人物托马斯(Thomas Mun,1644)认为,国际收支的顺差是一国财富增加的源泉,但只有对外贸易顺差才与真正的财富增加有直接关联,国际资本的流入不会给国际收支带来顺差,也不会形成真正的财富增加。在 20 世纪 60 年代,经济结构主义论者切那利与斯瑞德(H. Chenery & M. Strout,1966)提出了"双缺口模型"(Two-Gap Model)[①],认为发展中国家普遍存在着国内储蓄不足与贸易赤字这两个缺口,为了满足国家发展目标,有必要引入外资以弥补投资需要。受此理论的影响以及经济发展的需要,拉美国家以及东亚国家在 20 世纪 80 年代大规模引入外资,实现了经济的起飞。但双缺口理论只考虑到国际资本流入对本期国际收支的正面影响,却忽视了外资流入的风险。1997 年的亚洲金融危机表明,大规模的外资流入,既会成为经济起飞的机会,也会带来金融危机的风险。

将国内资金流动与国际收支相结合,开展短期财政金融政策效果分析时,蒙代尔·弗莱明模型(Mundell-Fleming Model,1968)[②]很有参考价值。该模型包括货币供给、利息、所得、外汇储备、税收、预算赤字、经常收支、资本流动以及外债等变量,将对外贸易引入到 IS-LM 分析中,观察利率与汇率的变化对各国宏观经

---

① Chenery, H. B. and A. M. Strout, "Foreign Assistance and Economic Development", *American Economic Review*, 56,1966, pp. 679—733.

② Robert A. Mundell, *International Economics*, The Macmillan Company,1968, pp. 239—321.

济的影响,分析由于国际资本流动各国之间利率差的变化。该模型所显示的政策意义如下:根据外汇汇率与国际资本流动的管理制度的差异,财政金融政策的效果是不同的。在浮动汇率制度条件下,实施财政政策的扩张效果会与货币汇率增值的效果相抵消,只有金融政策会对经济增长产生影响。在固定汇率条件下,金融政策虽然对国际收支平衡的调整有作用,但由于要通过调整货币供给维持固定汇率的水平,所以失去了金融政策的效果,只有财政政策会对经济增长发挥作用。但在将国内资金流动与国际收支相结合展开国际资金循环分析时,蒙代尔·弗莱明模型存在着以下局限性:① 该模型假定物价水平是一定的,因此具有短期分析的性质,不适用于长期财政金融政策分析。② 该模型并未考虑到汇率预期的变动,因此假定国际资本流动仅受各国利息差变动的影响。③ 该模型忽视了对外资产负债存量的变化(支付利息)对该国所得的影响。④ 该理论是以经常收支为分析对象,没有考虑到类似资金流量表中设置的居民、企业、金融、政府等经济主体部门的消费投资等经济行为及决策,也没有明确国内各部门资金流动与国际资本流出入的均衡关系。

在使用各国的资金流量及国际收支等统计数据,将各国模型联结起来以探讨国际资本流动传递机制的文献中可举出由克来因教授主持研究的多国资本流动分析模型(Kanta Marwah & Lawrence R. Klein Model,1983)。[①] 该模型包括美、加、法、德、英、日六国,旨在解释六国间的国际资本流量与汇率的关系。在多国资本流动分析模型中表示净资本流量的交易项目有九个,这些交易项目与资金流量统计交易项目一致。分析模型的结构方程式中列举了各种金融交易所引起的资金流量与汇率的相关变量,研究结果表明一国的资金流量对组合资产存量变动的影响基本是由国内与海外的证券投资收益的差、通货膨胀率的差以及经常收支项目的差异所决定的。但是,旨在反映资金流量变化的宏观模型中,对建模因子投资收益以及通货膨胀率的推测却使用了期货交易、风险管理、远期汇率变动等类似金融工程分析的复杂性因素,模型拟合的效果不是很理想。同时,由于数据处理方法的不当,模型推测的结果失去了许多有用的信息。模型综合使用六国1972—1979年的数据进行了实证研究,但对各国数据的综合处理意味着

---

① Kanta Marwah and Lawrence R. Klein, "International Capital Flows and Exchange Rates", *Flow of Funds Analysis:A Handbook for Practitioners*, M. E. Sharpe, 1983, pp.468—485.

六国的资产行为方程是恒等的,长期国际资本的相互流入与流出所包含的大量有价值的信息被忽略掉了。

石田定夫教授在1993年的研究中提出了国际资金循环分析的理论构想①,论述了国际资金循环的研究对象及其分析范围。他将国内储蓄投资差额与资金余缺联系起来,将经常收支与国际资本流动相衔接,归纳出了国际资金循环分析的理论框架。他提出了国际资金循环的概念,将国内资金流量分析(National Flow of Funds)扩展到国际资金循环分析(Global Flow of Funds Analysis),将国际资本流动(International Capital Movements)纳入国际资金循环的范围。他还对日本、美国及德国的储蓄投资平衡关系、资金交易流量做了系统性的统计观察,探讨了各国的资金流量与国际资本收支的关系,从国际视野的角度考察了国际硬通货美元对外供给的渠道、机制以及对国际资金循环的影响。但是,该研究虽然提出了理论构想及其分析的范围,却并未对国际资金循环给出明确的定义,未对国内资金流量与国际资本流动的关系做较严谨系统的理论说明,其实证研究也只停留在尝试性的记述分析阶段。

第二节　国际资金循环统计的理论框架

根据以上对先行研究文献的追溯及分析,我们可将有关国际资金循环的相关概念整理归纳如下:国内储蓄投资差额引起经常收支出现顺差或逆差,导致国内部门的资金盈余或不足,为调整经常收支平衡的对外资金筹集或运用所引起的国际资本流动称之为国际资金循环。国际资金循环将国内资金流动与国际资本流动联系起来,表示了国内部门对外资金运筹以及各国在经常收支与资本收支方面的相互依存关系。从统计观察来看,资金流量表中的国内部门的资金盈余或不足与国际收支的经常收支账户相对应,是通过其海外部门的净金融投资调整的。而资金流量表中的对外资金流出入与国际收支的资本收支账户相对应。由此可知,国际资金循环分析将国内储蓄投资差额与海外部门的资金余缺

---

① 石田定夫,《日本経済の資金循環》,东洋经济新报社,1993,pp.170—205。

相联系,观察为调节经常收支所引起的国际资金流动,从储蓄投资流量、对外贸易流量以及对外资金流量的变化考察实物经济与金融经济的联系,国内资金流量与国际资本流动的相互影响以及各国在经常收支与资本收支方面的相互关系。国际资金循环分析根据国际资本流动的机制从动态的角度反映资金流量从不均衡向均衡状态发展变化的连续调整过程,是资金流量分析中对外资金流量分析的延伸,是由国内资金循环向国际资本流动的分析视野的扩展。国际资金循环分析根据研究对象与目的可将世界经济划分为若干的特定地区,从全球角度系统地观察国内与国际地区间的贸易流量和资金流量的变化。根据这种理解,从国际资金循环分析的角度,将经济增长、储蓄投资流量、对外贸易流量以及对外资金流量的关系归纳为如下的理论均衡式。

在开放经济条件下,GDP 增长、国内储蓄投资与经常收支可用以下的关系式推导表示:

$$Y = C + I + G + EX - IM \tag{1}$$

(1)式中的 Y 为 GDP, C 为消费, I 为投资, G 为政府支出, $EX-IM$ 为经常收支中的商品服务收支(Goods and Services)。按照包括非居住者所得收支(Income)的国民总收入(Gross National Income)来考虑, $EX-IM$ 加上非居住者收益收支,即为省略了经常转移收支(Current Transfers)的经常收支(商品服务收支 + 收益收支)。将非居住者收益收支(Income and Profit)[①]用 IP 表示,并在(1)式的两边加上 IP,有(2)式成立。

$$Y + IP = C + I + G + EX - IM + IP \tag{2}$$

(2)式左边是国民总收入,右边的 $EX-IM+IP$ 表示不包括经常转移收支的经常收支。将(2)式按照经常收支变形,从国民总收入中减去消费支出、投资支出与政府支出的合计,可整理出经常支出与国内净收入的关系式。

$$Y + IP - (C + I + G) = EX - IM + IP \tag{3}$$

此外,设 ΔA 为对外资产增加, ΔL 为对外负债增加,FER 为外汇储备,包括对外资产负债在内的收支平衡式可用(4)式表示。

$$Y + IP + \Delta L = C + I + G + \Delta A + FER \tag{4}$$

ΔA、ΔL 与国际收支的资本项目相对应,FER 则为国际收支的外汇储备增

---

① 收益收支中包括对非居住者的雇佣报酬与持有对外金融资产所产生的投资收益。

减,这里省略了资本转移收支。将(4)式整理如下:

$$Y + IP - (C + I + G) = \Delta A - \Delta L + FER \tag{5}$$

即从国民总收入中减去国内支出(Absorption)的部分等于对外净金融资产与外汇储备的和。从国民总收入 $Y + IP$ 中扣除租税后的可支配所得一部分被消费,剩余为储蓄,则可得到下式:

$$Y + IP - T = C + S \tag{6}$$

根据(3)式、(5)式及(6)式,则有下式成立:

$$(S - I) + (T - G) = EX - IM + IP = \Delta A - \Delta L + FER \tag{7}$$

由(7)式可知,民间部门的储蓄投资缺口与政府部门的财政赤字的合计等于经常收支,也等于净金融投资。在理论上这也是一个三面恒等式。

上述的均衡关系式表明民间部门的储蓄投资缺口与政府部门的财政赤字既决定经常收支的逆差或顺差,也影响到国际资本的流入或流出。在储蓄不足($S < I$)的国家,如果处在财政赤字的状态下会导致经常收支逆差,形成国际资本流入。在储蓄过剩($S > I$)的国家并且其储蓄过剩额大于财政赤字的状态下,会形成经常收支顺差,结果是国内资本流出。外汇储备起到了平衡经常收支或干预外汇市场的作用。由此可知,一国的储蓄投资和财政收支与经常收支以及国际资本流动相关联,且理论上是恒等的。

从广义金融市场的角度将国际资本流出入以及外汇储备增减用国内部门的对外资产与负债的关系表示,则有下述恒等式成立:

$$FO_o - FI_o + FER = FI_d - FO_d \tag{8}$$

其中,FO_o 为国际资本流出,FI_o 为国际资本流入,FI_d 为国内金融资产,FO_d 为国内金融负债。上式的左方表示对外资金净流量加上外汇储备增减,右方表示国内部门金融资产净增,是资金流量账户的资金盈余或不足项目。参照(8)式可知,其右方的资金盈余或不足项目是与国际收支的经常收支相对应的,而其左方的对外资金净流量则是与国际收支的资本收支相对应的。由国际收支的定义可知,其资本收支由金融项目[直接投资(DI) + 证券投资(PI) + 其他投资(OI)]与资本项目(CA)构成,所以对外资金净流量的构成可表示为:

$$FO_o - FI_o = DI + PI + OI + CA \tag{9}$$

由(9)式可知,对外资金流量的规模与流向主要取决于直接投资、证券投资、其他投资以及资本项目的变化。通过(7)式、(8)式、(9)式可表明储蓄投资缺口和资金余缺与国际收支的均衡关系,以及对外资金流量的主要方式。以上由(1)式到(9)式的推导构成了国际资金循环分析的理论框架。根据此理论分析的框架建立计量模型并展开实证研究,首先需要解决统计数据来源问题。

第三节　国际资金循环的统计观测体系

根据上述理论框架,开展国际资金循环分析可以使用的统计数据有资金循环统计、国际收支统计、IMF 的国际金融统计(International Financial Statistics,IFS)与世界经济展望(World Economic Outlook,WEO)、国际清算银行(Bank for International Settlements,BIS)统计、国际金融协会(The Institute of International Finance,IIF)统计、世界银行的世界开发金融统计(Global Development Finance,GDF)、经济合作开发组织(The Organization for Economic Co-operation and Development,OECD)统计,以及美国的资本移动(Treasury International Capital,TIC)统计。下面探讨归纳这些不同但有关联的国际资金流量统计的特点及其相互关系,建立国际资金循环分析的统计观测体系。

一、资金循环统计与国际收支平衡表

资金循环统计与国际收支统计是进行国际资金循环分析的基础。国际收支统计是把握一国在一定时期对外交易的统计,将有关商品服务及海外收益等交易记入经常账户,将对外的金融交易、资本转移等记入资本账户,此外还设有国际储备增减项目。资金循环统计则是包括对外交易在内的侧重于把握宏观经济金融方面的统计。在资金循环统计体系里既包括国内的实物交易,也包括国内的金融交易,既反映国内各部门的资金交易及流量,也反映国内与国外的资金流量及流向;既有记录某一时期交易流量的金融交易表,也有反映某时点交易结果的金融资产/负债余额表,在先进国家统计中还有记录由于物价等变化所产生的流量与存量差异的调整表。资金循环统计体系中的各种表均以矩阵方式表示,其"列"由经济主体的各个部门(居民、非金融企业、政府、金融机构、国外等)构

成,其"行"由通货、存款、贷款、证券、保险、对外债务债权、国际储备等构成。各部门按照复式记账法分为资产方与负债方,左侧的资产方记入资金运用或资产余额,右侧的负债方记入资金筹集或负债余额。因此,按部门观察金融交易表的交易项目就可知道在该期间何种资金从哪个部门流向哪个部门;按交易项目观察,即可知道各部门对哪种金融资产做了资金运用,也可知道其用何种手段筹集了资金。此外,也还可明确各部门是以何种金融商品为媒介形成的债务债权关系。在金融交易表中的"资金余缺"项目是各部门在某一时期内资金运用与筹集的差额,该项目同实物经济的各部门储蓄与投资差额是相对应的。

资金循环表中的国外部门是与国际收支相关联的部分,站在国外的立场表示国际收支的变化。国内部门整体的资金余缺项目是通过与国外部门的金融交易来调节的,这个与国外的金融交易是通过国际收支的资本收支(金融项目)与外汇储备反映的。具体来讲,资金循环表中的国外部门的资金余缺与国际收支的经常收支净值相对应;本国资本收支的"负债"项目记入资金循环表的国外部门的"资产",本国的"资产"项目记入资金循环表的国外部门的"负债"。"资产"与"负债"相反记入的原因在于:国际收支统计是站在居住者的立场来处理对外资产与对外负债的,而资金循环统计则是站在国外部门的立场来处理的。因此,本国的对外资产从国外部门来看则成为对本国的负债。

本国与国外的实物交易以及金融交易的关系如图 5-1 所示,即本国的"对外债权增加"与"对外债务增加"的差额等于"海外部门的资金余缺"。可用以下关系式表示。

$$
\begin{aligned}
海外部门的资金盈余(不足) &= 对外债权增加 - 对外债务增加 \\
&= 对外净资产的增减 \\
&= 经常项目逆差(顺差) + 资本项目逆差(顺差) \\
&= 金融项目顺差(逆差) + 外汇储备减少(增加)
\end{aligned}
\tag{10}
$$

将(10)式按照国际收支表细分①并引入动态过程,我们可以统计观测到国际资本流动的规模、方式、流向以及产生国际收支危机的因果关系。所谓的国际收支危机指的是在采用固定汇率的国家由于经济基本面恶化时国际资本投机交易剧增,带来外汇储备急剧减少,该国不得不对其汇率制度进行调整,转而实行

---

① 按照国际收支统计的定义,经常收支 + 资本收支 + 外汇储备 + 误差 = 0。

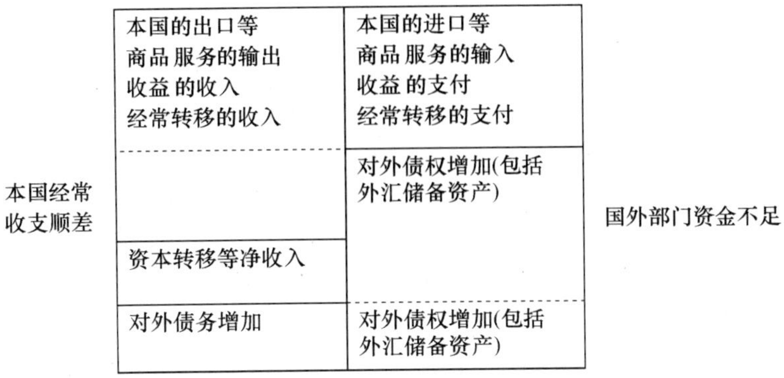

```
           ┌──────────────┬──────────────┐
           │本国的出口等  │本国的进口等  │
           │商品服务的输出│商品服务的输入│
           │收益的收入    │收益的支付    │
           │经常转移的收入│经常转移的支付│
           ├──────────────┼──────────────┤
  本国经常 │              │对外债权增加(包括│
  收支顺差 │              │外汇储备资产) │  国外部门资金不足
           │资本转移等净收入│            │
           ├──────────────┼──────────────┤
           │对外债务增加  │对外债权增加(包括│
           │              │外汇储备资产) │
           └──────────────┴──────────────┘
```

注：根据 FFA 与国际收支表绘制。

图 5-1　资金循环表的国外部门与国际收支、对外资产负债余额统计的关系

浮动汇率制度,而由市场决定的汇率水平远远高于原先所刻意维护的水平(即官方汇率),其汇率的变动幅度超出了该国可承受的范围的现象。我们把可以承受国际投机资本攻击的外汇储备存量的下限设为 R^*,t 期末的外汇储备存量为 R_t,所谓的国际收支危机就是 $R_t < R^*$ 这种状况。按照(10)式,将经常项目、资本项目、外债支付利息的动态过程表示出来,则国际收支危机的状况可如(11)式所示。

$$(B_t - B_{t-1}) - R_{t-1} - r_{t-1}B_{t-1} + (X_t - M_t) + TR_t < R^* \quad (11)$$

　　资本流入　　外汇储备　外债利息　　贸易收支　　转移收支

由(11)式可知,如果不等式右边 R^* 小于其左边部分,该国将发生国际收支危机。其危机产生的原因在于:① 本期新增资本流入；② 外汇储备不足；③ 支付外债利息；④ 贸易逆差；⑤ 海外经常转移收入不足等。反过来说,在新增资本流入无限制可持续的状态下,因为经常能确保在外汇储备的下限以上的资本流入(即 $R_t > R^*$),所以不会发生国际收支危机。应用(11)式可以说明 1997 年亚洲金融危机前后的国际资本流动所带来的不同结果。从 20 世纪 80 年代后期至 1997 年,随着资本交易自由化的进行,大量的国际资本流向东亚地区,此时期的新增资本流入($B_t - B_{t-1}$)规模很大,可以满足 $R_t \geq R^*$ 这个制约条件,所以在 1997 年之前出现了所谓的"东亚奇迹"。但在 1996—1997 年间,大量国际资本同时急剧外流,形成了($B_t - B_{t-1}$)为负值,中央银行的外汇储备下降超过了外汇储备下限临界值 R^*,所以爆发了东亚金融危机。

因此,从国际资金循环的动态角度看,建立防范国际收支危机的统计观测体系应考虑如下内容:国际资本流动适度规模,汇率浮动临界值,适度储备规模,健全的金融体制,开放市场程度,有效控制利用外资,控制外债规模,稳健的财政体制。

二、IFS 统计与 WEO 统计

在分析国际资金流量的变化时,除了资金循环统计与国际收支统计以外,IMF 定期公布的 IFS 统计与 WEO 统计也是使用价值较高而且比较容易使用的数据。IMF 将各国编制的国际收支统计按照其统计定义进行调整,统一基准后的各国国际收支统计按月报或年报公布在 IFS 上,使用该数据很有利于开展国际资金流量的对比分析。IFS 按照全世界、地区、IMF 加盟国的划分,概要公布各国的汇率(包括实质有效汇率)、金融账户、外汇储备、货币供给、利息变动、物价、工资、生产、雇佣、国际收支以及国民经济核算等。

从对国际资金流量的观测来看,IFS 统计的特点在于数据使用方便和时效性较强,对世界全体与地区的资金流量是通过经常收支、资本收支及外汇储备等大项目反映的。对 IMF 加盟国的统计而言,除了大项目的经常收支与资本收支以外,将资本收支更细地划分为直接投资、证券投资(包括股市投资与债券投资)、其他投资(对外信贷等)。IFS 统计在反映一国外资净流入时采用的是每年的外资流入(新增直接投资、购入证券、新增信贷)减去外资的流出(直接投资的撤资、卖出证券、本金返还),如其值为正,则表明资金净流入,若其值为负,则表明资金净流出。

但是在使用 IFS 统计时有如下两点需要注意:一是 IFS 没有反映在统计期间内出现相反方向的资金流动,如在年度内的信贷资金的返还、年度内购入证券的卖出等短期交易。二是在使用 IFS 统计数据时要注意外汇储备以及由 IMF 提供的信贷部分已经从资本收支中扣除掉,在使用相关数据时应予以注意。

在 IMF 公布的国际金融统计中,WEO 统计在观察国际地区间的资金流动时也具有较高的使用价值。WEO 统计由世界全体、各地区及各国的统计表构成。该统计既包括了由非洲、中东欧、前苏联独联体、亚洲发展中国家、不包括中国与印度的亚洲*、中东以及南北美洲构成的新兴市场国家统计,也包括了先进国家

---

* 根据 IMF 的分类,中国与印度属于"亚洲发展中国家"。

的统计。其主要统计有包括了 GDP 在内的生产统计、物价、金融、中央政府财政收支、国际收支、对外债务以及资金流量统计的时间序列。该统计可以在互联网上免费下载、使用方便。[①]

三、BIS 统计

随着资金流动的全球化,有关国际资金流动规模的信息与国际资金流动风险的信息越来越受到关注,先进国家的中央银行与国际清算银行都加强了对国际金融交易的统计观测。其中,国际清算银行通过国际资金交易统计(Quarterly Locational International Banking Statistics)、国际信贷统计(Quarterly Consolidated International Banking Statistics)、每三年一次的外汇交易期货市场调查(Triennial Central Bank Survey of Foreign Exchange and Derivatives Market Activity)、定期期货交易统计(Regular Derivatives Market Statistics)来把握由先进国家向发展中国家的资金流动和银行信贷。因篇幅所限,这里只讨论与银行信贷有关的国际资金交易统计与国际信贷统计,说明其特点及相互关系。国际资金交易统计与国际信贷统计都是着眼于银行部门的对外资产/负债,说明跨国交易所带来的国际资金流量的状况的统计,但所要调查的金融交易的种类、其中的细分类、金融机构的统计范围以及调查频度有所不同。

国际资金交易统计始于 20 世纪 70 年代,在 2005 年其统计范围包括 38 国及地区(以下称为统计加盟国),是从全球角度反映银行部门的对外债权/债务变化的季度统计。该统计的目的在于把握国际金融市场中的银行部门的资金流动,了解统计加盟国所在的银行向哪国或地区(包括非统计加盟国)运用了资金,从哪国或地区筹集了资金。国际资金交易统计按照所在地原则将其统计对象划分为:① 银行的跨国交易;② 非跨国的外汇交易所产生的记入资产负债表的债权/债务;③ 与各银行的海外分行及海外所在地法人的交易所产生的债权/债务。但不包括非跨国的以本币计算交易所产生的记入资产负债表的债权/债务。统计申报的基准时点为每季度末,以百万美元为单位,美元以外的货币按各统计申报基准时点的月末终值的汇率换算为美元。主要统计项目包括:

---

① http://www.imf.org/external/pubs/ft/weo/2005/01/index.htm。

①资金交易对方的国家或地区(约130个国家或地区)。②交易对方的部门分类,交易对方除银行部门外,还有非银行部门分类;此外,银行部门分类中还包括亚洲开发银行等地区性开发银行、中国香港地区金融管理局等通货当局以及外国的中央银行等。③交易货币分类,根据交易使用的货币,按美元、英镑、瑞士法郎、欧元、日元、其他货币分类。统计公布的时点为统计申报基准时点后的4个月。

国际信贷统计是受1982年拉丁美洲债务危机的影响建立的。当时受债务危机的影响,先进国家的中央银行一致认为有必要加强对各国银行的国际信贷业务的监控,在1983年由国际清算银行创建了全球性银行信贷统计。其统计范围包括30个国家与地区,是从全球角度反映银行部门的国际信贷状况的季度统计。国际信贷统计的目的在于把握其统计加盟国的银行向哪些国家或地区(包括非统计加盟国)进行了资金信贷,以及资金流量的流向和规模。该统计最初以新兴市场国家的银行信贷为观测对象,以后将发展中国家的银行信贷与先进国家之间的银行信贷也纳入统计观测对象。此外,从2005年开始对资金流动的"国家风险"的处理有所更改,除继续按信贷发生所在地的计算原则(按信贷对象的所在地对地区和国家的分类,比如日本的商业银行向在美国的日资企业的贷款,向在美国的美国企业贷款都作为向美国的信贷处理)统计外,还按最终风险发生地的计算原则统计(不按信贷对象的直接所在地划分,而是以信贷的最终风险发生地为分类基准计算,比如对英国金融机构驻纽约分行贷款,不视为向美国信贷,而作为对英国信贷处理)。按最终风险原则处理可以不考虑信贷对象的直接所在地,实际上可以具体掌握向哪国提供了多少信贷,增加了国际信贷统计的项目。

该统计申报基准时点、统计的货币单位、统计公布的时点与国际资金交易统计相同。主要统计项目包括按所在地原则统计的银行信贷与按最终风险原则计算的银行信贷。按照所在地原则将一国双向跨国信贷以及按非所在地货币计算的对所在地信贷余额分类为:①资金交易对方的国家或地区(约120个国家或地区);②信贷契约期间(一年以内,一年至两年,两年以上);③交易对方的部门(包括公共部门、民间银行部门、民间的其他部门)。按照最终风险原则对一国双向跨国信贷以及向所在地信贷存量的统计分类与按所在地原则的分类基本相同。

国际资金交易统计与国际信贷统计的共同点在于二者都是以记入银行的资产负债表的信贷为统计对象,但二者又各有其特点。国际资金交易统计的特点在于以下三点:① 可以综合把握包括主要先进国家在内的统计申报国通过银行部门的跨国资金流动;② 是把握国际银行交易时各种货币使用状况的唯一统计;③ 按所在地原则计算的数据与国际收支统计体系相吻合,两种统计综合使用便于开展分析。与此相比,国际信贷统计的特点在于:① 可以系统地掌握各统计申报国的银行所持有的对特定国家和地区的信贷风险的程度;② 可以把握有关信贷的偿还期限以及信贷对象的比较详细的信息。

四、IIF 统计

IIF 是世界上唯一的金融机构全球性组织,为应对 20 世纪 80 年代初的国际性债务危机于 1983 年成立,由世界上 60 多个国家的 320 家民间金融机构组成。IIF 统计是以国际收支为基础的反映国际资本流动的加工统计,其统计范围包括由非洲、中东、亚太地区、中国、欧洲、拉丁美洲等 29 个国家构成的新兴市场国家。IIF 向参加该组织的金融机构定期提供各种金融统计信息,其中广为注目的统计为每年公布三次的关于新兴市场国家的资本流动报告(Capital Flows to Emerging Markets Economies)。

IIF 统计的特点及其与其他统计的关系可归纳如下。IIF 统计与国际收支统计相对应,表明在新兴市场内的国际资本流量以何种形式、多大的规模调节经常收支顺差或逆差。除将外资流入的资金来源区分为民间性资金与公共性资金外,又按照资金流入的方式细分为直接投资、证券投资、商业银行以及非银行机构等,综合反映有关国际资本流动规模的信息与国际资本流动风险的信息。使用 IIF 统计可以展开经常收支与资本收支对应关系的分析、国际资本流入的风险分析,以及对不同国际地区做国际资金循环的比较分析。

五、GDF 统计

GDF 统计是世界银行为促进发展中国家的经济发展,衡量其作为国际资金流量的政策调节银行所发挥的作用,以及公布发展中国家对外债务的统计年报。该统计到 1996 年为止冠以世界债务表(World Debt Table)之名,是了解世界各国之间资金流动的最重要的统计。在1997年,该统计更名为GDF统计,其统计范围覆盖了全世界各国,统计内容也更加充实,从其统计包括的范围与丰富的数据种类看堪称世界唯一的国际金融统计的宝库。

GDF统计由分析与汇总表及各国统计表两部分组成。分析与汇总表除包括对148个发展中国家的债务统计数据外,还刊登对发展中国家在国际金融交易方面最新动态分析的文章。各国的统计表是根据1951年创设的债务者申报制度(The Debtor Reporting System,DRS)将各国申报的债务统计汇总编制的,其中还特别刊登了138个国家所申报的关于政府债务与公共性契约债务的对外债务。对于没有加入DRS且不具有公共性契约的民间长期债务及短期债务,主要是通过BIS统计、OECD统计以及其他机构的债务数据收集系统从融资国取得相关信息来推测发展中国家的对外债务合计。此外,在按不同地区、不同收入水平统计分组的债务统计中,也包括各个国家的相关债务与资金流动的统计。

GDF统计的债务数据通常由借债国按本国货币向世界银行申报,所以需要将其换算为美元(以100万美元为单位)编制汇总表。其中流量数据按年平均汇率换算,存量数据按年末汇率换算,所以每年债务存量的增减与净流量(债务供给−债务返还)不相等。同样,包括尚未提供贷款在内的债务存量的增减与债务合同中扣除了返还额的净债务值也有差异。在汇率变动较大的年份二者的差异也会较大。

GDF统计的汇总表所包括的地区为全部发展中国家、东亚/太平洋地区、欧洲/中亚、拉丁美洲/加勒比海地区、中东/北非、南亚、撒哈拉/非洲、低收入国以及中等收入国。对各国的统计表则包括了按照DRS统计申报的138个国家。每一地区或国家的资金流动信息量由4页纸表示,所反映的基本统计信息由10部分构成。第1部分为债务概要,表示总对外债务存量、长短期债务、总债务流量、利息返还等;第2部分为净资产流量与净转移;第3部分为主要经济指标,包括国民总收入、商品服务进出口、国际储备以及经常收支;第4部分为债务指标,包括总对外债务/出口、总对外债务/国民总收入、本利返还额/出口、总利息支付额/出口、总利息支付额/国民总收入、国际储备/总对外债务、国际储备/进口、短期债务/总对外债务、可转让债务/总对外债务、多国间债务/总对外债务等;第5部分为长期债务,主要包括长期债务的存量与流量以及各项构成;第6部分为长期债务的货币构成,主要由国际硬通货(7 种)、多种货币、SDR(特别提款权)以及其他货币构成;第 7 部分为债务转换,如商业银行债务转化为股份制;第 8 部分为各年度对外债务存量与流量的调整;第 9 部分为新契约债务的平均借款条件;第 10 部分为从债权方表示的上年度末的长期债务存量的契约,主要区分为公共型债权者与民间型债权者。

对上述 10 部分统计中的长期债务的存量是按照期末余额计算的,流量是根据本期内新增贷款,本金返还额,有关债务的净流量、转移以及利息支付额表示的可以动态地把握长期债务的资金流动。

六、OECD 统计

相对于 GDF 统计主要以发展中国家为统计对象而言,OECD 统计则以发达国家与中等收入国家为观测对象,主要包括 30 个发达国家及欧元区(Euro Area)。OECD 在统计方面主要的职责为从加盟国家的统计局收集统计数据进行统计分析,制定国际统计标准以及与其他国际组织协调相关的统计业务。OECD 公布的统计中与国际资金循环相关联的统计有国民经济核算(National Accounts of OECD Countries)与主要经济指标(Main Economic Indicators, MEI)。

OECD 的国民经济核算由加盟国的年度表、季度表以及比较表构成。年度统计分为六部分。第 1 部分是从名义价格与不变价格两方面以本国货币为单位计算的加盟各国的国民经济核算的主要指标,内容比较详细。第 2 部分是为了进行国际比较,将加盟国家货币换算为美元的比较统计,包括名义价格与不变价格、名义汇率与不变汇率、数量指数与价格指数的有关 GDP 以及 GDP 构成的各种指标。其目的并不在于反映各国货币的国内购买力,而是强调 GDP 以及 GDP 各构成要素在各国间的可比性。第 3 部分是按照购买力平价(Purchasing Power Parities, PPP)计算的比较表,使用这些数据可以就加盟国之间的最终生产产品及服务直接比较。第 4 部分是表示汇率、对 GDP 购买力评价以及人口的统计。第 5 部分及第 6 部分是对 93SNA 主要项目及产业分类的解释说明。

在进行国际资金循环的实物交易部分的国际比较分析时,OECD 的 SNA 统计是很有使用价值的数据。特别是使用各国的 GDP 统计与资金循环统计做国际比较时,OECD 统计不仅有相同的交易项目及部门分类,而且在处理不同货币单时既可按美元汇率统一表示,也可按 PPP 换算,使用数据方便。

此外,OECD 每月公布的主要经济指标不仅包括加盟国的货币供给、长短期利息、物价指数、实质有效汇率、购买力平价、股市指数、国际收支以及国际金融,而且还包括非加盟国的巴西、中国、印度、印度尼西亚、俄罗斯及南非的相关经济指标。主要经济指标分别给出过去 4 年的年度数据、季度数据以及上年度的月度数据,在进行短期的国际资金循环分析时可参考使用。

七、美国的国际资本流动统计

20 世纪 90 年代以来的国际资本流动是以美国为中心循环的,为了观察国际资本流动,除了上述国际组织公布的有关国际资金流量统计以外,对美国的国际资本流入及流出的统计观测也是必不可少的。因此,由美国财政部及美联储编制并每月公布的资本流动统计(Treasury International Capital,TIC)是很有参考价值的。

TIC 统计始于 1935 年,是反映美国的居住者(包括在他国有公司本部,在美国设有分公司的机构)与外国居住着(包括美国企业的海外分公司)越境金融资产的流动及证券投资变化的统计。该统计根据交易主体的不同区分为 5 部分,按月、地区和投资种类发布统计信息。其统计范围有异于国际收支,既不包括与海外分公司交易等企业内部的国际资本交易,也不包括美国政府的资本交易。就按地区统计分类而言,是按直接发生地原则处理。比如证券买卖仅仅是按照直接买卖当事者的国籍/居住地进行地区分类,并不一定会反映本来实际交易主体的国籍/居住地(比如从美国预购法国的股票在伦敦的证券公司得以交易时,投资对象地区并不是法国,而是记录为英国)。该统计信息可以在互联网上检索,其统计数据按照交易主体分为以下 5 部分。

(1)银行/信贷金融机构、证券公司等的对外负债的变动。

(2)银行/信贷金融机构、证券公司等的对外资产的变动。

(3)上述(1)与(2)的按美元交易的补充信息(仅在每年的 6 月及 12 月公布)。

(4)进出口商、工商业者、其他金融机构(银行/信贷金融机构、证券公司等以外的部门)的对外资产/负债的变动。

(5) 长期(契约期超过1年、短期证券投资不在统计对象之列)的对国内外投资(新发行债券及以往发行债券都包括在内)。

TIC 统计系统包括月度、季度、年度的统计数据,不仅可以反映长期证券投资的趋势,也可以观测短期对美投资的变化,而且可以掌握按地区、按投资商品等分类的较详细的统计数据。与只能得到年度或季度数据的国际收支相比,TIC 统计可以及时观察资本市场及国际资金循环的变化。在以美国为中心的变化激烈的国际资金循环中,为了准确地把握美国的资本流入及流出的动向,以及对汇率市场的影响,滞后2个月可以详细反映国际资本流量的 TIC 统计,当然是利用价值较高的统计信息源。

第四节 国际资金循环统计的展望

在金融交易方式不断创新、国内金融经济与实物经济比例不断加大、国际资本流动规模不断扩大的资金流动全球化的趋势下,将国内资金流量与国际资本流动结合起来从国际资金循环的视野分析宏观经济的发展日趋必要。为此,利用现有的资金流量统计、国际收支统计以及国际金融统计建立国际资金循环分析的统计体系有着很现实的意义。以上根据国际资金循环分析的理论框架,归纳整理了有关国际资金循环分析的统计观测体系。其中资金流量统计与国际收支统计是开展本国的对外资金循环以及国际资金循环分析的基础数据。IFS 统计与 WEO 统计依照 IMF 的统一国际标准定义有关国际收支以及资金流量等统计,适用于对国家之间、某地区之间的国际资金循环的国际比较。BIS 统计侧重于观察从发达国家向发展中国家的通过银行信贷的资金流动,应用 BIS 统计可以分析从发达国家向发展中国家资金流动的流量、规模以及某特定国家或地区的信贷风险。IIF 统计重点反映新兴市场国家的资本流动,运用 IIF 统计可分析经常收支与资本收支的对应关系、国际资本流入的风险以及新兴市场国家的国际资金循环的特征与问题。GDF 统计的统计范围几乎覆盖了所有发展中国家,侧重于反映发展中国家的外债状况,既包括流量统计,也包括存量统计,时间序列较长,且统计项目较多,内容丰富,适用于分析发展中国家由于债务引起的国际资本流动,预测发展中国家的债务危机与经济发展。OECD 统计的对象为发达国家与中等收入国家,由于使用 SNA 概念的交易项目与部门分类,以及按照购买力平价计算相应的经济指标,使用 OECD 统计便于结合实物经济的发展分析相关国家或地区的国际资金循环,特别适用于短期国际比较分析。最后,使用美国的 TIC 统计可以了解以美国为中心的国际资本流动的基本态势,分析国际资本流动变动对汇率市场的波及效应以及对全球经济的影响。

第六章 国际资金循环分析的理论模型与应用
——中国对外资金循环的特点及问题

引 言

1996年,以美国的 John C. Dawson 为主编,出版了包括诺贝尔经济学奖得主 James Tobin 等在内的20余位经济学家撰写的《资金流量分析》(John C. Dawson, *Flow of Funds Analysis, A Handbook for Practitioners*, M. E. Sharpr, 1996),论述了从20世纪50年代至90年代中期的关于资金流量核算方法、理论研究及分析方法。2004年,在日本建立资金流量统计50周年之际,以回顾资金流量分析的发展、用最新的研究成果推动资金流量分析方法应用为目的,在日本出版了有关资金流量分析前沿问题探讨的论文集(迁村和佑主编,《资金循环分析的轨迹与展望》,庆应义塾大学出版会,2004)。该论文集包括资金流量分析的学说史、日本经济发展与资金循环以及资金循环的国际比较三部分。将计量分析方法、投入产出方法引入资金流量分析,并展开资金流量的国际对比分析是该书的一大特点。中国国家统计局与中国人民银行从1987年开始研究试算资金流量统计,在1998年建立资金流量统计制度,至今已经公布了从1992年至2004年的年度数据。王传纶(1980)最早在中国介绍了资金流量分析方法,90年代中期贝多广(1995)、李扬(1998)等研究中国资金流量的代表性论文陆续问世。[①]

但是,资金流量分析往往将国内部门与海外部门区分开来,侧重于观测国内各部门的资金筹集与使用,忽视了在开放经济条件下的国内资金流量与海外资金流动的内在关系。90年代以来,随着资金流动的全球化,国际资本流动的规模急剧扩大,占GDP的比重越来越高,中国的国际资本流入与资本流出总量占

[①] 贝多广、骆峰,"资金流量分析方法的发展和应用",《经济研究》,(2),2006,pp.100—101。

GDP 的比重从 1998 年的 7.1% 上升至 2004 年的 20%。① 因此从国际资金循环的角度把握国内资金的流量及流向日趋必要,研究国际资金循环的变化以及建立分析模型具有很现实的意义。

本研究在参考上述先行研究文献的基础上,试图结合中国对外资金循环的实际状况,将国内部门与海外部门结合起来,将国内资金流量与国际资本流动衔接起来,从储蓄投资流量、对外贸易流量、对外资金流量三方面归纳国际资金循环分析的理论框架,建立起国际资金循环分析的理论模型,探讨中国对外资金循环变化的特点及问题。

第一节 国际资金循环分析的理论框架

根据对先行研究文献的追溯及分析,我们可将有关国际资金循环的相关概念整理归纳如下:国际资金循环包括储蓄投资流量、对外贸易流量、对外资金流量三个相互衔接的组成部分。资金流量表中的国内部门的资金盈余或不足是通过其海外部门的净金融投资与国际收支的经常账户调整的,而资金流量表中的海外资金流出和流入与国际收支的资本账户相对应,因此将资金流量表海外部门的资金流量与由国际收支所引起的资金循环称为国际资金循环。由此可知,国际资金循环分析将国内储蓄投资差额与海外部门的资金余缺相联系,观察为调节经常收支所引起的国际资金流动,从储蓄投资流量、对外贸易流量以及对外资金流量的变化考察实物经济与金融经济的联系,国内资金流量与国际资本流动的相互影响,以及各国在经常收支与资本收支方面的相互关系;根据国际资本流动的机制从动态的角度反映资金流量从不均衡向均衡状态发展变化的连续调整过程。国际资金循环分析是资金流量分析领域中对外资金流量分析的延伸,是由国内资金循环向国际资本流动的分析视野的扩展。国际资金循环分析根据研究对象与目的可将世界经济划分为若干的特定地区,从宏观角度系统地观察国内、国际地区间的贸易流量与资金流量的变化。

---

① 中国人民银行,《中国人民银行统计季报》,2005;国家统计局,《中国统计年鉴》,2005。

第六章 国际资金循环分析的理论模型与应用

在开放的经济体制下,国际资金循环分析涉及所有资金信贷的市场交易。具体来讲包括银行等金融机构、信贷市场、证券市场、外汇市场、海外金融市场(Offshore Market)等。从一国的对外资金循环的构成来看,在资金来源方面,有国内储蓄与银行的信用创造所形成的国内资金,以及海外的资金流入。在资金使用方面,有对国内经济的资金供给以及向海外的资金流出。将对外资金循环与国际收支结合起来看,如果经常收支是顺差,对国内部门而言是市场资金的净流入,对国外部门而言则为资金的净流出(资本输出)。这是从事后净值(Net Base)来看的平衡关系,也就是"经常收支顺差与资本收支逆差"这种类型的市场资金平衡关系。在开放的经济体制下,国内经济的储蓄投资差额与国际收支的经常收支项的差额相对应,而经常收支的顺差与资本收支逆差(包括外汇储备增减)是相一致的。也就是说,国内部门的过剩储蓄资金流入广义金融市场,成为对国外部门的资金供给及外汇储备增加的资金。根据上述对外资金循环分析的理论结构,我们将开放经济体制下的资本输出类型的资金循环过程所存在的"事后"的均衡,即国内的储蓄投资差额、资金盈余或不足、对外收支、金融市场平衡以及对外金融资产增减变化的关系,归纳为以下五个基本均衡关系式。

储蓄投资差额与经常收支:

$$S - I = \Delta FA - \Delta FL = EX - IM \tag{1}$$

对外贸易流量均衡:

$$EX - IM = (FO - FI) + FRA \tag{2}$$

广义金融市场均衡:

$$FO_d + FO_o + FRA = FI_d + FI_o \tag{3}$$

将上式变形可得到如下均衡式:

$$FO_o - FI_o + FRA = FI_d - FO_d$$

对外资金流量均衡:

$$NFO_o + FRA = NFI_d \tag{4}$$

对外资金流量与资本收支:

$$(FO_o - FI_o) = DI + PI + OI + CAA \tag{5}$$

其中,S 为总储蓄,I 为总投资,ΔFA 为金融资产增减,ΔFL 为金融负债增减,EX 为出口,IM 为进口;FO 为资金流出,FI 为资金流入,FRA 为外汇储备,FO_d 为国内金融负债,FI_d 为国内金融资产;FO_o 为国际资本流出,FI_o 为国际资本流入,且 $NFO_o = FO_o - FI_o$,$NFI_d = FI_d - FO_d$。

(4)式的右方表示国内部门金融资产净增,是资金流量账户的资金盈余或不足项目,是与国际收支的经常收支相对应的。而左方表示对外资金净流量加上外汇储备增减,其中对外资金净流量则与国际收支的资本收支相对应。由国际收支的定义可知,其资本收支由金融项目[直接投资(DI) + 证券投资(PI) + 其他投资(OI)]与资本项目(CAA)构成,所以对外资金净流量与资本收支的关系可表示为(5)式。由(5)式可知,对外资金流量的规模与流向主要取决于直接投资、证券投资、其他投资以及资本项目的变化。资本项目包括移民转移与债务减免等,由于数额较小,暂不列入本研究分析的范围。由上述均衡式可知,当国内储蓄超过国内投资时,经常收支为顺差,以资本收支的流出或外汇储备增加的形式使该国对外净资产得以增加。反之,在经常收支为逆差时,最终只能通过减少外汇储备或增加对外负债来填补其逆差,这一过程也就是资本收支的变动。上述均衡式可表明储蓄投资缺口、资金盈余或不足与国际收支的均衡关系,以及对外资金流量的构成,并由此归纳出国际资金循环分析的理论框架。下面我们就根据这一理论分析框架,首先分析中国对外资金循环的基本特点,在此基础上建立国际资金循环分析的理论模型,并展开计量分析。

第二节 中国对外资金循环的基本特点

自20世纪90年代以来,我国投资逐年递增,但储蓄增长超过投资,除1993年净储蓄为负数外,储蓄大于投资的储蓄缺口由1992年的276亿元增至2004年的4 079亿元,年均储蓄净差额为1 911亿元。[①] 而且经常收支与储蓄缺口的变动方向一致,除1993年外,经常收支持续保持顺差,年均经常收支顺差为1 755

---

① 国内总储蓄取自《中国统计年鉴》的资金流量表(实物交易),投资取自支出法GDP里的资本形成总额。经常收支根据《中国统计年鉴》数字按当年美元汇率折算为人民币,实际推算时($S - I$)与CA略有误差。

亿元,20世纪90年代我国的经常收支保持了基本良好的走势。由于经常收支顺差的逐年增长,外汇储备余额也由1992年的194亿美元增至2004年的6099亿美元。因此在中国并不存在发展中国家常受到的储蓄与外汇不足双重约束的困扰。13年来累积总额达到434885亿元的国内储蓄理应成为我国企业部门与政府部门资金筹集的主要来源,成为我国资本形成和经济增长的有利条件。

根据上节(4)式,笔者对中国人民银行公布的资金流量表中海外部门的数据进行了统计分组,其整理计算结果如表6-1所示。

由表6-1可知,从资金流入看,在国内净储蓄额逐年增大的同时,以直接投资为主的国外资金流入量亦是大规模连续增长,由1992年的1667亿元增至2004年的8712亿元,13年间流入资金总额为60385亿元。从资金流出看,作为发展中国家,中国对外的资金流出也保持了逐年递增的趋势,在2000年高达4643亿元。但此后资金流出规模逐年下降,在2004年更是降为-551亿元,13年间国内资金流出总额达到27732亿元。从国外资金流入扣除国内资金流出的净值看,除1992年与1998年外基本保持了资金净流入的状态,即持续资本收支顺差,从1992年的-14亿元上升到1996年的3313亿元。但东亚金融危机后资金净流入急剧降至-454亿元,在2001年恢复到东亚金融危机前的规模,2004年达到最高值9263亿元。从整体看,13年间通过直接投资及银行信贷等形式的资金净流入规模达到32654亿元,年均净流入量为2512亿元。

但是如表6-1下半部分所示,在国外资金净流入、经常收支与资本收支持续双顺差的同时,由于外汇储备的增加、误差遗漏项的扩大,净金融投资多为负数(1993年除外)。根据上节(1)式可知,净金融投资是与储蓄缺口及经常收支相对应平衡的科目。由于国外部门表示的资金来源和使用关系与国内部门相反,国外部门净金融投资为负数意味着我国对外资金供给的净增。从资金运用形式看,表现为国内资金流出大于国外资金流入,形成资金净输出的结果。20世纪90年代,我国在大力引进外资的政策下,资金流入呈大幅度增加趋势。但另一方面,由于年均外汇储备增加3779亿元、年均误差遗漏478亿元的存在,我国对外资金循环最终呈现出资本输出型的资金循环模式。从整体看,13年来中国资金净输出持续增长,其规模迅速扩大了16倍,资金净输出总计达到22691亿元,年均净输出量为1745亿元。特别是在东亚金融危机后,中国的净金融投资呈大规模的增长趋势,在2004年达到了最高值5682亿元。分析结果表明,90年代以

表 6-1 中国对外资金流量的变化

(单位:亿元)

	1992	1993	1994	1995	1996	1997	1998	1999	2000	2001	2002	2003	2004
资金流入(A)	1667	2929	5326	5654	5901	5005	2976	3808	4877	3488	4236	5807	8712
资金流出(B)	1681	1604	2514	2427	2588	3109	3431	3041	4643	557	1464	1224	-551
净流入($A-B$)	-14	1325	2811	3228	3313	1896	-454	767	234	2931	2772	4583	9263
外汇储备(C)	117	-102	-2631	-1877	-2632	-2961	-532	-704	-873	-3917	-6250	-9686	-17080
误差遗漏(D)	-456	-565	-832	-1487	-1294	-1405	-1372	-1361	-1056	-450	550	1377	2135
净金融投资 E	-353	658	-652	-137	-612	-2471	-2359	-1298	-1696	-1436	-2928	-3726	-5682

注:$E=(A-B)+C+D$;国际储备的增加记为负数。

资料来源:中国人民银行,《中国人民银行统计季报》。

来中国对外资金循环中同时并存着大规模的国际资本流入与国内资本流出,以及由于外汇储备及误差遗漏的增大所引起的国内资金净输出的状态。

但是,如分析储蓄投资差额与经常收支均衡关系时的计算结果显示的那样,同期的年均经常收支顺差为1 755亿元,但年均外汇储备为3 779亿元,也就是说,外汇储备在以超过经常收支顺差的规模增长,即年均有近2 024亿元,外汇储备增长的53%是来自资本收支顺差,通过金融项目下的证券账户实现的。观察这13年的数据不难发现,外汇储备来源结构已经发生了本质的变化,资本收支已经取代经常收支成为我国外汇储备的主要来源。应当注意的是,由经常收支顺差而增加的外汇储备与由资本收支顺差而增加的国际储备在性质上是完全不同的,前者是实在的金融资产的增加,后者则是一种不稳定的国际支付手段。由于外汇储备的很大部分是美国国债,这13年来实质上形成了由中国充当净贷款人,美国充当净借款人,由中国向美国资金净输出的资金循环的怪圈。应当指出的是,外汇储备是维持货币稳定的重要手段,但应充分认识到持有外汇储备的收益性及风险成本,外汇储备绝非多多益善。作为发展中的中国,西部开发需要大量资金,向海外筹集资金时要负担汇率变动及风险保险等高利息,应考虑外汇储备的收益性、流动性、风险成本以及持续稳定发展的长期战略来调整外汇储备规模。

在上述计算的均衡式中,年均478亿元的误差遗漏是一个不确定的但又不可忽视的存在。误差遗漏是编制国际收支表时由于资料不完整等原因造成的。不过中国的误差遗漏项过大,在一定程度上会影响政策当局对国际收支及对外资金循环的准确认识。由于我国尚未开放资本市场,可以认为误差遗漏中包括大部分无法统计的资本逃避所引起的国内资本外流。一方面有高成本引进的年均2 512亿元的国外净资金流入的存在,另一方面又有年均约478亿元的国内资金以资本逃避的方式流失于国外,使国家丧失了应得的收益。这不外乎是另一种形式的资金循环的怪圈。误差遗漏项在2001年以前为负数,但是在其后变为正数,即资本逃避的方向发生了变化,由2001年以前的资本流出转变为其后的资本流入。从资本逃避方向性的变化可以看出资本逃避与人民币汇率市场预期有显著关系。在1997年亚洲金融危机后,由于市场预期人民币贬值,产生了大规模的资本逃避形式的资本流出。但在2002年后,由于市场预期人民币升值,结果又出现了以热钱等为形式的国际资本流入。尽管中国尚未开放资本市场,国际资本流动的自由化程度不高,但大规模不稳定的资金流入和流出与新兴市场的资金流向表现为相同的走势。

中国资金循环所产生的怪圈既是国内金融体制问题所导致的结果,也有国际环境变化对中国资金循环的影响。国内的问题主要可归纳为利用外资效果下降、商业银行不良贷款、内外资差别待遇导致资本逃避、人民币汇率市场预期以及金融体制改革的滞后等原因。国际资本流动对中国资金循环的影响有美元本位制的局限性、国际金融体制的脆弱性、不成熟的金融市场等。详细论述请参见笔者 2004 年的研究[①],限于篇幅在此不再展开。

第三节 计量模型的建立

一、模型的基本结构

为了系统地解释对外资金循环的流向、流量及动态变化,有必要从储蓄投资流量、对外贸易流量、对外资金流量三方面,按照理论分析框架,建立国际资金循环分析的计量模型。

国际资金循环模型是根据 IS-LM 理论以及一般均衡论,参考蒙代尔·弗莱明模型建立的。现实的资金循环中由于资本流动、利息、股价、汇率等各变量变动频繁,收集金融统计数据的时效性等原因,实际上很少有计量推测值与均衡值相一致的状况。所以该模型并非要反映一国短期资金循环的均衡,而是基于处于动态之中的资金循环向均衡状态的调整过程来设计的。此外,即便在某一时期当经济整体的资金需求达到均衡时,其各经济主体部门仍然会有可能处于非均衡的状态。基于这些考虑,建立国际资金循环模型并不在于反映某一时期的资金流量的均衡,其目的更在于结合储蓄投资、对外贸易流量、对外资金流量等各个经济变量,以及采用一些滞后经济变量,来反映模拟资金循环从不均衡向均衡变化的连续调整过程。该模型是试图拟合中长期资金循环的变化以及对外资

[①] 张南,"国际资金循环与中国对外资本流动",《国际金融研究》,(3),2004。

金循环体系中各经济变量依存因果关系的非均衡动态分析模型。该模型根据对外资金循环系统的三方面，分别从储蓄投资、对外贸易流量、对外资金流量的角度建立了如下的联立方程式体系。

结构方程式：

储蓄函数
$$S_t/Y_t = b_{11} + b_{12}Y_{t-1} + b_{13}R_t \tag{6}$$

投资函数
$$I_t = b_{21} + b_{22}Y2 + b_{23}K_{t-1} + b_{24}R_t \tag{7}$$

进口函数
$$IM_t = b_{31} + b_{32}CPI_t + b_{33}Y_t \tag{8}$$

出口函数
$$EX_t = b_{41} + b_{42}REER_t + b_{43}WGDY_t \tag{9}$$

国际资本流入函数
$$FI_t = b_{51} + b_{52}Y_{t-1} + b_{53}PER_t + b_{54}REER_t + b_{55}FDI_t + b_{56}D_t \tag{10}$$

海外直接投资函数
$$FDI_t = b_{61} + b_{62}YR_{t-1} + b_{63}REER_t + b_{64}FI_t \tag{11}$$

国际证券投资函数
$$OPI_t = b_{71} + b_{72}rbond_t^{US} + b_{73}risk_t + b_{74}R_t \tag{12}$$

对外信贷函数
$$OIO_t = b_{81} + b_{82}RFL_{t-1} + b_{83}CA_t + b_{84}R_t \tag{13}$$

预期股市收益率函数
$$PER_t = b_{91} + b_{92}R_t + b_{93}YR_{t-1} + b_{94}risk_t \tag{14}$$

市场利率函数
$$R_t = b_{101} + b_{102}\ln\frac{M_t}{GDPV_t} + b_{103}RCB_t + b_{104}FO_t \tag{15}$$

外汇汇率决定函数
$$REX_t = b_{111} + b_{112}REER_t + b_{113}SR_t + b_{114}EX_t \tag{16}$$

外汇储备函数
$$FRA_t = b_{121} + b_{122}CA_t + b_{123}FI_t \tag{17}$$

资本流出函数

$$FO_t = b_{131} + b_{132}FRA_t + b_{133}PI_t + b_{134}CF_t + b_{135}FFR_t + b_{136}D_t \quad (18)$$

定义式：

对外资金净流量恒等式

$$NFI_t = FO_t - FI_t \quad (19)$$

经常收支恒等式

$$CA_t = IM_t - EX_t \quad (20)$$

GDP 恒等式

$$Y_t = NFI_t + C_t + I_t + G_t \quad (21)$$

根据分析的理论框架，在中国的国际资金循环模型中，从国内储蓄投资平衡的视角设定了储蓄及投资函数。由于中国的资金循环呈现为对经常收支顺差与对外资金净输出模式，从对外贸易流量视角看经常收支顺差的原因在于贸易流量，在建立结构方程式时为明确这一特征设置了进口与出口函数。净出口的扩大产生经常收支顺差，为了从对外资金循环的视角观察国际资金流量从非均衡向均衡连续调整转化的过程，设置了国际资本流入函数。

由第二节的统计分析可知，对中国注入的海外资金逐年增大。根据第一节的(5)式，国际资本流入主要由直接投资、证券投资、其他投资所构成，因此设置了海外直接投资函数、国际证券投资函数、对外信贷函数来推测海外资本流入的变化。根据国际资本移动的收益与风险的驱动机制，为了进一步观测各国财政/货币政策在国际间的波及效应，在该模型里还加入了预期股市收益率函数、市场利率函数、外汇汇率决定函数。同时，在这 13 年中，中国外汇储备激增，为推测经常收支与资本流入对外汇储备的影响设置了外汇储备函数。在此基础上，结合外汇储备增减、投资收益流出、资本逃避、美国金融市场利率变化等要素推导出国内资本流出函数。最后，结合对外贸易流量、对外资金流量以及国内经济变化，为了预测今后的资金循环对经济增长的影响以及做模拟分析，在结构方程式之后又设置了对外资金净流量恒等式、经常收支恒等式以及 GDP 恒等式这三个定义式。①

---

① 以 Y 表示开放经济中的 GDP，则有 $Y = C + I + G + EX - IM$ 的关系式成立。将 $C + I + G$ 定义为国内支出(Absorption)，Y 式的最后两项为经常收支，与资金流量账户海外部门的资金净流量相对应，即有 $CA = NFI$ 这种事后恒等关系的存在。所以为区别国内支出与海外资金流量对 GDP 的影响，用 $Y = NFI + C + I + G$ 这种形式定义 GDP 恒等式。

二、解释变量的选取

根据动态宏观经济学的理论,某时期 t 的个人 h 的储蓄可以表示为利息率与前期所得的函数[1],所以从储蓄投资流量的视角选取 1 期滞后的 GDP 与 1 年期利息为总储蓄率函数的解释变量。此二者与储蓄率的理论关系设定为正相关。根据凯恩斯的投资理论并参考最佳资本存量调整原理,选取了 1 期滞后 GDP 的阶差($Y_{t-1} - Y_{t-2}$)、1 期滞后的资本存量以及 1 年期利率为投资函数的解释变量。使用 1 期滞后 GDP 的阶差旨在反映前期最终需用的变化对投资的刺激效应,使用 1 期滞后的资本存量主要为了观察投资所需资金在本期资本存量与最佳资本存量之间的调整过程。投资与利率的理论关系设为负相关。

对外贸易流量从国内总需求、价格因素以及汇率变化方面进行了统计推测。对进口函数的推测应使用进出口价格指数解释价格变化对进口的影响,由于没有收集到进口价格指数,故采用消费者价格指数代替。理论上可以认为国内消费品价格上升会导致进口增加。对出口函数使用了实质有效汇率(Real Effective Exchange Rate)[2],实质有效汇率上升会导致出口下降。同时为了观测最终需要对进出口的影响,使用了 GDP 作为对进出口变量的解释变量。

在分析期间,我国的资本流入与流出剧增,为了观测对外资金流量变化的原因,本模型分别对国际资本流入与资本流出进行了双向推测,而没有采用通常使用的净流量。为观察长期经济增长、短期市场波动、汇率变动以及国外直接投资对国际资本流入的影响,分别选取了 1 期滞后的 GDP、股市收益率、实质有效汇率以及直接投资为解释变量。其中,对 1 期滞后的 GDP、股市收益率、直接投资与国际资本流入的理论关系设定为正相关,实质有效汇率与国际资本流入为负相关。对资本流出的推测使用了外汇储备、投资收益流出、资本逃避以及美国联邦资金利率(Federal Funds Rate)作为解释变量。由第二节的统计分析可知,外汇储备是中国对外资金流出的主要部分,外汇储备增减影响到国内资本流出规

---

[1] George T. McCandless Jr. with Neil Wallace 著,川又邦雄等译,*Introduction to Dynamic Macroeconomic Theory*,创文社,1993,pp.38—40.

[2] 实质有效汇率是将主要出口国/地区的货币汇率用该国/地区的物价指数实质化后,再按海关出口比重加权平均计算的汇率,可以比较实际地反映该国的汇率水平。

模以及经济的稳定增长,与资本流出的理论关系为正相关。投资收益流出取自国际收支表经常项目中的投资收益。投资收益包括直接投资、证券投资与其他投资的收益与支出,以及直接投资收益的再投资。此指标从 1993 年以来一直为负数,且逐年递增,表明投资收益对外净支出增大,是造成大量资本流出的一个负面因素,影响到经济稳定增长。此外,数据显示在分析期间外流的中国资本多流向美国,故选取美国联邦资金利率为解释变量,观测美国利率变动对中国资本外流的影响。此外,在分析期间外汇储备剧增,到 2006 年 3 月底增至 8 751 亿美元①,为推测外汇储备增长选用了经常收支与资本流入为解释变量。

为了考察市场因素对海外资本流动的影响,建立了市场利率函数。根据宏观经济理论,市场利率的变化取决于货币供给、经济增长、中央银行基准利率(Rates of Central Bank)以及国际资本流动。在推测时,将货币供给作为外生变量,采用(M_2/名义 GDP)并取自然对数的形式。(M_2/GDP)的形式称为马歇尔的 K 值,在分析一定时期对交易量或所得总额的货币供给量是否适当时常用到此指标,是表示经济活动水平的代表性指标。②

从表 6-1 的数据可看出,在 1997 年亚洲金融危机前后中国对外资金循环产生了结构性变化,因此考虑到推测参数的稳定性及可靠性,在模型中对海外资本流入与资本流出的推测设置了虚拟变量。

三、模型推测的特点及数据

通过设置的联立方程式构筑国际资金循环模型可以系统地观测收益因素与风险因素怎样影响国际资金循环,可以观测资金循环体系中的结构性变化因素与循环性变化因素以及对外资金流量的变化如何影响国内经济的增长。如果设定市场利率的变化、汇率的涨幅、经常收支的增减、美国金融市场利率的变动,可以模拟预测海外资本流入与资本流出的规模以及对经济增长的影响。

---

① 中国人民银行新闻公告,http://www.pbc.gov.cn/detail.asp?col=100&id=1772,2006 年 4 月 15 日。
② 馆龙一郎,《金融辞典》,东洋经济新报社,1994,p.32、p.125。

在构筑中国的对外资金循环模型时,理论上设计了13个结构方程式以及3个定义式。但在实际建立模型以及测试模型参数时,考虑到中国尚未开放资本市场的现状以及推测参数的偏差和稳定性,舍去了国际证券投资函数、对外信贷函数以及预期股市收益率函数。

用联立方程式的计量模型推测各个结构方程式的参数时,考虑到同时推测所产生内生变量与误差项的相关问题,本模型推测采用了3阶段最小二乘法(Three Stage Least Squares Method,3SLS)。在用2阶段最小二乘法(2SLS)推测联立方程式体系的结构型参数时假定2个联立方程式的误差项μ_1与μ_2之间不相关。但在用3SLS推测时认为联立方程式的误差项μ_1与μ_2之间存在相关性,首先用2SLS方式推测各个结构方程式,之后利用推测结果所得到各方程式的协方差矩阵,用一般最小二乘法推测各方程式。可以证明3SLS推测值是一致推测量,在各个结构方程式的误差项存在相关性时,3SLS是比2SLS更为有效的推断统计量(William H. Greene,2000)。在进行中国的对外资金循环模型推测时,由于使用2SLS方法得到的各个方程式的协方差矩阵不为零,所以采用3SLS对联立方程式的各个结构方程式进行了推测。

建立模型时由于可使用数据的限制,采用的是1992年至2004年的中国资金流量统计与国际收支统计的年度数据,这两部分统计是按照国际统计标准(SNA体系)编制的,其准确性与国际可对比性应该有一定程度的保证。此外,还使用了IMF的IFS统计等,使用中国GDP统计时采用了经过2004年经济普查调整后的数据。由于中国至今尚无资本存量统计,确定解释变量时参考张军(2003),笔者自行制作了资本存量数据,在数据处理时使用了SAS软件。

第四节 推测的结果及计量分析

使用国际资金循环模型对储蓄函数、投资函数、进口函数、出口函数、国际资本流入函数、海外直接投资函数、市场利率函数、外汇汇率决定函数、外汇储备函数以及资本流出函数的推测结果参见表6-2,各变量定义参见表6-3。

表 6-2　中国对外资金循环模型的推测结果

储蓄率函数					
解释变量	自由度	估计参数	标准偏差	t	$Pr>\lvert t \rvert$
常数项	1	0.043753	0.03719	1.18	0.2732
Y_1	1	0.000002	0.0000002	8.14	0.0001
R	1	0.026773	0.002723	9.83	0.0001
投资函数					
解释变量	自由度	估计参数	标准偏差	t	$Pr>\lvert t \rvert$
常数项	1	-34 615.2	5 027.563	-6.89	0.0002
$Y2$	1	0.478428	0.092649	5.16	0.0013
K_1	1	0.88586	0.045474	19.48	0.0001
R	1	1 697.219	366.1342	4.64	0.0024
进口函数					
解释变量	自由度	估计参数	标准偏差	t	$Pr>\lvert t \rvert$
常数项	1	-9 531.44	997.3921	-9.56	0.0001
CPI	1	69.73398	8.722656	7.99	0.0001
Y	1	0.038123	0.002109	18.08	0.0001
出口函数					
解释变量	自由度	估计参数	标准偏差	t	$Pr>\lvert t \rvert$
常数项	1	1 832.19	436.1712	4.2	0.003
REER	1	-41.2018	5.364421	-7.68	0.0001
Y	1	0.068414	0.001778	5.81	0.0001
国际资本流入函数					
解释变量	自由度	估计参数	标准偏差	t	$Pr>\lvert t \rvert$
常数项	1	9 086.756	2 699.549	3.37	0.02
Y_1	1	0.056308	0.012775	4.41	0.007
PER	1	-3.10092	2.634085	-1.18	0.2921
REER	1	-216.366	31.97071	-6.77	0.0011
FDI	1	3.374798	0.574282	5.88	0.002
D	1	-1 186.51	465.4234	-2.55	0.0513

(续表)

海外直接投资函数

解释变量	自由度	估计参数	标准偏差	t	$Pr>|t|$
常数项	1	-3 949.2	408.5017	-9.67	0.0001
YR1	1	139.0042	8.021643	17.33	0.0001
FI	1	0.140958	0.007698	18.31	0.0001
REER	1	57.91918	3.587181	16.15	0.0001

市场利率函数

解释变量	自由度	估计参数	标准偏差	t	$Pr>|t|$
常数项	1	8.626042	1.238897	6.96	0.0002
MR	1	-10.1647	2.123998	-4.79	0.002
RCB	1	0.156941	0.125606	1.25	0.2516
FO	1	0.000077	0.000032	2.43	0.0453

外汇汇率决定函数

解释变量	自由度	估计参数	标准偏差	t	$Pr>|t|$
常数项	1	8.833047	0.076984	114.74	0.0001
REER	1	-0.00502	0.000583	-8.61	0.0001
SR	1	-0.13278	0.115058	-1.15	0.2864
EX	1	$-2.73E-06$	$3.96E-06$	-0.69	0.512

外汇储备函数

解释变量	自由度	估计参数	标准偏差	t	$Pr>|t|$
常数项	1	4 151.362	699.1684	5.94	0.0003
CA	1	-7.87594	1.710688	-4.6	0.0017
FI	1	-1.44173	0.175694	-8.21	0.0001

资本流出函数

解释变量	自由度	估计参数	标准偏差	t	$Pr>|t|$
常数项	1	2 210.028	668.6175	3.31	0.0213
FRA	1	-0.50888	0.089714	-5.67	0.0024
PI	1	0.047163	0.03333	1.42	0.2162
CF	1	2.256186	0.563783	4	0.0103
FFR	1	854.2071	180.3776	4.74	0.0052
D	1	1 043.989	362.2353	2.88	0.0345

表 6-3　变量定义一览表

变量	定义	单位	区分	出处
Y	中国 GDP	亿元	内生	中国经济普查统计资料
$Y(-1)$	1 期滞后的 GDP	亿元	外生	加工
$Y2$	1 期滞后的 GDP 阶差	亿元	外生	加工
S	总储蓄	亿元	内生	中国资金流量表
I	总投资	亿元	内生	中国资金流量表
$K(-1)$	1 期滞后的资本存量	亿元	外生	加工
EX	出口	亿美元	内生	中国人民银行统计季报
IM	进口	亿美元	内生	中国人民银行统计季报
CA	经常收支	亿美元	内生	IFS
REER	实质有效汇率	%	外生	IFS
REX	人民币汇率	元人民币/美元	内生	IFS
R	1 年期借贷利息	%	内生	中国人民银行统计季报
PER	深圳 B 股指数	%	内生	中国人民银行统计季报
FRA	外汇储备	亿元	内生	中国人民银行统计季报
CF	误差遗漏	亿元	外生	中国人民银行统计季报
FO	国内资金流出	亿元	内生	中国资金流量表
FI	海外资金流入	亿元	内生	中国资金流量表
NFI	净金融投资	亿元	内生	中国资金流量表
YR	经济增长率	%	外生	中国统计年鉴
FDI	海外直接投资	亿元	内生	中国人民银行统计季报
OPI	国际证券投资	亿美元	内生	IFS
OIO	其他投资(负债)	亿美元	内生	IFS
$rboud^{us}$	美国国债收益率	%	外生	IFS
RFL	支付利息	亿美元	外生	加工
risk	负债率	%	外生	中国统计年鉴
RCB	中央银行基准利率	%	外生	中国人民银行统计季报
M_2	货币供给	亿元	外生	中国人民银行统计季报
CPI	消费物价指数	%	外生	中国统计年鉴
PI	投资收益流出	百万美元	外生	中国统计年鉴
FFR	美国联邦资金利率	%	外生	IFS

对推测结果的信赖度的评估指标如下：联立方程式的加权平均标准误差值（Root Mean Squared Error）为 0.83263，加权平均误差值较小，可以认为所推测的模型基本是可信赖的。另外，自由度（Degrees of Freedom）为 70，由于使用的是 1992 年至 2004 年的年度数据，其样本不是足够大，意味着推测结果有一定的局限性。表示联立方程式模型整体拟合程度的加权测定系数（System Weighted R-Square）为 0.9976，应该说模型整体的拟合程度是比较高的。其中加权测定系数的权重取自各个内生变量偏差平方与所有内生变量偏差平方和之比。

从储蓄率函数的推测结果看，前 1 期的 GDP 对储蓄的弹性系数为 0.000002，即 GDP 增长 1 亿元时，国内储蓄率相应增长 0.0002%。因为 t 检验值为 8.14，前 1 期 GDP 对储蓄的弹性系数的推测应该是可信赖的。此外，市场利率对储蓄率的弹性系数为 0.026，即利率上升 1% 时，储蓄率相应增加 2.6%，利率变化对储蓄的影响是比较强的。

从投资函数的推测结果看，$Y2$ 为 1 期滞后 GDP 的阶差（$Y_{t-1} - Y_{t-2}$），当 GDP 增加 1 亿元时，会带动投资增长 0.48 亿元。此推测结果表明，1 单位最终需求的变化仅可带动 1 单位以下的投资，中国最终需求的增长对投资的刺激效应并不是很大，也可解释为扩张性的投资带动了经济增长。1 期滞后的资本存量对投资的弹性系数为 0.88，根据最佳资本存量配置原理，中国企业为了达到最优资本筹集组合，其投资额的 12% 是在前期筹集准备的。此外，市场利率对投资的弹性系数为 1 697.2，根据开放经济体制中资金信贷市场的投资与利息的理论关系，利息上涨意味着金融紧缩，应导致投资降低。但此处对市场利率的推测结果与理论假设出现了相反的结果，意味着市场利率波动对中国投资增长并没有显著影响。20 世纪 90 年代中期作为实施金融紧缩政策的一环，调高贷款利率至 11%，并没有起到抑制投资膨胀的作用。

在观测对外贸易流量与资金循环的变化时，从国内总需求、价格因素以及汇率变化方面观测了对贸易流量的影响，可看到此分析期间中国经常收支持续顺差，对其他国家的出口边际效应大于从其他国家进口的边际效应。中国 GDP 对从他国进口商品的弹性系数为 0.04，但对他国出口商品的弹性系数为 0.07。换言之，中国 GDP 在增长 1 亿元时，可以带来 0.04 亿美元的进口增加，但出口会增长 0.07 亿美元。此推测结果显示在中国的对外贸易流量中存在着结构性的因素，即使排除人民币汇率、外汇储备变化等对外因素，由于这种结构性因素的影响,依然会有相当于 GDP 的 3% 左右的贸易顺差的存在。而这种结构性因素很大程度上可归结为国内的劳动力价格以及贸易政策因素。此外,从价格因素看,消费物价指数增长 1% 时会引发进口增加 69.73 美元。从汇率变化对出口的影响看,推测结果显示实际有效汇率增值 1%①,会使中国出口降低 41.2 亿美元,由此可观测人民币升值对出口的影响程度。

从国际资本流入的推测结果看,1 期滞后的 GDP 对国际资本流入影响的估计值为 0.06,且 t 检验值为 4.41,故可以认为前期 GDP 的增长对国际资本流入有显著影响。从股市指数收益率的推测看,股市指数收益率对国际资本流入的弹性系数为 -3.1,但 t 值为 -1.18,未通过统计检验。此推测结果表明从 20 世纪 90 年代至 2004 年流入中国的国际资本最主要的动因并不在于追求证券投资等的短期收益。实际有效汇率对资本流入影响的估计值为 -216.4,t 值为 -6.77,可以认为实质有效汇率对国际资本流入有很强的显著影响。实际有效汇率的增值除了对出口有负面影响以外,还会提高国外直接投资的成本,会对国际资本流入有较大的负面影响。从海外直接投资(FDI)的估计值看,直接投资流入增加 1 亿元,会影响国外资本流入增加 3.4 亿元。FDI 对国外资本流入的正面影响有三方面:一是 FDI 收益的再投资,二是有外资企业制造的商品出口,三是作为进口替代使用外资企业产品所减少的进口。此推测结果基本反映了国外资本流入的现状,对中国经济长期稳定增长的期待、实质有效汇率的影响,FDI 递增是决定国外资本流入增大的主要因素,而短期波动较大的投机资本对中国的外资流入的影响较小。

从海外直接投资的推测看,1 期滞后的 GDP 增长率与国际资本流入对海外直接投资有正的影响。如上一期 GDP 增长 1%,则会带来 139 亿元的海外直接投资增加,意味着持续稳定的经济增长起到吸引海外直接投资增加的效果。国际资本流入扩大 1 亿元时,会使海外直接投资增长 0.14 亿元。此外,实质有效汇率贬值会降低外国对中国进口的成本,带动直接投资增长。推测结果表明,实质有效汇率下降 1% 时会使海外直接投资增长 57.9 亿元。

---

① 此处有必要明确汇率增值或贬值的概念。比如人民币与美元比价由本周二的 1 美元兑 8.22 元人民币上升到本周三的 1 美元兑 8.15 元人民币,称之为人民币的增值(Appreciation),反之称为人民币的贬值(Depreciation)。

市场利率函数的推测得到了比较满意的结果。从各个估计参数值看,马歇尔 K 值对中国市场利率影响的估计值为负,意味着货币供给增加或经济增长降低时会促使政策当局采取金融缓和政策,引起市场利率下降,作为市场的连锁反应会导致海外资本流入规模缩小。推测结果显示,在马歇尔 K 值上升 1 单位时,作为市场反弹会引起市场利率下降 10.2 个百分点。中央银行基准利率对市场利率的弹性较强,中央银行基准利率调整提高 1% 时,市场利率会跟进上升 0.16 个百分点,但 t 值为 1.25,未通过统计检验,推测结果不是很可靠。此外,根据市场利率由货币供需决定的货币理论,国内资本流出减少了国内资金供给,资本流出对市场利率的弹性系数为 0.008%,当有 1 亿元的国内资本流出时,对市场利率形成的上升压力为 0.008%。

从 1994 年起中国对外汇市场实行了管理浮动制,由于汇率变动的范围很窄(从 1994 年的 8.35 元人民币/美元涨到 2005 年的 8.28 元人民币/美元),基本没有市场波动,所以尽管使用实质有效汇率、储蓄率、出口来测定对人民币汇率的影响,结果除实质有效汇率对人民币名义汇率有 -0.5% 的弹性外,其他变量对人民币名义汇率都没有显著影响。但这种推测结果也恰恰反映了人民币汇率尚未完全市场化的现状。

在分析期间中国的外汇储备激增,按国际收支定义,外汇储备增加记为负。从推测结果看经常收支与海外资本流入对外汇储备增加均有显著影响。经常收支顺差对外汇储备增加的效应为 7.88,即经常收支顺差增加 1 亿元,外汇储备增加 7.88 亿元。海外资本流入对外汇储备增加的弹性系数为 1.44,海外资本流入 1 亿元,使得外汇储备增加 1.44 亿元。

最后讨论资本流出的推测结果。这里使用了外汇储备、投资收益流出、资本逃避、美国联邦资金利率以及虚拟变量来测定对国内资本逃避的影响。外汇储备增加对国内资本流出的弹性系数为 -0.51,当外汇储备增加 1 亿元时,会形成其 0.5 倍的资本流出,即在国内资本流出中,外汇储备增加占了约五成,此推测结果显示了中国对外资本流出的循环性因素。如第二节统计分析中所阐明的那样,中国外汇储备增加来自经常收支的顺差及一部分国外资本流入,但同时又构成了国内资本流出的主要部分,形成了中国对外资金流量中的循环性因素。投资收益流出的弹性系数为 0.047,但 t 值较低,可以认为投资收益流出与资本流出没有显著性影响,目前投资收益流出的问题还不严重。但由于每年投资收益实际流出较少,意味着实际留存可以汇出的投资收益存量将是一个不小的数额。资本逃避是使用资金流量表中的误差遗漏项目推算的,对国内资本流出的弹性系数为2.26,对资本流出具有显著影响。20世纪90年代以来,包括中国在内的大规模国际资本流入美国,推测结果显示美国联邦资金利率对中国资本外流的弹性系数为854.2,由此也可见美国金融市场变动对中国资本流出的显著影响。从外汇储备与资本逃避的推测结果看,资本逃避对国内资本流出的弹性系数要远远大于外汇储备,表明了资本逃避问题的严重性、完善中国金融市场交易制度法规的迫切性,以及金融体制改革的重要性。

第五节 分析的结论及有待解决的课题

客观准确地解释这13年来我国对外资金循环的基本特征,对于21世纪初我国经济的稳定增长是至关重要的。我国已加盟WTO,如何开放以及参与国际资本市场是个很现实的问题。目前,尽管我国尚未开放资本市场,但我国毕竟属于开放型经济,所以我国的对外资金循环已融入国际资金循环的轨道,对外资金流向与流量在相当程度上受到以美国为主的国际资本流动的影响。我国在实物经济及经常收支方面与其他的同属新兴市场的东亚国家有所不同,但资金循环的走势基本一致,都存在着过剩的资本流动,存在着资金循环的怪圈。

分析表明,巨额国内储蓄得不到有效使用,说明在金融体制上存在着金融压抑的环境,资金循环渠道不畅通,缺乏包括直接融资市场在内的多种投资渠道,使得国内储蓄不能及时有效地转化为投资。计量分析的结果表明,我国在对外贸易流量中存在着结构性问题,从经济长期持续稳定发展看,有必要就对外贸易流量进行政策性调整,以达到经常项目平衡。从对外资金流量看,外汇储备增加是中国资金循环怪圈中的循环性因素。在保持经常收支顺差的条件下,仍有约53%的外汇储备来自资本收支顺差的资金运用方法影响了国内资金资源的最佳配置,降低了资金使用效率,招致金融风险加大。而混藏在误差中的资本逃避,对国内资本流出的弹性系数要远远大于外汇储备。资本外逃除了使国家遭受巨大经济损失外,也会导致银行危机与通货危机的发生。

因此,在进入经济持续稳定发展的阶段时,我们应从国际资金循环的角度,把握国内资金的流向及流量,在较充裕的国内储蓄的条件下,应更加注意提高包括利用外资在内的资金使用效率。同时,对于国内企业对外投资也应充分考虑对国内外投资收益的比较问题。资金大规模流入与流出,既带来了经济发展的机会,也会带来相应的金融安全问题,为此应尽快完善国内金融市场,健全与国际相通的金融法规、监管制度,加强国际中的金融协调,提高金融安全程度。保持经常项目与资本项目的平衡,保持适度的外汇储备规模,早日跳出资金循环的怪圈。这涉及我国在国际金融资源竞争中的利益问题。

本研究还存在以下问题有待解决:① 根据对外资金循环的均衡关系,从流量的视角,即从储蓄投资流量、对外贸易流量、对外资金流量开展了计量性分析。但为完整揭示宏观经济中资金循环的全过程,有必要将存量与流量结合起来展开全面系统的分析。② 在现阶段利用统计数据只能编制年度模型,为及时有效地把握资金循环的动向以及比较精确地推测各个经济变量的数量关系及走向,编制季度资金流量统计与建立季度模型则是势在必行的。③ 限于篇幅,本研究未利用推测的模型展开模拟预测,检验财政、金融政策对资金循环的即时效果、波及效果以及综合效果,进而观察对外资金流量的变化对经济增长的影响。这将是今后的研究课题。

国际资金循环模型的数学原理并不复杂,而是从实用的角度力图达到计量模型与经济学理论的吻合,达到资金流量核算、国际收支核算等统计体系与模型设计相配套。在模型设计中侧重于追求模型结构的完整,用结构方程式的手段去掌握比较复杂的资金循环系统的整体结构。应用模型的重点在于反映国际资金循环三个侧面的结构问题以及中国对外资金循环中最突出的特征。由于使用的是年度数据且样本不是很大,推测的结果略显粗糙。但笔者认为,一个结构合理但参数较为粗糙的模型,比结构不合理但一味追求数学技巧的模型更有实用性。随着统计数据的积累、样本容量的增大、解释变量的调整,有理由相信国际资金循环模型参数估计的精确度会得到很大的提高。国际资金循环的分析模型试图为展开宏观金融分析提供一种新的思路,希望能推动资金流量分析理论与实践的发展。

第七章　东亚国际资金循环的怪圈与中国的对外资本流动

——亚洲金融危机的统计观察

东亚经济增长曾被世界银行的研究报告称为"东亚奇迹"[①],但在 1997 年发生亚洲金融危机后,该地区的经济发生了很大的变化。从表 7-1 可知,从全世界的经济增长看,在 20 世纪 80 年代至 2004 年之间,全球长期维持在 3% 左右的经济增长,在 2004 年达到了 5.06%。但与此同时,先进国家保持了低速稳定增长。得益于克林顿政府的经济政策,美国在亚洲金融危机前后没有受很大的影响,在 1998—2000 年间美国经济增长率保持在 4.5% 左右,对世界经济依然保持着很大的影响力,2004 年的经济增长率为 3.8%。日本在 1990 年以后随着泡沫经济的破灭,经济增长率持续下跌,亚洲金融危机后的 1998 年更是一度下降到 -2%,其后到 2004 年一直持续着经济低迷。亚洲金融危机对亚洲新兴经济体(Newly Industrializing Asian Economies,NIAE)影响较大,亚洲新兴经济体的经济增长率由金融危机爆发之前的年均 7.51%,大幅度下跌到 1998 年的 -8.32%,可谓是损失惨重,但在短期间得以恢复,2000 年的经济增长率回升到 5.3%。从 80 年代至 2004 年,亚洲发展中国家[②]保持较高的经济增长率,特别是中国保持了经济的高速增长,虽然亚洲金融危机对其经济稍有影响,但在 2003 年以后经济增长率达到 10%。在如此变化的世界经济格局下,东亚地区能否持续保持高速经济增长,能否再现"东亚的奇迹",受到世人的瞩目?而中国经济的走势,几乎是各国政策当局及相关学者每天都要关心的问题。

---

① World Bank, *The East Asian Miracle: Economic Growth and Public Policy*, Oxford University Press, 1993.

② 根据 IMF 的统计定义,亚洲发展中国家由 29 个国家构成:孟加拉国、不丹、文莱、柬埔寨、中国、印度、斐济、印度尼西亚、基里巴斯、马来西亚、马尔代夫、老挝、马绍尔群岛、密克罗尼西亚、蒙古、缅甸、尼泊尔、帕劳群岛、巴布亚新几内亚、所罗门群岛、菲律宾、萨摩亚、斯里兰卡、泰国、东帝汶、汤加、图瓦卢、瓦努阿图、越南。

第七章 东亚国际资金循环的怪圈与中国的对外资本流动

表 7-1 东亚地区相关国家经济增长率

(单位:%)

	1988—1988	1989—1996	1997	1998	1999	2000	2001	2002	2003	2004
世界	3.33	3.05	4.12	2.62	3.61	4.67	2.33	2.83	3.79	5.06
先进国家	3.27	2.75	3.55	2.65	3.64	4.07	1.40	1.72	2.13	3.24
美国	3.50	2.80	4.49	4.45	4.85	4.09	0.95	1.78	2.79	3.80
日本	4.44	2.58	1.60	-2.00	-0.20	2.26	0.36	0.29	1.69	2.36
亚洲新兴经济体	4.73	7.51	3.96	-8.32	3.14	5.30	2.98	4.94	5.75	6.11
亚洲发展中国家	6.97	7.85	6.43	3.62	6.54	6.53	6.24	6.73	8.63	8.62
中国	10.70	9.92	9.30	7.83	7.62	8.43	8.30	9.08	10.03	10.09

注:亚洲新兴经济体主要指亚洲四小龙。

资料来源:IMF, *World Economic Outlook* 2005.

资金循环分析的理论与实践

从20世纪90年代以来,中国对外资本流动最引人注目的特点就是大规模的国内储蓄与大规模的国际资本流入和国内资本流出并存,以及对外资本净输出的资金循环模式。本书结合亚洲金融危机爆发的历史背景以及美国与新兴市场(Emerging Markets)的国际资本流动的外部环境,基于中国加入WTO之后面临着开放资本市场的现实,依据国际资金循环分析的基本框架,运用资金流量统计及国际收支等统计数据,解析东亚国际资金循环的怪圈,探讨亚洲金融危机前后国际环境变化对我国经济的影响。

第一节 东亚地区国际资金循环的特征

东亚地区的经济发展与国际贸易及国际资本流动密切相关,频繁的国际贸易与国际资本流动使得该地区在经济方面的相互影响程度较高。90年代以来,随着各国放松了对国际资本流动的限制以及信息网络技术的发展,以对冲基金为代表的高杠杆(Highly Leveraged Institutions)投机资金的运作,逐步推动了金融的全球化。在此背景下,国际资金循环的资金规模与流动形式都发生了很大的变化。在国际资金循环中,除了以往的国际资本偏重在先进国家内循环的形式以外,还出现了国际资本向发展中国家流动以及发展中国家的中国的资本向发达国家美国的循环流动这种新的特点。在此背景下,自1990年以来,东亚地区发生了超大量的国际资本的流出与流入。这里所谓的"超大量",指的是国际资本对东亚地区的流入远远超过了该地区国际贸易所产生的经常收支的逆差规模。

根据第六章第一节所论述的国际资金循环分析的理论框架可知,将对外资金循环与国际收支结合起来看,如果经常收支是逆差,为弥补逆差对国内部门而言是国外资金的净流入,或外汇储备的减少;对国外部门而言则为资金的净流出(资本输出)。这是从事后净值来看的平衡关系,也就是"经常收支逆差与资本收支顺差"这种类型的市场资金平衡关系。在开放的经济体制下,国内经济的储蓄投资差额与国际收支的经常收支项的差额相对应,而经常收支逆差与资本收支顺差(包括外汇储备增减)是相一致的。因此,从"事后"来看,有以下两种类型的均衡关系存在。

其一是"**经常收支顺差—资本收支逆差**"类型的均衡关系,可用以下均衡式表示:

经常收支顺差 = 净储蓄增加
$$(EX - IM) = (S - I) \quad (1)$$

国内储蓄净增 = 国内金融资产净增
$$(S - I) = (FE_d - FR_d) \quad (2)$$

经常收支顺差 = 资本收支逆差
$$(EX - IM) = FR_e - FE_e + FA \quad (3)$$

广义金融市场

对内资金净流入 = 对外资金净流出
$$(FE_d - FR_d) = FR_e - FE_e + FA \quad (4)$$

其二是"**经常收支逆差—资本收支顺差**"类型的均衡关系,可用以下均衡式表示:

经常收支逆差 = 净投资增加
$$(I - S) = (IM - EM) \quad (5)$$

国内投资净增 = 国内金融负债净增
$$(I - S) = (FR_d - FE_d) \quad (6)$$

经常收支逆差 = 资本收支顺差
$$(IM - EX) = FE_e - FR_e - FA \quad (7)$$

广义金融市场

对内资金净流出 = 对外资金净流入
$$(FR_d - FE_d) = FE_e - FR_e - FA \quad (8)$$

其中,FE_d 为国内部门的资金运用,FR_d 为国内部门的资金筹集,FE_e 为国外部门的资金运用,FR_e 为国外部门的资金筹集,FA 为外汇储备增加,I 为国内投资,S 为国内储蓄,EX 为出口,IM 为进口。

(3)式与(7)式表示的是对外贸易的实物流量与资金流量的均衡,即当对外贸易流量出现逆差或顺差时与资金流入或流出的关系。但假如没有外部的资金流动,那么相对应地只能动用外汇储备来弥补贸易逆差,使得其存量减少,或由于贸易顺差使得外汇储备增加。(4)式与(8)式表示的是广义金融市场的均衡。

其左方表示国内部门金融资产或负债净增,是国内部门的资金盈余或不足,是与(3)式和(7)式的左方相对应的;而(4)式与(8)式的右方表示对外资金净流量加上外汇储备增减,与左方的国内资金盈余或不足恒等。

所以,东亚地区在1990年初期存在着"超大量"的远远超过了贸易逆差规模的国际资本流动实质上是短期资本寻求最大收益的投机行为,随着"超大量"的不断扩大,最终只能是发生质变,导致金融市场结构的失衡,爆发金融危机。当时采用浮动汇率制的国家汇率会增值,这样使经常收支逆差更加扩大。而采用钉住美元的固定汇率制的国家,外汇储备将增加;作为连锁反应,会使国内的银行信用、货币供给增加。其结果将会提高内需,但这种内需的增大会通过两个渠道导致经常收支逆差加倍增大。渠道之一是,货币供给增大会影响到通货膨胀,导致国际竞争力的下降;渠道之二是,与国内生产供给相比,内需提高会影响国内生产出口,国内生产不足又会由增大进口来弥补,即发生所谓吸纳效应(Absorption Approach)。在亚洲金融危机时,泰国的状况就是最典型的吸纳效应所致。所以"超大量"的国际资本流动只能导致该地区的实物流量与资金流量的失衡,以及广义金融市场的结构失衡,最终出现资本收支危机。为了观察东亚地区的国际资金循环的特征,首先有必要观察以美国为主的先进国家的资金流量及流向,其次有必要考察以亚洲新兴经济体以及发展中国家为主的新兴市场国家的资金流动,从中发现值得关注的问题。

表7-2显示了亚洲金融危机前后,即1981—2008年的与东亚密切相关的主要国家与地区的国际资金循环概况。从世界经济整体的储蓄与投资变化看,以1997年为分水岭,在其之前储蓄投资增长,在其之后呈现缓慢下降的倾向。观察先进国家的相关数据可知,其变化特征基本与世界经济整体相一致,储蓄与投资在亚洲金融危机后都呈现出微弱的下降趋势,但从储蓄与投资的结构变化观察,先进国家的储蓄率低于投资率,储蓄投资差额比率在1998年以后不断攀升,到2008年达到 -1.6%。储蓄投资差额由经常转移①(Current Transfers)、要素收入②(Factor Income)弥补,余下的为资金余缺(Resource Balance)。先进国家的经

---

① 按国际收支定义,经常转移是为居住者与非居住者之间提供不带有单方返还性质的实物资产及金融资产所设置的科目,主要包括政府间或政府与国际组织间的转移,以及其他部门间的转移。

② 要素收入指的是生产要素(企业为了提供服务或生产商品所必需的资源,通常指土地、资本、劳动)的提供者所获取的收入。

第七章 东亚国际资金循环的怪圈与中国的对外资本流动

表 7-2 世界与东亚地区国际资金循环概况（与 GDP 比率）

（单位：%）

	平均值 1981—1988	平均值 1989—1996	1997	1998	1999	2000	2001	2002	2003	2004	2005	2006	2007	2008
世界														
储蓄	22.8	23.1	23.8	23.2	23.0	23.6	21.2	20.5	20.8	21.7	22.1	22.8	22.9	23.2
投资	24.0	24.2	24.3	23.5	23.2	23.5	21.4	20.8	21.1	21.9	22.3	22.8	23.1	23.5
先进国家														
储蓄	21.9	21.5	21.8	21.8	21.4	21.6	20.4	19.1	19.0	19.5	19.3	19.8	19.5	19.6
投资	22.6	22.0	21.9	21.7	21.9	22.2	20.8	19.9	19.9	20.4	20.8	21.2	21.1	21.2
储蓄投资差额	-0.7	-0.5	-0.1	0.1	-0.4	-0.6	-0.4	-0.7	-0.9	-0.9	-15.0	-1.5	-1.6	-1.6
经常转移	-0.2	-0.3	-0.3	-0.3	-0.4	-0.4	-0.5	-0.6	-0.6	-0.6	-0.7	-0.6	-0.7	-0.6
要素收入	-0.2	-0.4	-0.3	-0.2	—	0.4	0.6	0.2	0.1	0.2	0.2	0.4	0.2	0.1
资金余缺	-0.3	0.2	0.6	0.6	—	-0.6	-0.5	-0.4	-0.4	-0.5	-1.1	-1.2	-1.1	-1.1
美国														
储蓄	18.4	16.7	18.1	18.8	18.4	18.4	16.0	14.0	13.0	13.0	13.0	14.0	13.0	13.0
投资	20.6	18.3	19.9	20.7	20.9	21.1	19.0	18.0	18.0	19.0	20.0	20.0	19.0	19.0
储蓄投资差额	-2.2	-1.6	-1.8	-1.9	-2.6	-2.7	-2.8	-4.2	-5.1	-6.1	-6.8	-6.2	-6.1	-6.0
经常转移	-0.5	-0.4	-0.5	-0.5	-0.5	-0.5	-0.5	-0.6	-0.6	-0.7	-0.7	-0.6	-0.7	-0.5
要素收入	0.5	-0.6	-0.1	0.5	0.8	1.7	1.3	0.5	-0.8	-0.2	-0.3	0.2	-0.1	-0.4
资金余缺	-2.1	-1.1	-1.3	-1.9	-2.8	-3.9	-3.6	-4.0	-4.5	-5.2	-5.8	-5.8	-5.3	-5.1
日本														
储蓄	31.8	32.4	30.8	29.7	28.4	28.7	27.0	26.0	26.0	27.0	27.0	28.0	29.0	28.0
投资	29.4	30.3	28.6	26.8	25.9	26.2	25.0	23.0	23.0	23.0	23.0	24.0	25.0	25.0
储蓄投资差额	2.4	2.2	2.2	2.9	2.5	2.5	2.0	3.0	3.0	4.0	4.0	4.0	4.0	4.0

资金循环分析的理论与实践

（续表）

	平均值		1997	1998	1999	2000	2001	2002	2003	2004	2005	2006	2007	2008
	1981—1988	1989—1996												
经常转移	-0.1	-0.2	-0.2	-0.2	-0.3	-0.2	-0.2	-0.1	-0.2	-0.2	-0.2	-0.2	-0.2	-0.2
要素收入	0.4	0.8	1.3	1.3	1.3	1.2	1.7	1.7	1.7	1.9	2.3	2.7	2.6	2.7
资金余缺	2.2	1.5	1.1	1.9	1.5	1.4	0.6	1.3	1.7	2.0	1.5	1.4	1.5	1.1
亚洲新兴经济体														
储蓄	…	34.5	32.3	32.6	31.8	30.7	30.0	30.0	31.0	33.0	31.0	31.0	31.0	31.0
投资	…	32.1	31.6	24.2	25.9	26.9	25.0	25.0	25.0	26.0	26.0	26.0	26.0	26.0
储蓄投资差额	…	2.4	0.6	8.4	5.9	3.9	4.6	5.1	6.9	6.6	5.8	5.6	5.3	5.1
经常转移	…	-0.1	-0.4	0.1	-0.2	-0.4	-0.6	-0.7	-0.7	-0.7	-0.7	-0.8	-0.8	-0.7
要素收入	…	1.1	0.5	-0.3	-0.1	0.3	0.8	0.6	1.0	0.7	0.5	0.4	0.7	0.7
资金余缺	…	1.4	0.5	8.5	6.2	4.0	4.5	5.2	6.7	6.6	6.1	6.0	5.4	5.1
亚洲发展中国家														
储蓄	25.4	31.1	33.4	32.1	32.2	31.8	31.6	33.6	36.7	38.4	40.7	42.2	44.0	45.6
投资	27.5	32.3	32.8	30.0	29.5	29.6	30.1	31.2	33.9	35.8	36.6	36.9	38.2	39.5
储蓄投资差额	-2.1	-1.2	0.6	2.2	2.7	2.2	1.5	2.4	2.8	2.6	4.1	5.4	5.8	6.1
经常转移	1.0	1.0	1.5	1.2	1.3	1.3	1.7	1.9	2.1	2.0	2.1	2.0	1.7	1.6
要素收入	-0.5	-0.8	-1.4	-1.5	-1.1	-1.2	-1.8	-1.6	-1.1	-1.0	-0.8	-0.7	-0.6	-0.5
资金余缺	-1.7	-0.1	1.6	2.1	1.8	1.6	1.6	2.1	1.8	1.6	2.7	4.0	4.6	5.0
备注														
外汇资产	0.3	2.6	5.2	5.0	4.5	4.7	3.3	5.2	6.2	7.3	9.9	11.0	10.2	9.7
外汇储备增减	—	1.7	1.9	1.1	1.4	0.9	2.3	4.2	5.4	7.4	5.8	6.7	6.6	6.3

注：1981—1988 年与 1989—1996 年为该期间均值，2008 年为预测数据。

资料来源：IMF, Flow of Funds Summary, World Economic Outlook 2003—2008.

第七章 东亚国际资金循环的怪圈与中国的对外资本流动

常收支逆差在不断扩大,但要素收入在2000年以后均成为正数,由此可知先进国家正在成为国际资本流入区域,而且其资本流入的规模在逐步扩大,2000年以后持续着资金不足的状况。

从美国的国际资金循环变化看,在20世纪90年代前期随着美国经济的强势回升,由于经济景气好转带来消费活跃,所以储蓄不足持续增大,经常收支逆差也在增大。由表7-2可看出,美国的储蓄投资差额比率由亚洲金融危机之前的-1.6%持续上升至2008年的-6%,在2005年为最高值-6.8%。在分析期间,由于美国经常收支均为逆差,而且经常转移与要素收入也多为负数,根本不能填补贸易逆差的亏空,所以美国的资金严重不足。资金不足率从1997年以前的-1.1%持续递增到2008年的-5.1%。2000年以后美国的经常收支逆差超过了4 000亿美元,为了弥足巨额逆差,美国向日本及欧洲吸收了大规模的国际资本,呈现出在先进国家内的资金环流的形式。但另一方面,2003年以后也出现了美国向中国大量举债的现象。中国在2003年12月购买的美国国债为1 590亿美元,到了2008年12月增至购买美国国债7 274亿美元[①],形成了世界上最大发展中国家向最大发达国家资金输出的这种经济史上未曾有过的现象。但几乎是与此同时,美国也展开了大规模的对外投资。在90年代,美国的资本流入占了世界总额的1/3,而资本流出也占了1/5。在1993—1997年间,美国吸收了国际净资本流出的35%,2006年美国的资本净流入为8 293亿美元,占世界总量的64%[②],形成了以美国为中心的国际资金循环格局。

与此相比,日本虽然在90年代以来经济低迷,但始终保持了净储蓄增长的势头,由1997年的2.2%增长至2008年的4%。与净储蓄增长相对应,日本保持着经常收支顺差,对内金融资产增加,对外也持续着比较稳定的资金运用。而且与欧美不同,日本的要素收入也始终保持了正增长,由80年代初的0.4%稳定增长至2008年的2.7%。同时在分析期间始终处于较低水平的资金盈余状态,资金盈余比率一般低于2%。

从位于东亚的亚洲新兴经济体的资金循环观察,由于经济高速发展有旺盛的资金需求,同时,新兴经济体也注重对金融与资本市场的技术开发和交易法规

[①] 美国财政部,http://www.treasury.gov/resource-center/data-chart-center/tic/Pages/index.aspx。
[②] IMF, *World Economic Outlook*, April 2008.

资金循环分析的理论与实践

制度的完善,所以也为国际资本流入该地区创造了较好的投资环境。在 20 世纪 90 年代至 2008 年,在经济高速增长的同时,也保持了储蓄率与投资率的递增,而且实现了储蓄略大于投资的经济增长,保持了较高的资金盈余率,从 1997 年的 0.6% 持续上升到 2003 年的 6.9%。

从 20 世纪 90 年代初开始,亚洲发展中国家大都采取了投资扩张型的经济增长模式,这样当然对资金有较大的需求。所以,从国际资金循环的角度看,亚洲金融危机之前,亚洲发展中国家普遍存在着储蓄投资缺口,国内资金不足。但在亚洲金融危机后此状况有所改观,逐步实现了净储蓄增长,在 2008 年达到 6.1%。与此相应,亚洲发展中国家的经常转移均为正,即经常接受国际组织等的援助馈赠等。但其要素收入却均为负,表明与亚洲发展中国家从外部得到的要素收入相比较,支付给该区域以外的要素收入要多,实际的含义在于国际资本流入亚洲发展中国家所获取的实际收益较高。这一点与先进国家不同,与日本及亚洲新兴经济体也不同。从结果来看,亚洲发展中国家从 1997 年以前的资金不足转变为其后的资金盈余,在 2008 年资金盈余率达到 5%。而且从表 7-2 最下一行可知,1998 年以后,亚洲发展中国家成为资金净流出,外汇储备增量不断扩大,2003 年以后外汇储备增量占 GDP 的比率超过了 5%。

但是,综合表 7-2 所表示的各种类型国家的资金余缺比率会发现一个很有趣的现象,那就是先进国家与美国都呈现为资金不足,到处筹集资金;日本虽然表现为资金盈余,但其比率很低,维持在 1%—2% 的水平;反观亚洲国家却普遍保持了较高的资金盈余率,在向世界上的富国提供资金。这不能不说是国际资金循环中的一个怪圈。为什么会形成这个怪圈?我们有必要从市场机制及根据经济学原理来解释这个怪圈。

第二节 美元本位制与过剩的国际资本流动

如发生在墨西哥、东亚、俄罗斯等国家或地区的国际金融危机所显示的那样,90 年代以来的国际资本流动最显著的特点在于国际间大量的过剩资本流动所带来的一国、一个地区乃至全球性的经济发展的不稳定性。过剩的资本流动指的是

第七章　东亚国际资金循环的怪圈与中国的对外资本流动

超过实物经济发展需要的资本流动。具体来讲就是超过平衡经常收支赤字的资本流动。其中既与各国的经济发展有关,也与现存的美元本位制的国际货币体制相联系。随着国际金融交易的发展,在第二次世界大战后所形成的以固定汇率交易的黄金与美元本位制的布雷顿森林货币体系(Bretton Woods Monetary System)在1971年解体,其后,美元本位制逐渐形成。美元本位制的特点有二:第一,作为国际支付手段用于民间国际资本流动;第二,作为国际储藏手段成为货币当局外汇储备的主要构成部分(先进国家延续到20世纪80年代末期,发展中国家始于90年代以后)。从作为支付手段用于民间国际资本流动这一特点看,与具有国际金本位制和国际协定性质的布雷顿森林货币体系不同,美元本位制是一种不具有任何制度性基础的非国家协定体制。对国际收支的调整以及国际流动性的供需变化均通过市场(外汇市场与国际金融市场)的"体制的民营化"(Privatization of the System)来经营操作。相对于国家的权威而言,美元本位制更依赖根据市场行动原理所制定的国际会计标准(资产负债的现价评估)、国际结算银行的制度(银行自有资金比率的限制)、民间信用评级机构、国际贸易仲裁制度等非国家性权威等。

在90年代,过剩的国际资本流动性(过剩美元)和在变动汇率下发展起来的金融自由化、国际化以及信息科学与通信技术的发展是使得"体制的民营化"得以存在的主要原因。其中,过剩的国际资本流动性的供给渠道有二:一是美国持续的经常收支逆差;二是随着在变动汇率下各国金融自由化的进展,各国不需要经由美国国内金融市场就可很容易地直接进入国际金融市场进行国际资本交易。在布雷顿森林货币体系中曾包含控制大幅度经常收支不均衡的机制,为维持固定汇率交易必须要保持国际收支适度平衡。但当国际货币体制转变为变动汇率交易时,减弱了对国际收支适度平衡的制约,同时由于金融的自由化及国际化,民营部门很容易进入国际金融市场交易,导致了大幅度的超过经常收支逆差规模的资本流动,破坏了经常收支与资本收支应保持的均衡关系。在70年代,先进国家的经常收支占名义GDP的比率为2.2%,总资本流量占名义GDP的比率为2.5%,两者基本保持一致。但到了90年代,经常收支占名义GDP的比率与70年代基本相同,但总资本流量占名义GDP的比率为10%,在1997年更是达到了14%[①],这导致了出现大

---

① M. Obstfeld,"The Global Capital Market: Benefactor or Menace?", *Center for International and Development Economics Research*, Working Paper Series, No. C98098, 1998.

规模过剩的国际流动性美元。另外,在民间的国际资本流动支撑着美元本位制的同时,先进国家与发展中国家的货币当局所奉行的以美元为主的外汇储备政策也对美元本位制起到了稳定作用。在20世纪90年代,随着欧元市场的形成,先进国家虽然出现了降低持有美元比重的倾向,但由于大多数发展中国家奉行与美元挂钩的外汇政策,在这些国家经济发展的同时,也增大了美元的外汇储备,客观上对已经变得疲软的美元本位制起到了一种维系的作用。特别是在90年代以后,发展中国家的外汇储备由1990年的约2 000亿美元,增加到1998年的约7 000亿美元,增长了3.5倍。而先进国家在同一期间从约4 000亿美元增至约5 000亿美元,只增长了1.25倍。其结果是,1998年发展中国家的外汇储备是先进国家的1.4倍[1],其外汇储备规模大大超过了先进国家,并逐渐取代了先进国家,成为支撑美元本位制的主要成分。这种在美元本位制下的发展中国家外汇储备急增的现象,导致了新兴市场国家所出现的大规模超过经常收支逆差的国际资本流入问题。

第三节 新兴市场资本流动的怪圈

在美元本位制下,"体制的民营化"得以持续的一个必要条件就是民间资本流动要以基轴货币国(Key Currency Nation)美国为中心。为了说明在美国出现巨额经常收支逆差而成为世界最大债务国以后此条件的重要性,以及20世纪90年代国际资本流动不稳定的历史背景,我们分三个阶段来考证国际货币机制转轨到美元本位制以后国际资本流动的形成及变化。

第一阶段(1973—1982年)恰逢第一次石油危机到第二次石油危机期间所发生的发展中国家债务积累(Debt Accumulation)危机。在此时期,美国是石油生产国,不仅经常收支保持顺差,而且是世界最大的债权国。发展中国家的国际收支不均衡主要表现为产油国(OPEC各国)的大幅度经常收支顺差与非产油发展中国家的经常收支逆差。产油国将巨额经常收支盈余存放在欧元市场,同时,发展中国家为弥补经常收支逆差需要筹集资金,此时需要资金的金融中介也主

---

[1] IMF,*World Economic Outlook*,May 2002,pp.200—231.

第七章　东亚国际资金循环的怪圈与中国的对外资本流动

要是通过国际性银行间市场的欧元市场来筹集资金的。这一时期的国际资本形成了以欧元市场为舞台、通过银行中介向发展中国家流动的趋势。美国通过其巨头商业银行掌握了欧元存款及欧元银团贷款（Euro Syndicate Loan）的资金渠道，处于国际资本流动的中心位置。

在第二阶段（1983—1990 年），美国在里根政权下出现了巨额财政赤字、储蓄不足及持续剧增的经常收支赤字，由世界最大的债权国跌至世界最大的债务国。非产油发展中国家因日益严重的债务累积问题失去了从国际金融市场融资的渠道，而不得不依靠国内政策调整（紧缩货币及紧缩财政）经常收支赤字。日欧为增加对美国出口保持巨额经常收支顺差，争夺世界最大债权国的位置，占据了国际资金循环的中心地位。美国出于平衡经常收支赤字的目的，要求日欧发达国家更加开放资本市场及金融国际化，以强势美元及高利率吸引日欧民间资本的证券投资，成为资本净输入国。因此，这一时期的国际资本流动环的特点表现为以发达国家之间的证券市场资本流动为主的基本态势。在这一时期，美国尽管是基轴货币国，但丧失了国际资金循环中的主导权。

在第三阶段（1991—2002 年），国际资本流动呈现为一种过剩的资本流动的特点，即资本从发达国家流向新兴市场国家，转而又从新兴市场国家流动回归到发达国家。与第二阶段相比，尽管美国在 20 世纪 90 年代经济景气上升的同时依然持有巨额的经常收支赤字，但由于得到了大幅度超过经常收支赤字的过剩的资本流入，因而再次获得了国际资金循环中心的地位，转而恢复了向发展中国家的资本输出。在此时期，由金融交易技术创新而产生的金融衍生商品交易在全球得到迅猛发展，证券市场的国际化不仅局限在发达国家，而且也引进到一部分发展中国家。美国的机构投资家将金融衍生商品交易积极扩展到新兴市场，对过剩的国际资本流动起到了推波助澜的作用。下面我们将对 90 年代的国际资本流动的特点做较详细的分析。

这一时期的国际资本流动可区分为以下四种形式。第一，由于日欧各国内经济的相对萧条以及美国股市及银行利息的上涨，日欧等发达国家增加了对美国股市的投资，使美国有了大规模的超过其经常收支赤字的资本流入。第二，如图 7-1 所示，美国在 90 年代经常收支持续出现巨额赤字，到 2002 年突破 5 000 亿美元。但日欧发达国家对美国的资本流入大幅度超过经常收支赤字的规模，特别是在 1995—1998 年间对美资本流入是美国经常收支赤字的约 2.8 倍，从中我们不难理解其资本流入的过剩程度。美国及时抓住了这一历史性机遇,利用涌入美国市场的过剩资本创出了股市热潮,促成了 IT(信息技术)革命,实现了 20 世纪 90 年代的经济高增长。第三,美国进而利用强势美元的优势向新兴市场大力展开了包括金融衍生商品在内的证券投资及直接投资,过剩资本流入的大部分以短期资本形式转而流向新兴市场国家。第四,为了自身经济的发展,新兴市场国家采取了积极引进外资的政策,但如表 7-3 所显示的那样,流入的美元资金超过其自身实物经济需要,即超过了弥补经常收支逆差的需要,形成了过剩的资本流入。例如在亚洲金融危机发生前的 1994—1996 年的 3 年间,流入新兴市场的资本规模是其经常收支赤字的 3 倍。

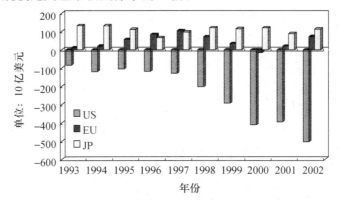

图 7-1 美日欧的经常收支的变化

资料来源:IMF,*World Economic outlook*,April 2003.

表 7-3 的统计数字表明,由美欧日流入新兴市场的资金规模在 1992 年为 1 594 亿美元[①],在东亚金融危机爆发前的 1996 年达到最高点,为 3 393 亿美元,其后净流入资金骤减,2002 年降至 1 395 亿美元。从流入资金的构成看,充分体现了在美元本位制下金融体制民营化的特点,即在流入资金中,民间净资金流入占有绝对大的份额。从流入资金的使用形式看,流入新兴市场的资金分别用于平衡经常收支逆差、增加外汇储备以及资本逃避三部分,约各占流入资金的1/3。也就是说,除了弥补经常收支逆差外,流入新兴市场的资金中约有近 70% 是过剩的部分。从资金流出看,新兴市场国家以较高的利率从美国引进了对其市场

---

① Institute of International Finance,*Capital Flows to Emerging Markets Economies*,Sept. 2002.

跃跃欲试的过剩资本后,再以购买美国国债和证券投资等低回报率形式把借来的过剩资本倒流回美国。因此,在新兴市场的国际资金循环中,形成了这种得不偿失的资本流动怪圈(Doubtful Recycling)。大量过剩的国际资本流动促成了这个怪圈,该怪圈的存在加大了国际资金循环的不稳定性和国际投机性短期资本流量的激增。过剩的短期资本流入会造成国内信用膨胀,引发货币贬值的市场恐慌,使得以银行信贷为主的大量短期资本迅速外流,导致相关国家出现通货危机与银行危机。同时,市场预期的变化迅速扩散到周边地区,过剩资本流入越多的地区陷入危机的程度也越深,1997年发生的东亚金融危机正是过剩国际资本流动所导致的必然结果。20世纪90年代国际资本流动的过程暴露了完全依赖市场的现行美元本位制的局限性以及国际金融体制的脆弱性,亦充分显示了过剩的国际资本流动所导致的资本流动怪圈的危险性。

表 7-3　对新兴市场国家的资本流入　　　　　　　　（单位:10 亿美元）

	1994	1995	1996	1997	1998	1999	2000	2001	2002
经常收支	-70.2	-84.9	-95.5	-80.4	-10.1	29.3	48.0	29.2	22.1
外资流入(净值)	181.1	262.6	339.3	301.8	189.1	165.8	183.6	140.0	139.5
民间资本净流入	154.7	217.9	335.0	265.9	136.1	153.2	187.6	126.0	122.9
股市投资	93.6	104.8	127.7	141.8	126.8	168.3	149.6	145.8	123.6
直接投资	66.3	80.5	92.3	113.1	120.2	148.9	135.3	134.6	113.2
证券投资	27.4	24.3	35.3	28.7	6.6	19.4	14.4	11.1	10.5
民间信用	61.1	113.1	207.4	124.1	9.3	-15.1	37.9	-19.7	-0.8
商业银行	38.0	92.1	123.8	34.1	-45.4	-51.5	-0.3	-26.4	-10.7
非银行	23.0	21.0	83.6	90.0	54.7	36.4	38.2	6.7	9.9
公共资本净流入	26.4	44.7	4.3	35.9	53.0	12.6	-4.0	14.0	16.6
国际金融机构	4.8	20.1	7.0	28.1	35.8	2.3	2.3	23.7	21.7
两国间信用	21.6	24.6	-2.7	7.8	17.3	10.2	-6.3	-9.7	-5.1
居住者信贷(净值)	-65.8	-83.2	-158.1	-177.9	-137.8	-140.2	-161.2	-84.1	-41.7
国际储备(不包黄金)	-45.4	-94.5	-85.7	-43.5	-41.6	-54.9	-70.3	-85.2	-119.8

注:① 居住者信贷包括贸易信用及误差遗漏,意味着资本逃避。② 国际储备增加用负号表示。③ 2002 年的数字为 IIF 的预测。

资料来源:Institute of International Finance, *Capital Flows to Emerging Markets Economies*, Sept. 2002.

但由于大多数东亚国家及地区采用的是与美元挂钩的金融政策,同时在国内金融市场体制尚未健全的情况下实施了证券市场的国际化,开放了本国的金融市场,所以这些过剩部分的国际资本又通过投资于美国债券等或增加国家外汇储备的形式自动返流回美国,形成了由新兴市场国家以资金支援世界头号富国的国际资本流动的怪圈。而中国的对外资本流动也在一定程度上卷入了这一怪圈。同时,市场预期的变化迅速扩散到周边地区,过剩资本流入越多的地区陷入危机的程度也越深,1997年发生的东亚金融危机正是过剩国际资本流动所导致的必然结果。下面从实体经济方面讨论东亚地区的储蓄变化与投资的回归波及效应对形成国际资金循环怪圈的影响。

根据对外资金循环中的储蓄投资差额与经常收支的均衡关系,我们首先从实物经济方面,即从储蓄投资差额变化来探讨东亚地区资金循环怪圈得以产生的原因。为了观察东亚地区国际资本移动的自由程度,本研究使用亚洲开发银行的数据推测了1992—2001年东亚各国及地区的储蓄与投资的回归关系。先将亚洲开发银行公布的东亚各国及地区的国内储蓄率与国内投资率1992—2001年的数据做移动平均(参见表7-4)。然后使用表7-4的移动平均数进行推测(参见表7-5)。

表7-4 东亚地区国内储蓄率与国内投资率的移动平均 (单位:%)

	中国	中国香港	中国台湾	韩国	新加坡	印度尼西亚	马来西亚	菲律宾	泰国
S	40.33	31.77	26.06	34.08	48.51	29.01	42.47	17.79	33.95
I	38.78	29.68	23.61	31.99	33.78	25.27	34.20	20.79	32.20

资料来源:Asian Development Bank, *Asian Development Outlook 2002*.

表7-5 东亚各国储蓄对投资的回归效应推测

Dependent Variable: I

Variable	Coefficient	Std. Error	t-Statistic	Prob.
C	11.5674	4.0313	2.8694	0.024
S	0.5467	0.1156	4.7294	0.0021
R-squared	0.7616	Mean dependent var		30.0333
Adjusted R-squared	0.7276	S. D. dependent var		5.7656
S. E. of regression	3.0093	Akaike info criterion		5.2344
Sum squared resid	63.3903	Schwarz criterion		5.2782
Log likelihood	−21.5548	Hannan-Quinn criter.		5.1398
F-statistic	22.3668	Durbin-Watson stat		1.5006
Prob(F-statistic)	0.0021			

由表 7-5 的推测结果摘要如下：

$$\bar{I}_i = 11.57 + 0.55\bar{S}_i, \quad R^2 = 0.7616, \quad DW = 1.5006$$

其中，$\bar{I}_i = \frac{1}{T}\sum_{i=1}^{T} I_{it}, \bar{S}_i = \frac{1}{T}\sum_{i=1}^{T} S_{it}, I_{it}$ 为国内投资占 GDP 的比率，S_{it} 为国内储蓄占 GDP 的比率，i 为某国或地区，t 为观测年，T 为观测年数。

由于是使用移动平均数建立的回归方程式，上述回归方程舍象了各国经济发展的具体过程，概括归纳了自 20 世纪 90 年代以来东亚各国及地区的国内储蓄与国内投资的回归关系和基本特征。根据上述测算，当东亚地区的国内储蓄增加 1 个百分点时，会给国内投资带来 0.55 个百分点的波及效应(按 95% 的置信水平所做的 t 检验值为 4.73)。而方程式中的常数项(11.57)对投资的影响(按 95% 置信水平所做的 t 检验值为 2.87)，t 检验结果表明推测参数具有显著影响。东亚地区的国内储蓄对投资的波及程度可归结为该区域各国财政政策等因素所致。根据国际资本市场的理论与实际可知，在一个开放的自由经济体系中，在金融市场交易比较活跃的条件下，新增加的储蓄往往会被作为新的投资流入到能获得较大收益且相对安全的地区。东亚的国内储蓄对国内投资的波及效应系数为 0.55，也就是说当国内储蓄新增 1 个百分点时，会有相当于 0.45 个百分点的部分并没有转化为国内投资，而是流入国际资本市场。

从图 7-2 的回归直线与各国的坐标点可知，分析对象中的大多数国家及地区的国内储蓄对国内投资的波及效应低于回归直线，即对外国际资本流动的程度高于推测的平均水平。中国的国内储蓄率与国内投资率均为 40% 左右，但国内储蓄对国内投资的波及效应高于回归直线，即超过东亚地区的平均水平，处于分析范围内的最高点。新加坡与马来西亚的国内储蓄率超过中国，但国内储蓄对国内投资的波及效应却低于中国。反言之，其国际资本流动程度要高于中国。其理由在于中国尚未开放资本市场，国际资本移动的自由化程度较低，新增储蓄的大部分转化为国内投资或滞留在国内的金融机构中。

结合实际状况可以认为，上述回归方程的推算结果比较客观地反映了 20 世纪 90 年代以来的东亚地区国际资本自由流动程度的基本特征。东亚地区的经济高速发展以及较高的国际资本自由流动程度为国际资本的流动提供了活动空间，为了自身经济的发展，东亚地区有关国家采取了积极引进外资的政策。但正

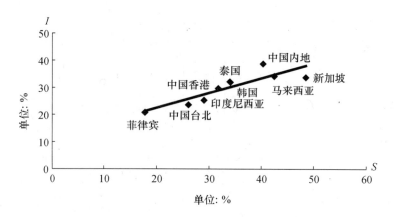

图 7-2　东亚地区的储蓄与投资的回归
资料来源：Asian Development Bank, *Asian Development Outlook 2002*.

如表 7-3 所显示的那样，流入的美元资金超过其自身实物经济需要，即超过弥补经常收支逆差的需要，就会造成过剩的资本流入。例如在亚洲金融危机发生前的 1994—1996 年的 3 年间，流入新兴市场的资本规模是经常收支赤字的 3 倍。但由于大多数东亚国家及地区采用的是与美元挂钩的金融政策，同时在国内金融市场体制尚未健全的情况下实施了证券市场的国际化，开放了本国的金融市场，所以这些过剩部分的国际资本又通过投资于美国债券等或增加国家外汇储备的形式自动返流回美国，形成了由新兴市场国家支援头号富国的国际资金循环的怪圈。

第四节　中国对外资本流动的基本特点及问题

根据国际资金循环统计的理论结构，以及参照本章（1）—（8）式，我们将开放经济体制下的资金循环过程所存在的"事后"的均衡，即国内的储蓄投资差额、资金盈余或不足、对外收支、金融市场平衡以及对外金融资产增减变化的关系，归纳为以下 4 个基本均衡关系式：

储蓄投资差额与经常收支

$$S - I = \Delta FA - \Delta FL = EX - IM \tag{9}$$

对外收支均衡
$$EX - IM = (FO - FI) + FER \tag{10}$$
金融市场均衡
$$FO_d + FO_o + FER = FI_d + FI_o \tag{11}$$
将上式变形可得到如下均衡式：
$$FO_o - FI_o + FER = FI_d - FO_d$$
对外资金净增加
$$NFO_o + FER = NFI_d \tag{12}$$

其中，ΔFA 为金融资产增加，ΔFL 为金融负债增加，FO 为资金流出，FI 为资金流入，FER 为外汇储备资产，FO_d 为国内资金流出，FO_o 为国外资金流出，FI_d 为国内资金流入，FI_o 为国外资金流入，且 $NFO_o = FO_o - FI_o$（国外资金净流出），$NFI_d = FI_d - FO_d$（国内资金净流入）。

由上述均衡式可知，当国内储蓄超过国内投资时，经常收支为顺差，以资本收支的流出或外汇储备增加的形式使该国对外净资产得以增加。反之，在经常收支为逆差时，最终只能通过减少外汇储备或增加对外负债来填补其逆差，这一过程也就是资本收支的变动。另外，在经常收支为零时，无论资本收支的变动如何大，对外净资产的增减都不会有任何变化，即一国对外的净资产是由经常收支顺差的积累所增加的，不论金融交易如何活跃，最终与该国财富的积累没有直接的联系。按照上述的理论框架及基本均衡关系式，我们来探讨中国对外资金循环的特点及问题。

一、资金输出型的资金循环模式

为了描述在整个宏观经济背景下的中国对外资金循环的全貌及基本特征，笔者根据上述的理论框架及有关统计数据，用图 7-3 来反映资金流向及流量的中国资金循环的概观。

图 7-3 的相关数据是 1992—2001 年的平均数。该数据显示每年由国内部门注入金融市场的资金为 35 149 亿元，由海外部门流入金融市场的资金为 4 163 亿元。与此相对应，金融市场向国内部门的资金供给为 34 114 亿元，对国外部门的资金供给为 5 198 亿元。这些通过金融市场的资金流入或资金供给也就形成

资金循环分析的理论与实践

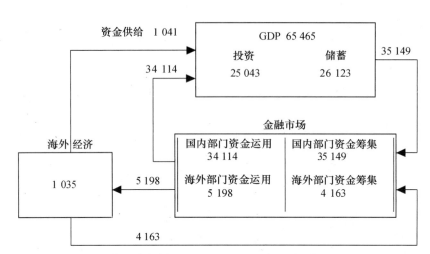

图 7-3 中国资金循环图(1992—2001 年平均,单位:亿元)
注:海外部门资金运用中的 5 198 亿元中包括对国外资金供给、国际储备增加及误差。

了对国内部门和海外部门的资金运用与资金筹集。将此作为一个广义金融市场从交易对方来观察的话,对国内部门而言,有国内资金流入 35 149 亿元,同时也向国内提供了资金供给 34 114 亿元,其资金流入与流出差额(资金净盈余额)为 1 035 亿元。对国外部门而言,有国外资金流入 4 163 亿元,同时也向国外提供了资金供给 5 198 亿元,其资金供需差额(对外资金净输出额)也为 1 035 亿元。

从国内的实体经济面看,1992—2001 年年均 GDP 为 65 465 亿元。其中,年均投资额为 25 043 亿元,年均储蓄额为 26 123 亿元,储蓄净增加 1 080 亿元,这与年均经常收支顺差的 1 041 亿元形成了对应的关系。由此可见,在亚洲金融危机前后,中国经济呈现为资金输出型的资金循环模式。对外来看为经常收支顺差、对外资本净输出(包括外汇储备);对内而言则构成了储备净增、金融资产净增的关系。

二、中国国内储蓄缺口与经常收支的变化

为了具体地分析中国的国内储蓄投资以及经常收支对中国资金循环的影响,按照上面所提示的 4 个基本均衡式,笔者使用相关的统计数字,编制了表 7-6。

第七章　东亚国际资金循环的怪圈与中国的对外资本流动

表 7-6　中国的国内储蓄、国内投资、储蓄缺口及经常收支[①]　（单位：亿元）

	1992	1993	1994	1995	1996	1997	1998	1999	2000	2001
S	9 906	14 318	19 703	24 867	28 084	31 081	31 443	31 416	33 863	36 550.6
I	9 647	15 008	19 283	23 872	26 854	28 460	29 547	30 672	32 259	34 823.8
$S-I$	259	-690	420	995	1 230	2 621	1 896	744	1 604	1 727.0
CA	353	-668	660	135	602	2 464	2 426	1 297	1 699	1 441.03

注：S 为国内储蓄，I 为国内投资，$S-I$ 为储蓄缺口，CA 为经常收支。
资料来源：国家统计局，《中国统计年鉴》，1992—2002；Asian Development Bank, *Asian Development outlook 2002*。

表 7-6 显示，自 20 世纪 90 年代以来，中国投资逐年递增，但储蓄增长超过投资，储蓄缺口逐年增大，除 1993 年净储蓄为负数外，储蓄大于投资的储蓄缺口由 1992 年的 259 亿元增至 2001 年的 1 727 亿元，在 1997 年达到最高值 2 621 亿元，年均储蓄净差额为 1 081 亿元。经常收支与储蓄缺口的变动方向一致，除 1993 年外，经常收支持续保持顺差，年均经常收支顺差为 1 041 亿元，90 年代中国的经常收支保持了基本良好的走势。由于经常收支顺差的逐年增长，外汇储备余额也由 1992 年的 194 亿美元增至 2001 年的 2 122 亿美元。因此，在中国并不存在发展中国家常受到的储蓄与外汇不足的双重约束。同时，通过对中国的储蓄与投资的相关分析可知，相对于其他新兴市场国家而言，中国的储蓄对投资的波及效应较高，而国内资本对外流动的自由化程度较低。10 年来累积总额达到 10 806 亿元的国内储蓄理应成为中国企业部门与政府部门资金筹集的主要来源，成为中国资本形成和经济增长的有利条件。

三、中国对外资金循环的基本特点

在考察储蓄投资及经常收支的变化后，笔者对中国人民银行公布的资金流量表中海外部门的数据进行了分组计算，整理结果如表 7-7 所示。

[①] 国内储蓄与投资是按《中国统计年鉴》公布的国内生产总值乘以亚洲开发银行公布的中国的储蓄率及投资率而计算的，经常收支根据《中国统计年鉴》数字按当年美元汇率折算为人民币。

表 7-7　中国对外资金流量的变化　　　　　　　（单位：亿元）

	1992	1993	1994	1995	1996	1997	1998	1999	2000	2001
资金流入(A)	1 667	2 929	5 326	5 654	5 901	5 005	2 976	3 808	4 877	3 488
资金流出(B)	1 681	1 604	2 514	2 427	2 588	3 109	3 431	3 041	4 643	557
资金净流入($A-B$)	-14	1 325	2 811	3 228	3 313	1 896	-454	767	234	2 931
国际储备(C)	117	-102	-2 631	-1 877	-2 632	-2 961	-532	-704	-873	-3 917
误差遗漏(D)	-456	-565	-832	-1 487	-1 294	-1 405	-1 372	-1 361	-1 056	-450
净金融投资(E)	-353	658	-652	-137	-612	-2 471	-2 359	-1 298	-1 696	-1 436

注：国际储备的增加记为负；$E=(A-B)+C+D$。
资料来源：中国人民银行，各年《中国人民银行统计季报》。

由表 7-7 可知,从资金流入看,在国内净储蓄额逐年增大的同时,以直接投资为主的国外资金流入量亦是大规模连续增长,10 年间流入中国的国际资金总额为 41 631 亿元。从资金流出看,作为发展中国家,中国对外的资金流出也保持了逐年递增的趋势,在 2000 年高达 4 643 亿元。但在 2001 年由于国内金融机构对国外外币贷款大幅度下降为 1 267 亿元,使资金流出大幅度降至 557 亿元。10 年间中国资金流出总额达到 25 494 亿元。资金净流入变化较大,从 1992 年的 -14 亿元上升到 1996 年的最高值 3 313 亿元。但东亚金融危机后资金净流入急剧降至 -454 亿元,在 2001 年恢复到东亚金融危机前的规模,资金净流入很不稳定。从整体看,10 年间通过直接投资及银行信贷等形式的资金净流入规模达到 16 036 亿元,年均净流入量为 1 604 亿元。

但是,如表 7-7 下半部分所示,国外资金净流入一方面使国际储备增加,另一方面通过误差遗漏项目,使得净金融投资多为负数(1993 年除外)。根据 SNA 的理论结构可知,净金融投资是与储蓄缺口及经常收支相对应平衡的科目。由于国外部门表示的资金来源和使用关系与国内部门相反,国外部门净金融投资为负数意味着我国对外资金供给的净增。从资金运用形式看,表现为国内资金流出大于国外资金流入,形成资金净流出的结果。20 世纪 90 年代,一方面,我国在大力引进外资的政策下,资金流入呈大幅度增加趋势。但另一方面,由于年均国际储备增加 1 611 亿元、年均误差遗漏 1 028 亿元的存在,我国对外资金循环最终呈现出资本输出型的资金循环模式。从整体看,10 年间中国资金净流出规模迅速扩大了 4 倍。资金净流出总量达到 10 355 亿元,年均净流出量为 1 035

亿元。特别是在东亚金融危机后,中国的资金净外流呈大规模增长趋势。在20世纪90年代以积极引进外资为基本国策的中国竟然会出现大规模资金净流出的趋势是出乎预料的。分析结果表明,中国在对外资金循环中同时并存着大规模的国际资本流入与不稳定的国内资本流出,以及由于国际储备及误差遗漏的增大所引起的国内资金净流出的状态。尽管中国尚未开放资本市场,国际资本流动的自由化程度不高,但大规模不稳定的资金流入和流出与新兴市场的资金流向表现为相同的走势,新兴市场经济中存在的资本流动的怪圈也同样存在于中国的对外资金循环中。

要解释存在于中国资金循环中的怪圈,我们不可避免地要讨论国际储备及误差遗漏项的问题,以及由此引起的对国际资本流动的影响。为此,有必要进一步做如下的统计测算。

四、中国对外资金循环的问题

根据在上面所提出的(9)—(12)式的理论均衡式,运用表7-6、表7-7及资金流量统计数据,从金融市场供需的角度观测国内外资金流动,笔者测算出了反映90年代中国对外资金流量均衡关系的特征值(使用数据均为1992—2001年平均值,单位为亿元)。

储蓄缺口与经常收支 (13)

(国内储蓄 26 123 − 国内投资 25 043) = 1 080 ≈ 经常收支顺差 1 041

对外收支均衡 (14)

经常收支顺差 1 041 ≈ 1 035

= (对国外资金供给 2 559 + 国际储备增加 1 611 + 误差 1 028)

− 资金流入 4 163

金融市场供需均衡 (15)

对国内资金供给 34 114 + (对国外资金供给 2 559 + 国际储备增加 1 611 + 误差 1 028)

= 国内资金流入 35 149 + 国外资金流入 4 163

将上式变形

(对国外资金供给 2 559 + 国际储备增加 1 611 + 误差 1 028) − 国外资金流入 4 163

= 国内资金流入 35 149 − 对国内资金供给 34 114 = **1 035**

对外资金流量 (16)

对国外资金净供给(-1 604) + 国际储备增加1 611 + 误差1 028

= 国内部门金融资产净增 **1 035**

= 对外资本净输出 **1 035**

从储蓄缺口与经常收支、对外收支、金融市场均衡及对外金融资产变化的计算结果看,虽储蓄缺口与经常收支顺差计算结果的对应关系稍有偏差[①],但账户体系之间基本保持平衡,而且金融市场的供需与对外资金流量的增减保持了一致。

(16)式的计算结果表明,20世纪90年代年均对国外资金净供给为-1 604亿元,即以直接投资、证券投资及银行信贷等形式年均资金净流入为1 604亿元,这部分资金净流入与国际储备增加(1 611亿元)以及通过误差项目(1 028亿元)平衡,最终表现为年均对外资本净输出1 035亿元的结果。但是,同一时期的年均经常收支顺差为1 041亿元,年均国际储备为1 611亿元,也就是说,国际储备在以超过经常收支顺差的规模增长,即近年均600亿元的国际储备来自资本收支顺差。特别应当注意的是,由经常收支顺差而增加的国际储备与资本项目顺差而增加的资本流入在性质上是完全不同的,前者是实在的金融资产的增加,后者则是一种负债,是一种不稳定的国际支付手段。由于国际储备的很大部分是美国国债,这10年来实质上是中国在以对外借债的方式对美国做资金支援,形成了由中国充当净贷款人、美国充当净借款人,由中国向美国资金净输出的资金循环的怪圈。应当指出的是,外汇储备是维持货币稳定的重要手段,但应充分认识到持有外汇储备的收益性及风险成本,外汇储备绝非多多益善。作为发展中的中国,西部开发需要大量资金,向海外筹集资金时要负担汇率变动及风险保险等高利息,但购买美国国债作为外汇储备只能得到较低的收益,意味着中国在向

---

① a. 对国内资金供给为中国资金流量表中的国内部门资金来源的1992—2001年的平均值。

b. 对国内资金流入为中国资金流量表中的国内部门资金运用的1992—2001年的平均值。

c. 经常收支顺差的1 041亿元与储蓄缺口的1 081亿元未能一致且相差40亿元的原因在于二者的货币单位不同(经常收支数字取自国际收支表,按美元表示),从而在统计测算时所发生的汇率换算的误差。此外,由于国内投资与储蓄是按照亚洲开发银行公布的中国国内储蓄率及投资率而推算的,因此也会有一定的误差。

d. 经常收支顺差1 041亿元与对外资本净输出1 035亿元相差6亿元的原因在于汇率换算所产生的误差。

美国转移本国的所得。

在上述计算的均衡式中,年均1 028亿元的误差遗漏是一个不确定的但又不可忽视的存在,此科目决定了各经济变量的均衡关系以及对外资金流量的最终结果,是一个比较令人难以把握的问题。误差遗漏是编制国际收支表时由于资料不完整等原因造成的。不过中国的误差遗漏项过大,在一定程度上会影响政策当局对国际收支及对外资金循环的准确认识。由于我国尚未开放资本市场,可以认为误差遗漏中包括大部分无法统计的资本逃避所引起的国内资本外流。分析结果表明,一方面有高成本引进的年均1 604亿国际资本净流入的存在,另一方面又有年均约1 028亿国内资金以资本逃避的形式流失于国外,使国家丧失了应得的收益。这不外乎是另一种形式的国际资本流动的怪圈,由此所带来的经济损失是巨大的。

第五节 分析的结论

在发展中国家的经济发展过程中,我们可以看到许多依靠大规模的国际资本流入所带来的经济起飞(Economic Takeoff)的事例;同样,也可观察到随着急速的资本逃避所导致的金融危机。结合国际资本流动的外部环境,客观准确地解释近10年来我国对外资金循环的基本特征,对于21世纪初我国经济的发展是至关重要的。我国已加盟WTO,如何开放以及参与国际资本市场是个很现实的问题。目前,尽管我国尚未开放资本市场,但我国毕竟属于开放型经济,所以我国的对外资金循环已融入国际资金循环的轨道,其对外资金流向与流量在相当程度上受到以美国为主的国际资本流动的影响。在实物经济及经常收支方面与其他的同属新兴市场的东亚国家有所不同,但资金循环的走势基本一致,都存在着过剩的资本流动,存在着资金循环的怪圈。

分析表明,巨额国内储蓄得不到有效使用,说明在金融体制上存在着金融压抑的环境,资金循环渠道不畅通,缺乏包括直接融资市场在内的多种投资渠道,使得国内储蓄不能及时有效地转化为投资。在保持经常收支顺差的条件下,仍从资本收支顺差来增加国际外汇储备的做法影响了国内资金资源的最佳配置,降低了资金使用效率,招致金融风险加大。而混藏在误差中的资本外逃,除了让国家遭受巨大经济损失外,也会导致银行危机与通货危机的发生。因此,在进入经济发展的新阶段时,我们应从国际资金循环的角度,把握国内资金的流向及流量,在有较充裕的国内储蓄的条件下,应更加注意提高包括利用外资在内的资金使用效率。同时,对于国内企业对外投资也应充分考虑对国外投资的收益及风险的比较问题。资金大规模流入与流出,既带来了经济发展的机会,也带来了相应的金融安全问题,为此应尽快完善国内金融市场,健全与国际相通的金融法规、监管制度,加强国际中的金融协调,提高金融安全程度。保持经常收支与资本收支的平衡,从最佳资源配置的角度保持适度的外汇储备规模,早日跳出国际资金循环的怪圈。这涉及我国在国际资金循环中能否处于有利的位置,涉及在国际金融资源竞争中的利益,也关系到国家经济持续稳定发展的问题。

第八章 中日对外资金循环的比较与展望

引　言

　　20世纪90年代是中国经济高速增长时期,也是日本由于泡沫经济破灭陷入经济萧条的阶段。进入21世纪后,在中国经济持续高增长的同时,经常收支与资本收支出现巨额双顺差,2007年年初外汇储备增至1.2兆美元,面临着经济发展的新阶段。而日本则在经历了"失去的十年"的低迷后,通过金融体制改革,基本消除了银行巨额不良债务,完成了产业结构调整,步入了富有竞争力的稳定增长阶段。尽管近年来两国关系"政冷经热",但在2006年,中国成了日本最大的贸易国。本章在参考先行研究文献的基础上,将国内资金流量与国际资本流动衔接起来,试图通过比较中日对外资金循环的基本特点及相互依存关系,分析中日两国对外资金循环的变化及问题。进一步,通过建立国际资金循环模型,在整个宏观经济框架中对20世纪90年代以来的中日对外资金循环中存在的结构性问题做系统的研究,探讨90年代初日本泡沫经济破灭对中国的启示,展望中国经济的未来。本章的安排如下:第一节根据储蓄投资流量、对外贸易流量、对外资金流量三方面的均衡关系确立国际资金循环的分析框架;基于此理论框架在第二节的记述性分析中比较两国对外资金循环的基本特点和相互依存关系,以及对外资金循环中的结构性问题;第三节依照均衡理论建立国际资金循环分析的理论模型,说明模型的特点、解释变量的选取与数据来源;第四节重点讨论模型的推测结果及展开计量分析,探讨中日对外资金循环的结构性问题以及发展的趋势;第五节归纳整理分析的结论,借鉴日本的经验与教训,对中国经济的发展提出若干政策建议。

第一节　分析的理论框架

国际资金循环包括储蓄投资流量、对外贸易流量、对外资金流量三个相互衔接的组成部分。资金流量表中的国内部门的资金盈余或不足是通过其海外部门的净金融投资与国际收支的经常账户调整的,而资金流量表中的海外资金流出和流入与国际收支的资本账户相对应,因此将资金流量表海外部门的资金流量与由国际收支所引起的资金循环称为国际资金循环。由此可知,国际资金循环分析将国内储蓄投资差额与海外部门的资金余缺相联系,观察为调节经常收支所引起的国际资金流动,从储蓄投资流量、对外贸易流量以及对外资金流量的变化考察实物经济与金融经济的联系,国内资金流向与国际资本流动的相互影响。国际资金循环分析是资金流量分析领域中对外资金流量分析的延伸,是从国内资金循环向国际资本流动的分析视野的扩展。国际资金循环分析根据研究对象与目的可将世界经济划分为若干特定地区,从宏观角度系统地观察国内与国际地区间的贸易流量和资金流量的变化。

将国内资金流动与对外资金循环和国际收支结合起来,我们可以将资本输出型的资金循环过程所存在的"事后"均衡,即国内的储蓄投资差额、资金盈余或不足、对外收支、金融市场平衡以及对外金融资产增减变化的关系,归纳为以下5个基本均衡关系式。

储蓄投资差额与经常收支:

$$S - I = \Delta FA - \Delta FL = EX - IM \tag{1}$$

对外贸易流量均衡:

$$EX - IM = (FO - FI) + FRA \tag{2}$$

广义金融市场均衡:

$$FO_d + FO_o + FRA = FI_d + FI_o \tag{3}$$

将上式变形可得到如下均衡式:

$$FO_o - FI_o + FRA = FI_d - FO_d$$

对外资金流量均衡:

$$NFO_o + FRA = NFI_d \qquad (4)$$

对外资金流量与资本收支:

$$(FO_o - FI_o) = DI + PI + OI + CAA \qquad (5)$$

其中,S 为总储蓄,I 为总投资,ΔFA 为金融资产增减,ΔFL 为金融负债增减,EX 为出口,IM 为进口;FO 为资金流出,FI 为资金流入,FRA 为外汇储备,FO_d 为国内金融负债,FI_d 为国内金融资产;FO_o 为国际资本流出,FI_o 为国际资本流入,$NFO_o = FO_o - FI_o$,$NFI_d = FI_d - FO_d$。

(4)式的右方表示国内部门金融资产净增,是资金流量账户的资金盈余或不足项目,是与国际收支的经常收支相对应的。而左方表示对外资金净流量加上外汇储备增减,其对外资金净流量则是与国际收支的资本收支相对应的。由国际收支的定义可知,其资本收支由金融项目[直接投资(DI)+证券投资(PI)+其他投资(OI)]与资本项目(CAA)构成,所以对外资金净流量与资本收支的关系可表示为(5)式。由(5)式可知,对外资金流量的规模与流向主要取决于直接投资、证券投资、其他投资以及资本项目的变化。由上述均衡式可知,当国内储蓄超过国内投资时,经常收支为顺差,以资本收支的流出或外汇储备增加的形式使该国对外净资产得以增加。反之,当经常收支为逆差时,最终只能通过减少外汇储备或增加对外负债来填补其逆差,这一过程也就是资本收支的变动。上述均衡式可表明储蓄投资缺口、资金盈余或不足与国际收支的均衡关系,以及对外资金流量的构成,并由此归纳出国际资金循环分析的理论框架。根据这一理论分析框架,建立国际资金循环分析的理论模型。

第二节 中日对外资金循环的基本特点

国际资金循环分析涉及两个方面,一是实物经济与金融经济的关系,二是国内资金与国际资本流动的关系。解决好这两个关系的关键是取得储蓄投资流量、对外贸易流量、对外资金流量的均衡发展。下面首先简要概括一下中日两国在实物经济方面的特征。

20世纪90年代后中国经济持续高速增长,根据IMF的统计(参见图8-1与

图8-2),中国按购买力平价计算的GDP从1994年始已经超过日本,在2006年是日本的2.58倍。但按人均计算则中国依然只是日本的25%,如按现价人均GDP计算,中国的人均GDP是日本的5%。也就是说,尽管中国在经济总量上已经超过日本,但由于基本国情、经济发展基础等原因,中国与日本在经济发展的质量方面仍然存在较大的差异。中国在经济高速发展的同时也面临着经济结构失衡、贫富差距扩大等问题。表8-1是将全国人口按收入差距五等分的数据,其中将低收入与高收入的人口又细化分为最低与最高10%的人口,然后按照人口与收入比重计算出反映社会贫富差距的基尼系数。由表8-1可看出,中国的基尼系数在巴西之下,为44.7,而日本则与丹麦、瑞典相近,为24.9。特别是比较最高收入阶层比重可知,中国占人口比重10%的最高收入者拥有了社会财富的33.1%,而日本却只占21.7%。由此可看出日本在经济有效率增长的同时,亦保持了社会分配的公平,体现了以中产阶级为主的社会特征,而中国在经济高增长的同时却相伴产生了贫富差距的扩大。这显然不符合社会主义体制应有的经济发展模式,这种实物经济的不均衡发展也使得资金循环出现了结构性问题。

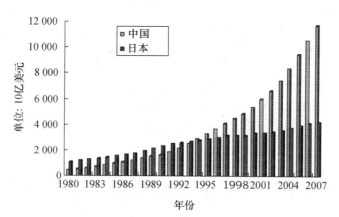

图8-1 中日经济增长的比较

注:2007年数据为预测数。
资料来源:IMF, *World Economic Outlook*, Sep. 2006.

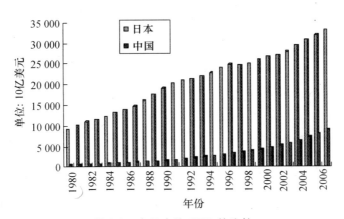

图 8-2 中日人均 GDP 的比较

资料来源：IMF, *World Economic Outlook*, Sep. 2006.

表 8-1 各国收入贫富差距的比较

	年份	基尼系数	最低 10%	低 20%	偏低 20%	中等 20%	偏高 20%	高 20%	最高 10%
巴西	2001	59.3	0.7	2.4	5.9	10.4	18.1	63.2	46.9
中国	2001	44.7	1.8	4.7	9.0	14.2	22.1	50.0	33.1
印度	2000	32.5	3.9	8.9	12.3	16.0	21.2	43.3	28.5
俄罗斯	2002	31.0	3.3	8.2	12.7	16.9	23.0	39.3	23.8
美国	2000	40.8	1.9	5.4	10.7	15.7	22.4	45.8	29.9
日本	2000	24.9	4.8	10.6	14.2	17.6	22.0	35.7	21.7
丹麦	1997	24.7	2.6	8.3	14.7	18.2	22.9	35.8	21.3
瑞典	2000	25.0	3.6	9.1	14.0	17.6	22.7	36.6	22.2

资料来源：World Bank, *World Development Indicators Database 2005*.

一、中日资金循环的结构比较

在资金循环分析中我们首先讨论最近的 2005 年的状况，旨在说明中日金融结构的基本特点。其次做纵向分析，将视角扩展到 20 世纪 90 年代至今的资金循环。

表 8-2 的数字可以说明中日金融结构的基本特征。各制度部门的净金融投资指的是各部门资金使用合计与资金来源合计的差额，是将经济的金融面与实

物面的储蓄投资相衔接能说明资金运用与筹集状况的指标。2005年,日本的金融部门为资金盈余部门,其比重为3.01%;而中国的金融部门为资金不足部门,其比重为-1.61%。从资金筹集方看中国金融部门资金不足的主要原因有:一是居民储蓄存款保持较高的增长,年末居民储蓄存款比上年同期高2.6个百分点;二是存款货币银行发行金融债券比上年同期增加1.12倍。从资金使用方看:存款货币银行的资产结构发生了变化,证券市场金融资产的比重加大。一是当年存款货币银行购买中央银行债券1.41万亿元,比上年增加7598亿元,主要是中央银行对冲国外资产的增加;二是存款货币银行购买的国债和金融债券分别为2890亿元和4168亿元,比上年同期分别增加1454亿元和616亿元。这样资金筹集与使用的结果使得金融部门为资金不足部门,其主要原因在于居民储蓄与银行发行金融债券的大幅度增加。

表8-2　各制度部门①净金融投资占GDP比重的比较(2005年)　　(单位:%)

	金融	企业	政府	住户	海外
中国	-1.61	-6.95	1.82	14.21	-7.47
日本	3.01	11.53	-13.15	2.27	-3.66

资料来源:日本银行,《资金循环勘定》;中国人民银行,"资金流量表"。

此外,日本企业部门为资金盈余部门,其比重为11.53%,主要反映了企业收益在恢复过程中企业对资金需求的低迷。而中国企业部门资金缺口较大,其比重为-6.95%,反映了在中国经济高速增长中企业部门成为投资主体,形成了旺盛的资金需求。

政府部门由中央政府、地方公共团体、社会保障基金构成,为公共与个人消费提供非营利性服务,并对国民收入与财富进行再分配。日本政府部门的巨额资金不足占GDP的13.15%,这表明为刺激经济增长扩大公共性投资,资金"由民间向政府"转移的政策倾向。在政府融资和投资能力增强的同时,民间金融机构的作用受到了阻碍。日本政府旺盛的资金需求,对应的是家庭和企业部门对资金需求的萎缩、民间资金需求的低迷,加之长期利率的不断下降对民间金融

---

① 日本资金流量统计的部门分类较中国详细,资金流量表部门大分类为:金融机构(中央银行、信贷银行、保险退休基金、其他金融中介机构、非中介型金融机构),非金融法人企业(民营、国营),一般政府(中央政府、地方公共团体、社会保障基金),住户,民间非营利团体,海外。

机构收益率空间的挤压,也从根本上弱化了金融机构合理配置资金的职能。因此,日本金融改革成功的前提条件,是包括政府金融机构在内的公共金融机构将资金循环中的主体地位让位于民间金融机构,将政府内部的资金循环改变为通过民间金融机构流向企业和家庭部门的循环。但是这10年间日本国内资金循环的流向表明,政府部门过大的资金亏损与原定的金融改革目标是有偏离的。与此相比,中国政府部门则从1992年以来首次由资金短缺部门变成资金盈余部门,财政存款增加较多,国债数量有所下降,表现出了中国经济增长的潜力。

更值得注意的是住户部门与海外部门的资金使用和筹集状况。日本住户部门资金盈余占GDP的比重仅为2.27%,而中国住户部门的资金盈余占GDP的比重则高达14.21%(美国为2.8%,英国为0.2%,德国为3.4%,法国为5.4%)。这说明中国住户部门的储蓄相对过剩,并不利于社会金融资源的合理配置,在经济发展中存在着消费不足的倾向。

资金流量统计中的海外部门是站在国外的立场设计的,海外部门的净金融投资为负数意味着本国资金的净输出,为正数则表示海外资金对本国的净流入。从海外部门的资金运筹状况看,中日两国的数字都为负数,即中日都是国内净金融资产增加,均为资金净输出国。2005年,中国的资金净输出占GDP的比重为-7.47%,而日本为-3.66%(美国为4.4%,英国为1.8%,德国为0.3%,法国为-3.1%)。① 由此可知,中国对外资金净输出占GDP的比重远远超过包括日本在内的主要先进国家。

二、日本在实施金融国际化过程中的一些主要措施

随着对外资金循环规模的扩大、金融交易商品种类的增多,我国正面临着逐步开放资本市场、实施金融国际化的战略阶段。他山之石,可以攻玉,下面我们比较借鉴日本的有关做法。

日本在实施金融国际化的过程中采取了相对保守稳定的策略,首先是从贸易自由化开始,逐步开放汇率及资本交易的市场化,最终实现了金融国际化。日本在20世纪80年代也曾有过抑制日元过快升值以扩大出口为主导的高速经济

---

① 参见 OECD, Quarterly National Accounts, Volume 2006/2。

增长模式,在此过程中形成了过剩的生产能力与内需不足的经济结构。此后日本的贸易顺差的递增超过了国际社会所能容忍的程度,在美国压力下日元不断被迫升值,迫使日本不得不做出经济结构的调整。但为此日本经济出现了两个深层次的问题,导致了自20世纪90年代以来的长期经济低迷。

其一是由于日元升值带来了以出口为主的日本企业竞争力的下降,迫使日本企业与雇佣向海外迁移,减弱了经济增长的活力。

其二是货币缓和政策对提高内需基本无效,只能用扩大财政支出来刺激每年的内需不足,形成了没有一定规模的财政支出就不能维持景气的经济增长模式。扩大公共投资修建公路铁路的基本设施固然对日本经济的增长有一定作用,但随着公共投资的效用递减,产生了大量的没有飞机起飞的机场、没有轮船靠岸的码头等,以及扩张的财政政策造成了大量固定资产的闲置。与此同时,政府的长期负债占GDP的比率递增,在2009年达到218.6%(参照表8-3)。

表8-3 G20主要国家的财政负债占GDP的比率 （单位:%）

	2007	2009	2014
日本	187.7	218.6	245.7
美国	61.9	84.8	108.2
英国	44.1	68.7	98.3
德国	63.4	78.7	89.3
G20发达国家	78.2	98.9	118.4
中国	20.2	20.2	20.0
印度	80.5	84.7	78.6
巴西	66.8	68.5	58.8
俄罗斯	7.4	7.2	7.2
G20新兴国家	37.4	38.9	36.2

注:2014年为预测数字。
资料来源:IMF, *World Economic Outlook*, April 2010.

日本在60年代开始试行汇率与资本项目的自由化,在70年代到80年代积极推进资本项目的自由化,1992年开始金融制度改革,1993年实行定期存款利率自由化,1994年实行流动性存款利率化,1999年停止了对长期与短期金融的分离制度,对普通银行也开放了以往只由长期信用银行及信托银行所能从事的公司债券发行业务,在20世纪90年代完成了金融的国际化。日本对资本市场采取了按资本项目逐步有序的开放过程。1964年,随着加盟OECD,日本受到来自欧美的对资本市场开放的压力。1967年日本政府决定第一次资本自由化(对内直接投资有限地开放),1969年3月实施了第二次资本自由化(对内直接投资完全自由),即按照具有较强国际竞争力的行业逐渐进行自由化的方针,在160个行业中采用50%的对等合并方式,在44个行业中实行100%的资本交易自由化。之后,日本的资本项目的自由化逐步推进,1971年对汽车行业的开放单独做了规定,到1973年5月先后五次制定了对内直接投资开放的制度(第五次资本自由化),除了农林水产业、矿业、石油、皮革以及皮革制造业五个行业之外,原则上100%开放资本市场,1973年到1976年完成了对内直接投资的自由化。

同时,日本在1972年6月开始实施对外直接投资的开放。对外证券投资的开放比较晚,以往是完全禁止本国居住者购买外国证券。1970年4月首先允许对外的投资信托,在70年代中叶逐步地开放对生命保险公司、证券公司等的机构投资家以及一般投资家(通过证券公司)的对外证券投资。综上所述,日本是首先开放了资本流入的项目,其后才开放了资本流出的项目。对不能特定的居住者的对外借贷、在国外的证券发行,以及非居住者在国内的证券发行采取了分别按个案审查的做法,对这些个案根据不同时期不同情况采取了或鼓励性或抑制性或禁止性的不同处理。[①]

此外,日本在开放资本市场过程中的另一个重要特点就是外汇银行始终发挥着外汇管理机构的作用。所谓的外汇银行指的是得到日本财政部批准的专门从事外汇交易以及贸易金融业务的银行。在1954年公布《外汇银行管理法》后,东京银行是唯一的得到政府批准可以经营外汇业务的外汇银行。1998年日本废止了《外汇银行法》,专业的外汇银行也就不存在了。根据《外汇管理法》,外汇银行要掌控对外交易的实际状况,并判断对外交易的合法性,负责面广,责任重大。在60年代末至70年代,外汇银行对于控制短期资本流动以及实施外汇政策的运营发挥了重要的作用。

通过总结日本在开放资本市场前后的经验,我们可以从中得到一些参考。我国也通过对人民币汇率保持稳定不使其升值的政策达到了以扩大出口为主导

---

① 东洋经济新报社、大藏省财政史室,《昭和财政史—昭和27—48年度-18资料(6),国际金融·对外关系事项》,1992;《昭和财政史—昭和27—48年度—19统计》,1998。

的经济高速增长,但2008年美国金融危机发生以来的事态表明,我国以往的以外需为主导的经济增长模式不能持续。央行在2010年6月19日宣布恢复参考一篮子货币进行调节、有管理的浮动汇率制度,并对其解释为"浮动汇率可灵活调节内外部比价,有助于引导资源向服务业等内需部门配置,推动产业升级,转变经济发展方式,减少贸易不平衡和经济对出口的过度依赖"[①]。与此同时,央行也明确表明目前不存在人民币大幅度升值的客观依据,需要谨慎地对人民币汇率浮动进行动态管理和调节。按现行规定,银行间外汇市场的人民币兑美元交易价的日浮动幅度为美元交易中间价上下千分之五,银行对客户挂牌的美元对人民币现汇买卖价差不得超过美元交易中间价的百分之一,现钞买卖价差不得超过美元交易中间价的百分之四。[②] 这样做的好处是可以维护宏观经济和金融市场的稳定,但汇率在如此狭小的范围内浮动失去了随着市场灵活变化的汇率本来所能发挥的调节经济结构的功能,当经济结构调整不能按预想进行时,可能会出现以下三个问题。

第一是旺盛的生产能力与内需不足的矛盾不会缩小,中美间的贸易失衡不会有明显的改善,根据以往日本的经验,美国会不断地要求人民币升值。

第二是会拖延人民币与上海金融市场的国际化进程。如上所述,所谓的人民币国际化就是在自由资本流动的状态下人民币可成为国际贸易支付手段的可交换货币。目前的人民币还处在必须要对资本项目做相应限制以及要市场介入才能保持其基本稳定的状态,所以人民币的国际化还有一段路要走,上海金融市场还不能成为国内外市场交易者可以自由买卖人民币的国际金融中心。

第三是有可能形成惯性的对财政政策的过度依赖。2008年美国金融危机后中国的4万亿的扩张性财政政策取得了预期的效果。但从长期看,即便有很强的财政支撑,只要没有解决出口与内需平衡问题,没有转换经济增长结构,中国经济很可能变得像日本经济那样,即形成没有财政支出就没有经济增长的僵化模式的经济结构。这些问题的根本解决只能通过适当的经济结构调整。通过减少乃至废除对特定出口产品的政策性出口补贴、逐步提高工资收入以扩大居

---

① 中国人民银行新闻发言人,"进一步推进人民币汇率形成机制改革,增强人民币汇率弹性",http://www.pbc.gov.cn/xinwen/index.asp?page=5&keyword,2010年6月19日。

② 中国人民银行新闻发言人就进一步推进人民币汇率形成机制改革答记者问,2010年6月20日。

民消费等综合政策手段减少对汇率的压力。逐步扩大汇率变动的幅度。只有汇率变动能起到调节经济增长结构的作用,才能实现金融的国际化。

日本经济长期处于低迷的一个原因在于日元的自由浮动汇率。从20世纪80年代后期开始日元汇率急剧变动,从1985年的1美元兑240日元急速上升至1995年4月的80日元,之后下跌至2007年的120日元,到2010年8月又升至85日元。日本除了被动地接受由汇率急剧波动所带来的产业结构调整外没有其他的选择。而中国采取的是有管理的浮动汇率制,既可以保持人民币的基本稳定,也可以主动实施经济结构的调整。中国如果能从以往的外需主导性转换为出口与内需均衡的增长模式,无疑将很利于中国经济的持续稳定发展。

在资本市场不断开放的同时,中国的外汇体制进行了相应的改革,汇率制度改革和外汇市场建设也在同步推进。回顾改革历程,可以看出中国资本市场的发展、开放与人民币自由兑换和汇率制度改革是一个相互促进的过程:资本市场开放要求人民币可自由兑换和富有弹性的人民币汇率制度,通过对资本流动管制的不断放松和人民币汇率制度的配套改革,促进资本市场的更快发展;而资本市场的发展又反过来为加快人民币自由兑换和汇率改革进程创造了有利条件。最终使三者在相互协调、共同促进中步入互动的良性发展轨道。

2008年源于美国的金融危机暴露出金融监管存在多方面问题,此次危机通过各类金融产品、金融机构和金融市场等渠道,迅速在全世界蔓延。有效的金融监管是防范金融风险最有力的外部约束力量,除了树立正确的金融监管理念、完善监管制度、加强国际监管合作体系之外,另一个重要的问题就是要及时准确地掌握金融信息,为应对瞬息万变的市场提出科学决策的事实根据。

三、中日对外资金循环的特点及问题

资金循环统计中的海外部门的资金流出和流入也即国内部门资金筹集与运用,其二者之和占GDP的比重表明一定时期运用的金融资产和负债的规模与实物经济的比重。从图8-3可知,90年代前后日本的对外资金循环占GDP的比重有了急剧的变化,由1982年的1.75%上升至1987年的25.4%,其后骤然下跌,在1992年降至-2.4%,在亚洲金融危机时期连续3年出现负数。80年代后期是日本资金循环规模急剧扩大、产生泡沫经济的时期,90年代初期则是资金循环规模迅速萎缩、泡沫经济崩溃的时期。

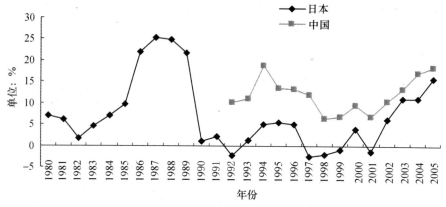

图 8-3　中日资金流出与流入占 GDP 比重的比较
资料来源：日本银行，《资金循环勘定》；中国人民银行，"资金流量表"。

日本泡沫经济崩溃后，土地、股票等资产价格下降了 1 000 万亿日元（约合 10 万亿美元），一般国民损失的财产高达 GDP 的 2 倍。资产价值的缩水引起家庭和企业部门的资产与负债失去平衡，从而降低了个人消费和企业设备投资需求，造成通货紧缩，资金流量规模下降。分析日本通货紧缩的原因，其中进口商品价格下降和技术进步等供给因素引起的通货紧缩仅占 30%。通货紧缩加剧了工资、债务和利息的实际负担，这对企业收益造成了负面影响，从而进一步削减了需求，形成了通货紧缩，导致资金循环规模缩小的恶性循环。为了摆脱经济困境，日本在 90 年代后进行了一系列的金融体制改革。1992 年通过了《金融制度改革法》，允许银行、证券、信托的相互混合经营；1994 年实现了流动性存款利率的自由化；1997 年修改了《外汇管理法》，实现了资本家交易自由化；1999 年取消了对普通银行发行企业债券的禁令，允许银行设立证券子公司；2007 年实施了邮政民营化；等等。日本经济在经历了 10 年的长期衰退后，终于出现了回升势头，2002 年年初开始，日本经济已经历了 5 年的缓慢上升，这是自 20 世纪 90 年代初泡沫经济崩溃以来的第三次景气回升。与此同时，日本对外资金循环的规模也呈现出上升的趋势。这次回升标志着日本经济摆脱了长期低迷的状态，进入了经济发展的新阶段。

日本有效的对外资金运筹为日本摆脱泡沫经济困境带来了一定成效。2005 年度的中期决算显示，日本的主要银行都能以业务净收益冲抵处理不良债权损失,且经常收益为正值。日本主要银行的损失额很低,只有0.6万亿日元。进入21世纪以来,日本主要银行的资本充足率为10.4%,2002年曾一度下降为9.4%,而2003年再次上升到10.8%。日本主要银行的资本充足率有所改善,这与股票价格的上升有着密切关系。

那么,是何因素支撑了日本股价的上升呢?主要原因之一在于日本对外的资金运作。21世纪以来,国际资金循环以美国、欧洲、日本和中国为中心。概括来说,资金的流动由两大潮流构成。一是中国和日本以及欧洲的对美国债券投资的资金;二是美国提供向各国进行股票投资的资金。流向美国的资金也是美国政府向海外的借款(筹集资金),流入美国的债券资金成为美国政府减税的资金来源,美国经济由于减税而出现了复苏迹象。与此对应,美国对外流出的资金也在增长,在美国宽松金融政策的作用下,美国景气回升带动美国股价上升,由于美国国内股价上升,美国投资者的投资资金随之增加,他们通过国际分散投资向海外分配资金,资金重又流向世界各国,世界各国的股价以来自美国的资金为杠杆不断攀升。2006年日本股价的上扬也是由来自美国和欧洲的股票投资资金流入带动的,这就是2006年以来的一段时期日经平均股价维持在12 000点左右的原因。

另外一个原因就是全球国际收支失衡、美元泛滥,日元充当着"国际货币供款机"的角色。目前全球大约有7.5亿美元游资,据国际金融协会预测[1],其中日元约占40%。如前所述,日本政府部门的资金不足占GDP的13.15%,民间部门所持有的巨额国债使得日本利率升值的空间很小,因此日本长期维持低利率,客观上造成了国际上日元套利交易的大量孳生和泛滥,由此也给国际金融市场带来了巨大的不确定性因素。欧美资金通过低息套购大量日元转向国际投资,使得日元难以升值。这有利于日本企业的出口。1990年至今,日本持续经常收支顺差,2007年第一季度经常收支顺差更是比上年同期增长50%。因此,调控日元升值就成为日本政府经济政策中最为有效的景气对策。

日本政府通过外汇干预吸收的资金又是向美国国债长期投资的一个资金循环渠道,根据美国财政部的统计,日本在2000年持有美国债券约3 170亿美元,

---

[1] 国际金融协会,http://www.iif.com/。

到 2005 年增至 6 899 亿美元①,日本对美国国债的投资占其国债总额的 38%,为美国以外国家或地区的最高比率。另据日本财政部的统计②,到 2006 年 9 月,日本政府对美国长期债券的投资金额已高达 14 万亿,是同时期民间企业债券投资的 2 倍。这说明日本参与国际循环的资金也是以政府所有和支配下的资金为主的。1995 年年末日本对外净资产为 85 万亿日元,2006 年年末增长到 215 万亿日元,平均增长率为 9%,远远高于同期日本国内经济增长率(1%),这足以说明日本对外资金运筹对日本经济的贡献度。

图 8-3 表明,20 世纪 90 年代以来中国的对外资金循环规模占 GDP 的比重始终超过日本,且增减变动的趋势与日本很相近,表明尽管中国尚未开放资本市场,但中国的资金循环已经融入国际资金循环的轨道。为便于比较,计算该比重所使用的分母为按购买力价格计算的 GDP(IMF 统计)。由于同期日本按购买力价格计算的 GDP 是中国的 6 倍③,1990 年至 2006 年中国生产单位 GDP 所使用的资金流量要高于日本,所以中国的资金使用效率要低于日本。90 年代以来,中国对外资金循环最大的特点就是大规模的国内储蓄与大规模的国际资本流入和国内资本流出同时并存,以及对外资本净输出的资金循环模式。90 年代以来,中国投资逐年递增,但储蓄增长超过投资,除 1993 年净储蓄为负数外,储蓄大于投资的储蓄缺口由 1992 年的 276 亿元增至 2005 年的 10 223 亿元,年均储蓄净差额为 2 667 亿元。④ 但是 2004 年以来,净储蓄急剧大幅增加,2005 年比上年度竟然增长了 151%,总储蓄额达到 8.98 万亿元。而经常收支与储蓄缺口的变动方向一致,除 1993 年外,经常收支持续保持顺差,由 1992 年的 64.01 亿美元增至 2005 年的 1 608.18 亿美元,年均经常收支顺差为 316 亿美元。特别是 2004 年以来经常收支顺差急剧增加,2005 年比上年度增长了 134.2%。由第一节所提示的对外资金循环过程的五个均衡式可知,由于实物经济方面的储蓄投资差额、经常收支顺差的急剧增加,根据资金循环过程所存在的"事后"的均衡关系,将形成资本收入逆差或外汇储备增加。但中国的实际情况是在持续经常

---

① 美国财政部,http://www.ustreas.gov/tic/。
② 日本财务省,http://www.mof.go.jp/bpoffice/bpdata/zandaka.htm。
③ 按 IMF 公布的 Based on PPP per capita GDP (current international dollar)计算,1990 年至 2006 年的日本 GDP 的总量是中国的 6 倍。参见 IMF,*World Economic Outlook*,2006。
④ 国内总储蓄取自《中国统计年鉴》的资金流量表,投资取自支出法 GDP 里的资本形成总额。

收支顺差的同时,也持续了资本收支的顺差(资本流入),这样必然导致外汇储备的急剧上升,外汇储备存量由1992年的194亿美元增至2005年年底的8 189亿美元,2007年3月达到1.2万亿美元。[①] 因此在中国并不存在发展中国家常受到的储蓄与外汇不足的双重约束。14年来累积总额达到43.5万亿元的国内储蓄理应成为中国资金筹集的主要来源,成为中国经济增长的有利条件。但是2004年以来,净储蓄与经常收支顺差大幅度增长,外汇储备存量短期内跃居世界首位,对外资金流量大规模增长。这些急剧性变动的原因何在呢?

资金循环统计表明,在国内净储蓄额逐年增大的同时,海外资金流入量亦是大规模连续增长,由1992—1996年平均值的4 295亿元增至2005年的11 883亿元,14年间流入资金总额为72 268亿元。从资金流出看,中国对外的资金流出也呈现出强势递增,2004年一度下降为 - 551亿元后,2005年一举跃居最高值的7 078亿元,14年间国内资金流出总额达到34 811亿元。从国外资金流入扣除国内资金流出的净流入看,除1992年与1998年外基本保持了资金净流入的状态,即资本收支持续顺差,虽然1998年后有所下降,但2001年又恢复到了东亚金融危机前的规模,2004年达到最高值9 263亿元。

这些统计数字表明了一个超乎经济常规的现象,即中国在持有大规模净储蓄的情况下依然每年有巨额的资本净流入。从整体看,14年间通过直接投资、证券投资及银行信贷等形式流入的资金净流入规模达到37 459亿元,年均净流入量为2 676亿元。在年均储蓄净差额为2 667亿元的情况下,依然持续保有大规模的经常收支与资本收支的双顺差,结果会如何呢?根据第一节给出的对外资金循环的均衡关系,结论只能是一个:外汇储备流量的猛增。2007年第一季度实际的外汇储备存量已经证明了这一点。这不得不令人思考:这种超乎经济发展常规的现象是否有利于资源的合理配置?中国对外资金循环是否出现了结构性问题?

在国外资金净流入、经常收支与资本收支持续双顺差的同时,外汇储备流量由1992年的117亿元增加至2006年年底的19 554亿元,年均增量为4 720亿元。但是,如分析储蓄投资差额与经常收支的均衡关系时所显示的那样,同期的

---

① http://www.safe.gov.cn/。

资金循环分析的理论与实践

年均经常收支顺差为2 616亿元①,也就是说,外汇储备增长是以超过经常收支顺差的规模(其中的45%来自资本收支顺差),通过金融项目下的直接投资与证券投资实现的。通过这14年的数据观察不难发现,外汇储备来源结构已经发生了很大的变化,资本收支顺差已经占据我国外汇储备的近一半。应当注意的是,由经常收支顺差而增加的外汇储备与资本收支顺差而增加的国际储备在性质上是完全不同的,前者是实在的金融资产的增加,后者则是一种不稳定的国际支付手段。

中国与日本同为世界最大的外汇储备持有国。中国自20世纪90年代以来持有的美国债券持续增高,由1992年年初的58.3亿美元增至2006年年底的4 560亿美元。② 这实质上形成了由最大发展中国家的中国充当净贷款人、最大发达国家的美国充当净借款人,由中国向美国资金净输出的资金循环的怪圈。而从美国的对外资产与负债的构成看,美国以收益率较高的股票等形式持有对外资产,且其中大半是按外币汇价;同时,美国的对外负债则多以收益率较低的国债等形式持有,且几乎都是按美元汇价(Tille,2005)。这种资金筹集与运用的结果形成了一种奇妙的现象,即2000年以来在美国的经常收支逆差持续增大的同时,对外金融净资产却基本保持一致,没有减少。③ 因此,在国际资金循环中形成了这种对中国的得不偿失的资金流动怪圈。大量过剩的国际资本流动促成了这个怪圈,这个怪圈的存在加大了中国对外资金循环的不稳定性。

上述分析表明,中国资金循环中存在着类似于日本80年代后期的金融泡沫的危险。从外汇储备增加的构成来看,90年代以来中国对外资金循环存在着资源最优配置的问题,中国有必要进一步完善金融体制改革。中国对外资金循环中存在着的结构性失衡,这既是净储蓄规模过大等国内问题所导致的结果,也有如人民币汇率等外部环境变化对中国资金循环的影响。为了系统地解释对外资金循环的结构性问题,有必要从储蓄投资流量、对外贸易流量、对外资金流量三方面,建立国际资金循环分析的计量模型,进行更深入、完整的探讨。

---

① 为便于与资金流量数据比较,经常收支数字按当年汇率换算为人民币。
② 美国财政部,http://www.ustreas.gov/tic/。
③ 美国经常收支逆差占GDP的比重由2000年的-4%下降到2005年的-7%,而同期对外金融净资产占GDP的比重基本维持在-20%的水平,具体数据参见http://www.bea.gov/。

第三节 国际资金循环分析模型

一、模型的建立

国际资金循环模型是根据 IS-LM 理论以及一般均衡论,参考蒙代尔·弗莱明模型建立的。现实的资金循环中由于资本流动、利息、股价、汇率等各变量变动频繁,以及收集金融统计数据的时效性等原因,实际上很少有计量推测值与均衡值相一致的状况。所以该模型并非要反映一国短期资金循环的均衡,而是基于处于动态之中的资金循环向均衡状态的调整过程来设计的。基于此考虑,建立国际资金循环模型并不在于反映某一时期的资金流量的均衡,其目的更在于从整个宏观经济的视角结合储蓄投资、对外贸易流量、对外资金流量等各个经济变量,以及采用一些滞后经济变量,来反映模拟资金循环从不均衡向均衡变化的连续调整过程。该模型是试图拟合中长期资金循环的趋势性变化,反映对外资金循环体系中的结构问题以及各经济变量依存因果关系的动态分析模型。根据对外资金循环分析的理论框架,我们建立了如下的结构式联立方程模型。

结构方程式:

储蓄函数[①]

$$S_t = b_{11} + b_{12}\mathrm{DI}_t + b_{13}R_t \tag{6}$$

投资函数

$$I_t = b_{21} + b_{22}Y2 + b_{23}G_t + b_{24}R_t \tag{7}$$

进口函数

$$\mathrm{IM}_t = b_{31} + b_{32}\mathrm{CPI}_t + b_{33}Y_t \tag{8}$$

出口函数

$$\mathrm{EX}_t = b_{41} + b_{42}\mathrm{REER}_t + b_{43}\mathrm{WGDY}_t \tag{9}$$

---

① S 为国民总储蓄(= 资本形成总额 + 对外金融净资产);I 为资本形成总额;C 为最终消费支出;DI 为可支配收入(= $S + C$)。上述统计资料取自按支出法计算的 GDP 与资金流量统计。

国际资本流入函数
$$FI_t = b_{51} + b_{52}YR_{t-1} + b_{53}PER_t + b_{54}FDI_t + b_{55}R_t + b_{56}D_t \quad (10)$$
海外直接投资函数
$$FDI_t = b_{61} + b_{62}Y_{t-1} + b_{63}PI_t + b_{64}REER_t \quad (11)$$
国际证券投资函数
$$OPI_t = b_{71} + b_{72}\mathrm{rbond}_t^{US} + b_{73}\mathrm{risk}_t + b_{74}R_t \quad (12)$$
对外信贷函数
$$OIO_t = b_{81} + b_{82}RFL_{t-1} + b_{83}CA_t + b_{84}R_t \quad (13)$$
预期股市收益率函数
$$PER_t = b_{91} + b_{92}R_t + b_{93}YR_{t-1} + b_{94}\mathrm{risk}_t \quad (14)$$
市场利率函数
$$R_t = b_{101} + b_{102}MR_t + b_{103}RCB_t + b_{104}YR_{t-1} \quad (15)$$
外汇汇率决定函数
$$REX_t = b_{111} + b_{112}FDI_{t-1} + b_{113}NFI_t + b_{114}EX_t \quad (16)$$
外汇储备变动函数
$$CRA_t = b_{121} + b_{122}CA_t + b_{123}FI_t + b_{124}FFR_t + b_{125}REX_t \quad (17)$$
资本流出函数
$$FO_t = b_{131} + b_{132}CRA_t + b_{133}PI_t + b_{134}RCB_t + b_{135}\mathrm{rbond}_t^{US} + b_{136}D_t \quad (18)$$

定义式:

对外资金净流量恒等式
$$NFI_t = FO_t - FI_t \quad (19)$$
经常收支恒等式
$$CA_t = NFI_t + CRA_t \quad (20)$$
GDP 恒等式
$$Y_t = C_t + I_t + EX_t - IM_t \quad (21)$$

根据分析的理论框架,在国际资金循环分析模型中,首先从国内储蓄投资平衡的视角设定了储蓄及投资函数。由于中日的资金循环均为经常收支顺差与对外资金净输出模式,从对外贸易流量视角看经常收支顺差的原因在于贸易流量,在建立结构方程式时为明确这一特征设置了进口与出口函数。此外,净出口的扩大产生经常收支顺差,为了从对外资金循环的视角观察国际资金流量的非均衡向均衡连续调整转化的过程,设置了国际资本流入函数。

根据第一节(5)式,国际资本流入主要是由直接投资、证券投资、其他投资所构成,因此设置了海外直接投资函数、国际证券投资函数、对外信贷函数来推测海外资本流入的变化。根据国际资本移动的收益与风险的驱动机制,为了进一步观测各国财政/金融政策在国际间的波及效应,在该模型里还加入了预期股市收益率函数、市场利率函数、外汇汇率决定函数。同时,在分析期间中日外汇储备激增,为推测经常收支与资本流入对外汇储备的影响设置了外汇储备变动函数。在此基础上,结合外汇储备增减、投资收益流出、汇率变动、美国金融市场利率变化等要素推导出国内资本流出函数。最后,结合对外贸易流量、对外资金流量以及国内经济变化,为了预测国际资金循环对经济增长的影响以及做模拟分析,在结构方程式之后设置了对外资金净流量恒等式、经常收支恒等式以及GDP 恒等式这 3 个定义式。①

二、模型的特点及数据

国际资金循环模型可以系统地观测收益因素与风险因素对资本流动的影响,可以观测资金循环体系中的结构性变化因素与循环性变化因素以及对外资金流量的变化对经济增长的影响。如设定央行利率及财政支出等外生变量可以调节储蓄投资差额,影响进出口,控制资本流出的规模,最终可观测金融政策及财政政策对经济增长的综合影响。设定市场利率的变化、汇率的涨幅、经常收支的增减、美国金融市场利率的变动,可以模拟预测外汇储备的规模、国际资本流入与资本流出的规模,为实施相应经济政策提供参考。

在构筑国际资金循环模型时,理论上设计了 13 个结构方程式以及 3 个定义式。但在实际建立模型以及测试模型参数时,考虑到中国尚未开放资本市场的现状以及推测参数的偏差和稳定性,舍去了国际证券投资函数、对外信贷函数。用联立方程式的计量模型推测各个结构方程式的参数时,考虑到同时推测所产生内生变量与误差项的相关问题以及可比性问题,本模型推测采用了 2 阶段最小二乘法。

---

① 以 Y 表示开放经济中的 GDP,则有 $Y = C + I + EX - IM$ 的关系式成立,为按支出法计算的 GDP。

建立模型时主要采用的是 1992 年至 2005 年的中国资金流量统计与国际收支统计的年度数据和 GDP 统计。此外,还使用了 IMF 的 IFS 统计等,各变量数据来源请参见表 8-4。在做数据处理时使用了 SAS 软件。

第四节 推测结果的分析

为便于在相同的时期、相同的范围并以相同的口径进行比较分析,本研究使用了中日双方从 1992 年至 2005 年的数据、相同的内生变量与外生变量以及相同的结构方程式。同时,为分析在结构式联立方程模型中所反映出的各主要经济变量的依存关系与结构性问题,我们着重讨论储蓄投资流量、对外贸易流量、国际资本流入、汇率、外汇储备以及资本流出的推测结果,在整个宏观经济系统中考察对外资金循环的结构性问题。

推测结果显示(参见表 8-5),中国的前期可支配增长对储蓄的弹性系数高于日本(中国为 0.79,日本为 0.54),分析期间中国经济增量带动投资的效应小于日本(中国为 0.82,日本为 1.49)。从贸易流量看,中国的国民所得对进口的弹性系数高于日本(中国为 0.051,日本为 0.002)。比照世界经济增长对中日出口的效应,也是中国远远高于日本。中国模型中的世界经济增长量是按照中国主要贸易国的美日欧的购买力平价计算的 GDP 的合计,日本模型中的世界经济增长量是按照日本主要贸易国的中美欧的购买力平价计算的 GDP 的合计。除中国以外的世界增长对中国出口的弹性系数为 0.07;而除日本以外的世界经济增长对日本出口的弹性系数仅为 0.01。从对外资金流量看,海外资金流入中国的主要因素为中国的经济增长速度、市场利率以及国外直接投资,而股市投资收益率对海外资金流入并无显著影响。海外资金流入日本的主要因素为股市投资收益预期,而经济增长率与市场利率对吸引海外资金流入没有显著影响。就中国而言,造成国内资本流出的主要因素为外汇储备增加以及美国联邦利率的变化;从日本来看,造成国内资本流出的因素在于外汇储备增加与实质有效汇率。

上述各项指标中国基本都高于日本的一个重要的原因就是两国处于不同的历史发展阶段,前者处于经济高速增长期,而后者则由于泡沫经济破灭陷入经济衰退期。比照日本的经济发展过程,客观准确地解释20世纪90年代以来中国对外资金循环的基本特征,发现中国经济中的结构性问题,对于今后中国经济的稳定增长是有参考价值的。分析表明,中国经济增长对储蓄影响较大,而不断增大的巨额国内储蓄得不到有效使用,说明在金融体制上存在着金融压抑的环境,资金循环渠道不畅通,缺乏包括直接融资市场在内的多种投资渠道,使得国内储蓄不能及时有效地转化为投资。计量推测的结果表明,我国在对外贸易流量中存在着结构性问题,即世界经济增长对中国出口的弹性系数大于国内经济增长对进口的弹性系数。从经济长期持续稳定发展看,有必要就对外贸易流量进行政策性调整,达到经常项目平衡。从对外资金流量看,中国资金循环中存在着一个怪圈,即存在经常收支与资本收支的巨额双顺差,而近年来外汇储备急速增大则是这一怪圈中的循环性因素。在保持经常收支顺差的条件下,仍有约40%的外汇储备来自资本收支顺差的资金运用方法影响了国内资金资源的最佳配置,降低了资金使用效率,招致金融风险加大。十余年来,中国经济增长所带来的巨额储蓄并没有充分用来提高国内生活消费以及转化为有效投资需求,而是以购买美国国债等形式支援美国财政从而被动地形成了高达1.2兆美元的外汇储备。外汇储备是维持货币稳定的重要手段,但应充分认识到持有外汇储备的收益性及风险成本,外汇储备绝非多多益善。应从外汇储备的收益性、流动性、风险成本以及持续稳定发展的长期战略等方面调整外汇储备规模。

第五节　分析的结论

90年代以来,日本国内的资金循环发生了巨大变化,日本的资金循环始终保持了一种由民间金融机构向政府以至公共金融机构转移的流动趋势。日本民间金融机构的中介职能作用减退,日本直接金融的比率从55%降为20%。这种不断提高直接金融比率、降低间接金融比率的实际的资金循环的流向偏离了原来金融体制改革的目标。但在这一时期,日本循序有秩(Sequencing)地实现了金融市场与资本交易的制度改革,实现了金融的国际化。日本很善于适应国际环境的变化,通过对利率的控制、汇率的调节等手段取得对外资金运作的最大效益,从而对日本经济的恢复起到了重要作用。

中国对外资金循环所产生的问题既有国内经济发展的结构失衡所导致的结果,也有国际环境变化对中国的影响。尽管中国尚未开放资本市场,但中国毕竟属于开放型经济,所以中国的对外资金循环已融入国际资金循环的轨道,对外资金流向与流量在相当程度上受到以美国为主的国际资本流动的影响。分析表明,对外资金循环的结构性问题,实质上也就是国内经济问题在对外资金循环上的反映。对外资金循环失衡的起因在于国内需求不足,导致净储蓄过大,进而形成出口压力。在有巨额净储蓄及经常收支持续顺差的情况下,仍有资本收支顺差的存在,说明中国在引入外资中存在着盲点。这种对外资金循环失衡所导致的结果只能是被动的外汇储备的急剧扩大。长期的由于内需不足所引起的双顺差逐渐形成了目前的对外资金循环的结构性问题。计量分析表明,中国的利率对投资变动的调节功能较弱,汇率也没有充分发挥调节对外贸易流量与资金流量的均衡作用。市场杠杆功能不健全,导致近年来结构性问题日益突出。计量分析的结果还显示,中国的汇率变化与外汇储备增加基本不受国际金融市场利率变动的影响,政府行为占有绝对主导地位。中国的过剩储蓄填补了美国的储蓄不足。这种决策方式的好处是可以暂时解决国内问题,但失去了市场机会,削弱了中国产品在国际市场上的竞争能力,加大了金融风险。而背离市场规律的行为最终还是会导致经济发展中的结构问题,影响长远利益。

比照日本泡沫经济膨胀与破灭的前车之鉴,中国有必要对目前的资金循环进行结构性调整。政策建议如下:

(1) 解决对外资金循环的失衡问题需要从对内与对外两方面着手。对内即从资金循环的源头入手,即提高内需,降低储蓄,进而缩小储蓄投资差额,缓解出口压力,从结构上调整对外资金循环的失衡状态。对外即逐步调整人民币汇率,使之升值到与经济发展实力相应的水平,逐步有序地开放中国的资本市场,发挥调节对外贸易流量与资金流量均衡的功能,解决经常收支长期顺差问题,取得国际收支平衡,达到资金循环的均衡,使得中国与国际社会和谐发展。

(2) 国内储蓄得不到有效使用,说明在金融体制上存在着金融压抑的环境,资金循环渠道不畅通,缺乏包括直接融资市场在内的多种投资渠道,使得国内储蓄不能及时有效地转化为投资。在国内需求始终萎靡不振的情况下,中国经济增长严重依赖投资和出口。因此,应有效及时利用巨额储蓄,调整经济发展结构。同时,金融改革必须以经济结构的全面调整为基础,只有充分激发企业的创造力,变外需主导经济为内需主导经济,凭借自身的发展需求带动资金以国内民间经济为主循环渠道,才能保证包括金融机构在内的整体经济能够健康持续地发展。

（3）应有选择地吸引外资,调整对外资的政策。在进入经济持续稳定发展的阶段时,我们应从国际资金循环角度,把握国内资金的流向及流量,在有较充裕的国内储蓄的条件下,应更加注意提高包括利用外资在内的资金使用效率。在法制化的市场经济中,保证内资与外资的平等公平竞争。对于国内企业对外投资,也应充分评估投资收益与风险。资金大规模流入与流出,既会带来经济发展的机会,也会带来相应的金融安全问题,为此,应健全与国际相通的金融法规,消除资本逃避,加强国际间的金融协调,提高金融安全程度。

（4）从对外资金流量看,外汇储备增加是中国资金循环怪圈中的循环性因素。在保持经常收支顺差的条件下,仍有约45%的外汇储备来自资本收支顺差的资金运用方法影响了国内资金资源的最佳配置,降低了资金使用效率。应从外汇储备的收益性、流动性、风险成本以及持续稳定发展的长期战略等方面调整外汇储备规模。在2006年这个时点上,我们较保守地假设从2007年到2010年的贸易顺差年增长率为6%,国际资本流入年增长率控制在5%[①],而人民币对美元汇率由2007年年初的7.73上升至2010年的6.53,同时考虑到美国利率的变动,模型推测显示:在2010年中国外汇储备存量将高达2.14兆美元![②] 这样的结果将更加扩大储蓄投资的失衡和国际收支的不平衡,这将不是降低出口或人民币升值所能摆脱的困境。积极主动的对策只能是调整经济发展模式。

通过20世纪90年代至今的经济高速增长,中国基本完成了为满足13亿人温饱的经济起飞阶段所必需的量的增长。在这个高速增长阶段,也出现了一些经济发展中的结构性问题。因此,有必要调整长期以来的"双顺差型"的资金循环模式,扩大国内消费,降低农村与城市、沿海与内陆的差距,扩大对医疗、教育、社会保障以及环境保护等有关国计民生的基础设施的消费支出,使中国经济的发展由追求"量"的增长转变为"质"的提高。

---

① 根据相关统计数据用几何平均法计算,自1997年至2005年中国贸易顺差年均增长率为26%,国际资本流入年均增长率为18%。

② 国家外汇管理局在2011年公布的实际数据为2.85兆美元。

表 8-4　变量定义一览表

变量	定义	单位	区分	出处
Y	GDP	亿元	内生	IFS
$Y(-1)$	1 期滞后的 GDP	亿元	外生	加工
$Y2$	1 期滞后的 GDP 阶差	亿元	外生	加工
S	总储蓄	亿元	内生	IFS
DI	可支配收入	亿元	外生	中日资金流量表
I	总投资	亿元	内生	中日资金流量表
C	最终消费支出	亿元	外生	IFS
$K(-1)$	1 期滞后的资本存量	亿元	外生	加工
EX	出口	亿美元	内生	IFS
IM	进口	亿美元	内生	IFS
CA	经常收支	亿美元	内生	IFS
REER	实质有效汇率	%	外生	IFS
REX	人民币汇率	元/美元	内生	IFS
R	1 年期借贷利息	%	内生	IFS
PER	深圳 B 股指数	%	内生	中国人民银行统计季报
CRA	外汇储备增加	亿元	内生	IFS
CF	误差与遗漏	亿元	外生	IFS
FO	国内资金流出	亿元	内生	中日资金流量表
FI	海外资金流入	亿元	内生	中日资金流量表
NFI	净金融投资	亿元	内生	中日资金流量表
YR	经济增长率	%	外生	IFS
FDI	海外直接投资	亿元	内生	IFS
OPI	国际证券投资	亿美元	内生	IFS
OIO	其他投资（负债）	亿美元	内生	IFS
$rboud^{us}$	美国国债收益率	%	外生	IFS
RFL	支付利息	亿美元	外生	加工
risk	负债率	%	外生	IFS
RCB	中央银行基准利率	%	外生	IFS

（续表）

变量	定义	单位	区分	出处
M_2	货币供给	亿元	外生	IFS
CPI	中国消费物价指数	%	外生	IFS
PI	投资收益流出	百万美元	外生	IFS
IMP	日本进口价格指数	%	外生	IFS
FFR	美国联邦资金利率	%	外生	IFS
WGDP	美日欧 GDP 合计	亿元	外生	IMF、WEO 加工

表 8-5a　日本模型的推测结果

Model：Gross Savings

Analysis of Variance

Source	DF	Sum of Squares	Mean Square	F Value	Pr > F
Model	2	9.604E11	4.802E11	41.75	0.0001
Error	21	2.415E11	1.15E10		
Corrected Total	23	1.203E12			
Root MSE		107 241.922	R-Square	0.79906	
Dependent Mean		1 329 750.71	Adj R-Sq	0.77992	
Coeff Var		8.06481			

Parameter Estimates

Variable	DF	Parameter Estimate	Standard Error	t Value	Pr > |t|
Intercept	1	-1 531 659	388 297.5	-3.94	0.0007
DI_{t-1}	1	0.544942	0.068515	7.95	0.0001
R	1	90 809.91	19 465.23	4.67	0.0001

Model: Gross Investments

Analysis of Variance

Source	DF	Sum of Squares	Mean Square	F Value	$Pr > F$
Model	3	8.992E11	2.997E11	22.78	0.0001
Error	20	2.631E11	1.316E10		
Corrected Total	23	1.161E12			
Root MSE		114 697.617	R-Square	0.77364	
Dependent Mean		1 235 305.38	Adj R-Sq	0.73968	
Coeff Var		9.28496			

Parameter Estimates

Variable	DF	Parameter Estimate	Standard Error	t Value	$Pr > |t|$
Intercept	1	221 579.0	185 399.6	1.20	0.2460
Y2	1	1.486497	0.315318	4.71	0.0001
G	1	3.311578	0.486952	6.80	0.0001
R	1	−31 656.9	12 105.64	−2.62	0.0166

Model: Import

Analysis of Variance

Source	DF	Sum of Squares	Mean Square	F Value	$Pr > F$
Model	2	24 223 395	12 111 698	84.38	0.0001
Error	21	3 014 208	143 533.7		
Corrected Total	23	27 322 267			
Root MSE		378.85840	R-Square	0.88934	
Dependent Mean		2 690.19708	Adj R-Sq	0.87880	
Coeff Var		14.08292			

Parameter Estimates

Variable	DF	Parameter Estimate	Standard Error	t Value	$Pr > |t|$
Intercept	1	−8 806.64	1 323.541	−6.65	0.0001
IMP	1	12.62712	3.482685	3.63	0.0016
Y	1	0.002176	0.000209	10.42	0.0001

Model: Export

Analysis of Variance

Source	DF	Sum of Squares	Mean Square	F Value	Pr > F
Model	2	34 774 416	17 387 208	156.56	0.0001
Error	21	2 332 224	111 058.3		
Corrected Total	23	37 130 583			
Root MSE		333.25407	R-Square	0.93715	
Dependent Mean		3 470.28458	Adj R-Sq	0.93116	
Coeff Var		9.60308			

Parameter Estimates

Variable	DF	Parameter Estimate	Standard Error	t Value	Pr > |t|
Intercept	1	2 480.948	461.6329	5.37	0.0001
REX	1	−9.04227	2.053112	−4.40	0.0002
WGDP	1	0.013555	0.001318	10.29	0.0001

Model: Fund Inflows

Analysis of Variance

Source	DF	Sum of Squares	Mean Square	F Value	Pr > F
Model	5	5.038E11	1.008E11	13.13	0.0001
Error	18	1.382E11	7.676E9		
Corrected Total	23	6.751E11			
Root MSE		87 612.8006	R-Square	0.78479	
Dependent Mean		91 724.2500	Adj R-Sq	0.72501	
Coeff Var		95.51760			

（续表）

Parameter Estimates

Variable	DF	Parameter Estimate	Standard Error	t Value	$Pr > \|t\|$
Intercept	1	68 577.89	42 917.11	1.60	0.1275
YR1	1	−16 566.6	11 768.17	−1.41	0.1762
PER	1	1 685.693	841.3913	2.00	0.0604
Sec	1	1.754826	0.541648	3.24	0.0045
R	1	−8 420.77	11 528.78	−0.73	0.4745
D	1	241 980.7	56 602.25	4.28	0.0005

Model: Investment in Securities

Analysis of Variance

Source	DF	Sum of Squares	Mean Square	F Value	$Pr > F$
Model	3	1.554E10	5.1811E9	2.66	0.0758
Error	20	3.892E10	1.9458E9		
Corrected Total	23	5.489E10			
Root MSE		44 111.2534	R-Square	0.28541	
Dependent Mean		19 475.7083	Adj R-Sq	0.17822	
Coeff Var		226.49371			

Parameter Estimates

Variable	DF	Parameter Estimate	Standard Error	t Value	$Pr > \|t\|$
Intercept	1	−132 512	55 361.33	−2.39	0.0266
PER	1	−175.025	379.3192	−0.46	0.6495
R	1	17 585.00	6 342.625	2.77	0.0117
Risk	1	1 235.070	503.4767	2.45	0.0235

Model: Rate of Interest

Analysis of Variance

Source	DF	Sum of Squares	Mean Square	F Value	Pr > F
Model	3	120.6259	40.20863	345.67	0.0001
Error	20	2.326435	0.116322		
Corrected Total	23	122.9523			
Root MSE		0.34106	R-Square	0.98108	
Dependent Mean		4.62667	Adj R-Sq	0.97824	
Coeff Var		7.37161			

Parameter Estimates

Variable	DF	Parameter Estimate	Standard Error	t Value	$Pr > \lvert t \rvert$
Intercept	1	3.206302	0.215007	14.91	0.0001
MR	1	-5.08159	0.786304	-6.46	0.0001
RCB	1	0.909539	0.075165	12.10	0.0001
YR1	1	-0.02935	0.044444	-0.66	0.5165

Model: Rate of Foreign Exchange

Analysis of Variance

Source	DF	Sum of Squares	Mean Square	F Value	Pr > F
Model	3	28 366.30	9 455.435	10.78	0.0002
Error	20	17 547.69	877.3846		
Corrected Total	23	45 587.23			
Root MSE		29.62068	R-Square	0.61781	
Dependent Mean		138.67083	Adj R-Sq	0.56049	
Coeff Var		21.36042			

(续表)

Parameter Estimates

Variable	DF	Parameter Estimate	Standard Error	t Value	$Pr > \lvert t \rvert$
Intercept	1	237.9597	20.79698	11.44	0.0001
Sec	1	0.000046	0.000166	0.28	0.7831
NFI	1	-0.00011	0.000216	-0.51	0.6148
EX	1	-0.02524	0.006627	-3.81	0.0011

Model: Changes in Reserve Assets

Analysis of Variance

Source	DF	Sum of Squares	Mean Square	F Value	$Pr > F$
Model	4	3 046 303	761 575.8	5.18	0.0054
Error	19	2 794 147	147 060.4		
Corrected Total	23	5 725 979			
Root MSE		383.48452	R-Square	0.52159	
Dependent Mean		320.14583	Adj R-Sq	0.42087	
Coeff Var		119.78432			

Parameter Estimates

Variable	DF	Parameter Estimate	Standard Error	t Value	$Pr > \lvert t \rvert$
Intercept	1	1 393.382	994.8012	1.40	0.1774
CA	1	-0.00200	0.004796	-0.42	0.6816
FI	1	0.001025	0.000554	1.85	0.0798
FFR	1	-174.767	66.94969	-2.61	0.0172
REX	1	-0.02743	3.064996	-0.01	0.9930

Model: Fund Outflows

Analysis of Variance

Source	DF	Sum of Squares	Mean Square	F Value	$Pr > F$
Model	5	5.062E11	1.012E11	7.38	0.0006
Error	18	2.468E11	1.371E10		
Corrected Total	23	7.458E11			
Root MSE		117 099.473	R-Square	0.67221	
Dependent Mean		205 894.708	Adj R-Sq	0.58116	
Coeff Var		56.87347			

Parameter Estimates

Variable	DF	Parameter Estimate	Standard Error	t Value	$Pr > |t|$
Intercept	1	393 049.7	255 045.8	1.54	0.1407
CRA	1	134.1853	73.39071	1.83	0.0841
REER	1	−1 965.27	1 719.145	−1.14	0.2679
RCB	1	−7 564.66	19 819.97	−0.38	0.7072
FFR	1	−9 086.86	17 025.16	−0.53	0.6001
D	1	371 997.2	68 409.47	5.44	0.0001

表 8-5b 中国模型的推测结果

Model: Gross Savings

Analysis of Variance

Source	DF	Sum of Squares	Mean Square	F Value	$Pr > F$
Model	2	4.4857E9	2.2428E9	378.58	0.0001
Error	9	53 318 398	5 924 266		
Corrected Total	11	4.539E9			
Root MSE		2 433.98159	R-Square	0.98825	
Dependent Mean		44 286.8333	Adj R-Sq	0.98564	
Coeff Var		5.49595			

（续表）

Parameter Estimates

Variable	DF	Parameter Estimate	Standard Error	t Value	$Pr > \lvert t \rvert$
Intercept	1	−62 246.1	8 612.816	−7.23	0.0001
DI_{t-1}	1	0.788771	0.041185	19.15	0.0001
R	1	4 479.920	675.7574	6.63	0.0001

Model: Gross Investments

Analysis of Variance

Source	DF	Sum of Squares	Mean Square	F Value	$Pr > F$
Model	3	3.6017E9	1.2006E9	160.12	0.0001
Error	8	59 984 868	7 498 108		
Corrected Total	11	3.6617E9			
Root MSE		2 738.26742	R-Square	0.98362	
Dependent Mean		41 141.5000	Adj R-Sq	0.97748	
Coeff Var		6.65573			

Parameter Estimates

Variable	DF	Parameter Estimate	Standard Error	t Value	$Pr > \lvert t \rvert$
Intercept	1	6 329.952	16 700.57	0.38	0.7145
$Y2$	1	0.821006	0.475032	1.73	0.1222
G	1	1.636988	0.502287	3.26	0.0115
R	1	−164.402	1 772.512	−0.09	0.9284

Model: Import

Analysis of Variance

Source	DF	Sum of Squares	Mean Square	F Value	$Pr > F$
Model	2	36 338 158	18 169 079	1 229.54	0.0001
Error	9	132 994.0	14 777.11		
Corrected Total	11	36 471 152			
Root MSE		121.56115	R-Square	0.99635	
Dependent Mean		2 693.83333	Adj R-Sq	0.99554	
Coeff Var		4.51257			

（续表）

		Parameter Estimates			
Variable	DF	Parameter Estimate	Standard Error	t Value	$Pr > |t|$
Intercept	1	-9 379.29	644.5675	-14.55	0.0001
CPI	1	64.31837	5.481187	11.73	0.0001
Y	1	0.050874	0.001087	46.78	0.0001

Model: Export

Analysis of Variance

Source	DF	Sum of Squares	Mean Square	F Value	$Pr > F$
Model	2	42 365 504	21 182 752	65.90	0.0001
Error	9	2 892 831	321 425.7		
Corrected Total	11	45 258 335			
Root MSE		566.94414	R-Square	0.93608	
Dependent Mean		2 981.50000	Adj R-Sq	0.92188	
Coeff Var		19.01540			

Parameter Estimates

Variable	DF	Parameter Estimate	Standard Error	t Value	$Pr > |t|$
Intercept	1	-3 561.23	1 970.051	-1.81	0.1041
REER	1	-72.6330	21.41048	-3.39	0.0080
WGDP	1	0.067433	0.005886	11.46	0.0001

Model: Fund Inflows

Analysis of Variance

Source	DF	Sum of Squares	Mean Square	F Value	$Pr > F$
Model	5	75 572 605	15 114 521	4.90	0.0393
Error	6	18 499 336	3 083 223		
Corrected Total	11	94 071 941			
Root MSE		1 755.91077	R-Square	0.80335	
Dependent Mean		5 072.41667	Adj R-Sq	0.63947	
Coeff Var		34.61685			

（续表）

Parameter Estimates

Variable	DF	Parameter Estimate	Standard Error	t Value	$Pr > |t|$
Intercept	1	−4 034.29	6 467.663	−0.62	0.5557
YR1	1	1 062.419	701.1192	1.52	0.1805
PER	1	2.270782	14.17911	0.16	0.8780
FDI	1	1.388081	0.824534	1.68	0.1433
R	1	−897.596	841.4021	−1.07	0.3271
D	1	−1 048.69	1 817.011	−0.58	0.5848

Model: Foreign Direct investment

Analysis of Variance

Source	DF	Sum of Squares	Mean Square	F Value	$Pr > F$
Model	3	8 233 635	2 744 545	10.64	0.0036
Error	8	2 062 694	257 836.8		
Corrected Total	11	10 296 329			
Root MSE		507.77633	R-Square	0.79967	
Dependent Mean		3 799.08333	Adj R-Sq	0.72454	
Coeff Var		13.36576			

Parameter Estimates

Variable	DF	Parameter Estimate	Standard Error	t Value	$Pr > |t|$
Intercept	1	3 870.022	1 824.192	2.12	0.0667
Y1	1	0.025889	0.004639	5.58	0.0005
PI	1	0.004945	0.030405	0.16	0.8748
REER	1	−25.6866	20.36551	−1.26	0.2427

Model: Price Earnings Ratio

Analysis of Variance

Source	DF	Sum of Squares	Mean Square	F Value	Pr > F
Model	3	41 230.78	13 743.59	4.59	0.0377
Error	8	23 949.89	2 993.736		
Corrected Total	11	65 180.67			
Root MSE		54.71504	R-Square	0.63256	
Dependent Mean		150.66667	Adj R-Sq	0.49477	
Coeff Var		36.31530			

Parameter Estimates

Variable	DF	Parameter Estimate	Standard Error	t Value	$Pr > |t|$
Intercept	1	369.2359	244.5058	1.51	0.1695
R	1	-38.4178	15.23958	-2.52	0.0358
YR1	1	22.60088	14.42183	1.57	0.1557
Risk	1	-10.5937	19.52773	-0.54	0.6023

Model: Rate of Interest

Analysis of Variance

Source	DF	Sum of Squares	Mean Square	F Value	Pr > F
Model	3	50.50685	16.83562	154.84	0.0001
Error	8	0.869812	0.108726		
Corrected Total	11	51.37667			
Root MSE		0.32974	R-Square	0.98307	
Dependent Mean		7.51667	Adj R-Sq	0.97672	
Coeff Var		4.38674			

（续表）

Parameter Estimates

Variable	DF	Parameter Estimate	Standard Error	t Value	Pr > |t|
Intercept	1	2.451646	0.810517	3.02	0.0164
MR	1	−0.00059	0.000307	−1.93	0.0890
RCB	1	0.439698	0.116006	3.79	0.0053
YR1	1	0.320845	0.088848	3.61	0.0069

Model: Rate of Foreign Exchange

Analysis of Variance

Source	DF	Sum of Squares	Mean Square	F Value	Pr > F
Model	3	0.031470	0.010490	18.95	0.0005
Error	8	0.004428	0.000553		
Corrected Total	11	0.035898			
Root MSE		0.02353	R-Square	0.87666	
Dependent Mean		8.28975	Adj R-Sq	0.83041	
Coeff Var		0.28380			

Parameter Estimates

Variable	DF	Parameter Estimate	Standard Error	t Value	Pr > |t|
Intercept	1	8.537495	0.040812	209.19	0.0001
FDIlag	1	−0.00008	0.000015	−5.34	0.0007
NFI	1	−4.64E-6	4.995E-6	−0.93	0.3803
EX	1	0.000011	9.993E-6	1.11	0.3005

Model: Changes in Reserve Assets

Analysis of Variance

Source	DF	Sum of Squares	Mean Square	F Value	Pr > F
Model	4	5 682 747	1 420 687	101.97	0.0001
Error	7	97 523.92	13 931.99		
Corrected Total	11	5 780 271			
Root MSE		118.03385	R-Square	0.98313	
Dependent Mean		665.92500	Adj R-Sq	0.97349	
Coeff Var		17.72480			

Parameter Estimates

Variable	DF	Parameter Estimate	Standard Error	t Value	$Pr > |t|$
Intercept	1	6 897.334	7 155.587	0.96	0.3672
CA	1	0.370497	0.169668	2.18	0.0653
FI	1	0.154626	0.024318	6.36	0.0004
REX	1	−819.783	862.7201	−0.95	0.3736
FFR	1	−87.8238	26.70741	−3.29	0.0133

Model: Fund Outflows

Analysis of Variance

Source	DF	Sum of Squares	Mean Square	F Value	Pr > F
Model	5	4.0609E8	81 217 077	25.75	0.0006
Error	6	18 927 247	3 154 541		
Corrected Total	11	4.2501E8			
Root MSE		1 776.10281	R-Square	0.95547	
Dependent Mean		8 128.91667	Adj R-Sq	0.91836	
Coeff Var		21.84919			

（续表）

		Parameter Estimates			
Variable	DF	Parameter Estimate	Standard Error	t Value	$Pr > |t|$
Intercept	1	9 809.796	14 539.72	0.67	0.5250
CRA	1	9.712636	1.237745	7.85	0.0002
REER	1	−112.543	131.0369	−0.86	0.4234
RCB	1	−535.490	490.6112	−1.09	0.3169
FFR	1	1 387.450	552.3786	2.51	0.0458
D	1	1 287.468	1 743.839	0.74	0.4882

第九章 中美对外资金循环的镜像关系及其风险分析
——2008年美国金融危机的统计观察

引　言

自20世纪90年代始,美国的经常收支逆差不断扩大,2006年其经常收支逆差占GDP的比率达到最高值6.15%。而在同一年,中国取代日本成为美国最大的贸易顺差国。据美国商务部统计,2007年美国对中国的贸易逆差占其贸易逆差总额的30%。① 与此同时,从1992年至2007年,中国的贸易顺差以年均29%的速度增长,包括直接投资在内的海外资本流入也以年均3642亿元的速度递增,国际收支双顺差带来了我国外汇储备规模的急速扩张,在2008年年底达到1.95万亿美元。②

从IMF公布的外汇储备的币种构成看(Currency Composition of Official Foreign Exchange Reserves, COFER)③,2008年中国持有的外汇储备中,美元资产约占65%,欧元资产占25%,日元、英镑及其他货币资产约占10%。此外,据美国财政部的资本流动统计(Treasury International Capital, TIC)④,从中国持有外汇储备中的美国资产构成看,长期国债约占50%,中长期金融债约占35%,股份、企业债以及短期债券约占15%。2008年9月,中国持有的美国国债为5870亿美元,超过日本跃居世界首位。2009年1月,中国持有美国国债规模又上升为7396亿美元。⑤ 中国仍属发展中国家,这种由最大的发展中国家向最大的发达

---

① 美国商务部,Bureau of Economic Analysis, http://www.bea.gov。
② 中国人民银行, http://www.pbc.gov.cn/。
③ IMF Statistics Department COFER Database and International Financial Statistic, http://www.imf.org/external/np/sta/cofer/eng/index.htm。
④ 美国财政部,Treasury International Capital System, http://www.ustreas.gov/tic。
⑤ 美国财政部, http://www.ustreas.gov/tic/mfh.txt。

国家进行超巨额融资的现象,在世界经济史中尚属首次,令世人瞩目。从包括贸易流量与资金流量的国际资金循环的角度看,中美之间存在着一种非稳定的互补对称性关系:美国高消费,中国高储蓄;中国大规模地向美国出口物美价廉的中国商品,美国消费者得到了超前消费;美国持续巨额贸易逆差,中国持续贸易顺差;中国外汇储备持续激增,美国高负债递增;中国运用巨额外汇购买美国国债,美国的资金不足得到了中国的融资。在一段时期内,尽管也发生了一些贸易摩擦,但好在彼此需要,也还算过得去。直到 2007 年的美国住房次级信贷危机,这种互补关系能否持续才受到了质疑。2008 年 8 月在华尔街引爆的金融危机更带来了世界性的经济危机,其后中国仍持续购买美国国债,中国的外汇储备及资金流向引起了世界的关注,中国的巨额外汇储备所伴随的巨大风险似乎成了一把达摩克里斯之剑①。现实需要我们冷静地审视中国对外资金循环的流向,评估持有巨额外汇储备与美国国债对中国经济发展的风险,思考如何对待对外资金循环中与美国形成的镜像关系。

"镜像"(Mirror Image)一词原意为通过一面镜子显示出来的构成左右相反对称的现象,引喻为按照不同位置观察某事物的性质和状态,折射出该事物所具有的不同侧面,形成相反的对称结果。"镜像"一词在英文的经济学文献中多被用于分析经济现象以及金融市场的变化,最近也出现在中文的经济学文献中(卢锋,2008)。在本章中,笔者将借用这一说法,并运用资金流量统计及国际收支统计探讨中美两国在国际资金循环中存在着的镜像关系及其风险。

国际资金循环的分析构想始于石田的研究(1993)。该研究提出了国际资金循环的概念、研究对象及其分析范围。他将国内储蓄投资差额与资金余缺联系起来,将经常收支与国际资本流动相衔接,将以往的国内资金流量分析(National Flow of Funds)扩展到了国际资金循环分析。并且,他对日本、美国和德国的储蓄投资平衡关系及资金交易流量做了尝试性统计观察。

有关中国的对外资金循环问题的研究可参考笔者的系列论文(2002)。该研究参考了以往的研究成果,提出了有关对外资金循环分析的 5 个基本均衡式,并由此构成了对外资金循环分析的理论框架。运用国民所得统计、资金流量统计与国际收支统计对中国对外资金循环进行了统计描述性分析。通过统计分析

---

① 达摩克里斯之剑,比喻临头的危险,源于希腊传说。

第九章 中美对外资金循环的镜像关系及其风险分析

发现了自20世纪90年代以来以积极引进外资为基本国策的中国竟然呈现出大规模的资金净流出的现象,提出了保持适度的外汇储备规模的必要性,在外汇储备中要逐步降低美元比重、采用多种货币菜篮制的政策建议。根据资金流动的全球化趋势,张南(2005)的著作中提出了建立国际资金循环分析的理论框架与统计观测体系的构想,归纳整理了资金流量统计、国际收支、IMF、世界银行等国际机构的统计的特点及其相互关联,探讨了建立国际资金循环分析的统计观测体系的数据来源。2008年9月来自美国的金融危机并引发的世界性经济危机的现实表明,政策当局迫切需要加强对国际资金循环的监测。

Nan(2008)的论文从储蓄投资流量、对外贸易流量以及对外资金流量三个视点进一步完善了国际资金循环分析的理论框架,使用国际资金循环分析的统计数据建立了国际资金循环的计量模型,并运用此模型对中国的对外资金循环做了计量分析,探讨了中国对外资金循环中的结构性问题,提出了中国国际收支中长期存在的双顺差的问题。

李扬、殷剑峰两位(2007)的论文对研究中国的资金循环很有参考价值。其研究将中国的储蓄按部门分类,揭示了居民部门储蓄率呈长期稳步下降趋势、企业部门储蓄率总体是上升的,而政府部门储蓄率在2000年以后迅速增长,即高储蓄的原因主要在于企业部门与政府部门的储蓄高增长这一中国储蓄特色。但该研究停留在储蓄这一侧面,没有对资金循环的整体做系统性探讨。

卢锋(2008)的论文使用了镜像关系这种提法,观察了中美经济不平衡镜像关系的事实表现和成因论,并由此解读两国近年经济增长的结构特点与各自面临的现实调整,并通过数据观察美国外部不平衡演变以及中国成为最大镜像国的事实,提出了中国经济失衡并增长的两层含义以及需要通过体制改革调整为均衡的快速增长创造条件等的政策建议。

参考以上研究成果,本章试图从国际资金循环的视点分析中美两国在对外资金循环中的镜像关系、中国外汇储备急剧增长中的风险以及中国经济增长中的结构性问题。本章结合2008年9月美国发生的金融危机与中国面临的现实问题,应用统计描述的方法,将国内资金流量与国际资本流动衔接起来,对1992—2008年以来中美在对外资金循环中形成镜像关系的原因及结果做系统的分析,探讨中国对外资金循环存在的风险及结构调整问题。

本章的安排如下:在第一节,根据储蓄投资流量、对外贸易流量、对外资金流量三方面的均衡关系,建立中美国际资金循环分析的理论框架;在第二节,统计并描述性分析美国对外资金循环的失衡,以及与中国形成镜像关系的原因;在第三节,分析中国在对外资金循环中出现的双顺差现象以及由此所产生的外汇储备急增的风险,解析与美国形成镜像关系的结构性问题;在第四节,评估中美对外投资收益与风险;在第五节,归纳整理分析的结论,提出政策建议。

为明确分析问题的思路,首先简述国际资金循环的基本概念以及分析的理论框架。

第一节 国际资金循环分析的理论框架

国际资金循环指的是由储蓄投资缺口所引发的资金筹措以及由于经常收支失衡所带来的国际资本流动的资金循环过程。因此,国际资金循环包括储蓄投资流量、对外贸易流量、对外资金流量三个相互衔接的组成部分。从统计观测来看,资金流量表中的国内部门的资金余缺是通过其海外部门的净金融投资与国际收支的经常账户衔接的,而资金流量表中的海外部门资金流动与国际收支的资本账户相对应。因此,使用资金流量统计与国际收支统计使得观测国际资金循环的系统过程成为可能。由此可知,国际资金循环分析涉及两个方面:一是实物经济与金融经济的关系,二是国内资金与国际资本流动的关系。解决好这两个关系的关键是取得储蓄投资流量、对外贸易流量、对外资金流量的均衡发展。国际资金循环分析将国内储蓄投资差额与海外部门的资金余缺相联系,观察为调节经常收支所引起的国际资金流动,从储蓄投资流量、对外贸易流量和对外资金流量的变化考察实物经济与金融经济的联系以及国内资金流向与国际资本流动的相互影响。国际资金循环分析是资金流量分析领域中对外资金流量分析的延伸,是从国内资金循环向国际资本流动的分析视野的扩展。

在开放的经济体制下,国内经济的储蓄投资差额与国际收支的经常收支项的差额相对应,而经常收支顺差与资本收支逆差(包括外汇储备增减)是相一致的。也就是说,国内部门的过剩储蓄资金流入广义金融市场,成为对国外部门的资金供给及外汇储备增加的资金。根据现实经济中对外资金循环的动态过程及

GDP 恒等式 $Y = C + I + G + NX$ 的变化可得到：
$$S - I = NX$$

等式的右边是贸易余额，左边是国内储蓄与投资之间的差额，又称为对外净投资(Net Financial Investment，NFI)。因此，等式又可以表述为：
$$S - I = NX = NFI = \Delta FA - \Delta FL$$

依据上述等式，我们将开放经济体制下对外资金循环过程中所存在的"事后"的均衡，即国内的储蓄投资差额、资金盈余或不足、对外收支、金融市场平衡以及对外金融资产增减变化的关系，归纳为以下4个基本均衡关系式。

储蓄投资差额与经常收支：
$$S - I = \Delta FA - \Delta FL = CA \qquad (1)$$

对外贸易流量均衡：
$$CA = (FO - FI) + CRA \qquad (2)$$

将上式变形得到如下均衡式：
$$CA + (FI - FO) = CRA$$

对外资金流量均衡：
$$FO - FI + CRA = \Delta FA - \Delta FL \qquad (3)$$

对外资金流量与资本收支：
$$(FO - FI) = DI + PI + OI + CAA \qquad (4)$$

其中，S 为总储蓄，I 为总投资，ΔFA 为金融资产增减，ΔFL 为金融负债增减，CA 为经常收支；FO 为资金流出，FI 为资金流入，CRA 为外汇储备增减，DI 为直接投资，PI 为证券投资；OI 为其他投资，CAA 为资本项目。

上述(1)式表明了储蓄投资与国内资金流量和经常收支的关系，当 $S > I$ 时，$\Delta FA > \Delta FL$，为资金盈余，有 $CA > 0$，即经常收支为顺差；反之，当 $S < I$ 时，$\Delta FA < \Delta FL$，为资金不足，有 $CA < 0$，即经常收支为逆差。由(2)式可知，国际间以资本运作为目的的资金流动和国际间物品与劳务的流动是同一枚硬币的两面。当经常收支为顺差时，以资本流出(FO > FI，资本收支逆差)或外汇储备增加的形式使该国对外债权得以增加。反之，当国内投资大于国内储蓄，经常收支为逆差时，只能通过对外借债增加资本流入(FO < FI，资本收支顺差)或减少外汇储备来填补其逆差从而使得该国对外债务增加。通过对(2)式变形得到的外汇储备构成均衡式表明，同时出现经常收支与资本收支双顺差的状况下会使外汇储备

增加,即当经常收支持续顺差仍有国际资本净流入,在账户体系上表现为资本收支顺差时,导致的结果只能是外汇储备的急剧增加,这种经济现象将导致对外资金循环出现结构性问题。从(2)式可知,影响外汇储备增减变化的主要原因在于经常收支与资本收支,由于经常收支的变化又取决于储蓄投资差额,所以外汇储备的增减实际上取决于资金循环的结构变化。而影响经常收支变化的人民币汇率、影响资本收支变化的国际市场利率与央行基准利率等也是决定外汇储备增减变化的基本因素。

(3)式表明了广义金融市场的均衡,反映了国内资金流向与国际资本流动的关系,这一过程也就是国际资金循环的变动。(3)式的右方表示国内部门金融资产净增,是资金流量账户的资金盈余或不足项目,等于国际收支的经常收支项目[参见(1)式]。而左方表示对外资金净流量加上外汇储备增减,其中的对外资金净流量则与国际收支的资本收支相对应。当 $S > I$,经常收支为顺差时,对外资金净流量显示了一国增加财富积累的一个渠道。① 反之,当经常收支为逆差时,只能由减少对外资产或增加对外负债来填补其逆差,导致对外净资产减少,显示此过程的也就是资本收支的运作。另外,当经常收支为零时,无论资本收支的操作如何活跃,都对对外净资产的增减没有任何影响。由此可知,一国对外净资产的增加是由经常收支顺差的累计而形成的,仅操作金融交易与该国财富的积累没有直接关联。

由国际收支的定义可知,其资本收支由金融项目[直接投资(DI)+证券投资(PI)+其他投资(OI)]与资本项目(CAA)构成,所以对外资金净流量与其流量形式的关系可表示为(4)式。由(4)式可知,对外资金流量的规模与流向主要取决于直接投资、证券投资、其他投资以及资本项目的变化。上述均衡式可表明储蓄投资缺口、资金盈余或不足与国际收支的均衡关系,以及对外资金流量的结构,并由此构成了国际资金循环的分析框架。下面我们就根据这一理论分析框架,对美国与中国的对外资金循环的特点以及镜像关系进行描述性统计分析。

---

① 从(1)式可知,$S = I +$ 对外净资产增减,所以一国财富的累计包括国内有形资本形成与海外净资产增加这两部分。

第二节 美国对外资金循环的失衡与中国的镜像关系

首先让我们统计性观察中美两国对外资金循环的长期变化趋势。图9-1显示了从1980年到2010年美国与中国经常收支变化的走势。自1980年以来的30年间,美国的经常收支基本处于逆差状态,有过两次巨大的下跌起伏周期变化。第一次周期变化是从1980年到1991年。1980年美国经常收支为顺差23.17亿美元,但1987年经常收支逆差达到1 607亿美元,占GDP的比率也达到3.4%。在此期间美国与日本贸易摩擦频繁,为解决美日间不断扩大的经常收支逆差问题,1985年9月在纽约召开了发达国家5国会议,并通过了一个所谓"广场协议"(Plaza Accord),旨在协调发达5国介入市场,降低美国贸易逆差,促使日元升值。其后日元兑美元汇率由1984年的252日元急速上升至1987年的122日元。作为对日元汇率急剧升值的市场预期反映,日本对外资金流动规模剧增,包括海外热钱流入在内的向日本的资金流入从1984年的6.21万亿日元迅速扩大到1988年的43.03万亿日元,仅仅在5年之间海外资金流入就增加了7倍。① 而从日本流出的资金则由1984年的15.2万亿日元增至1988年的52.9万亿日元。受到日元升值等影响,日本出口企业受到很大打击,被迫转回日本国内市场经营,带动地价、股价上升,成为引发泡沫经济的原因之一。与此对应,美国经常收支逆差却得到显著改善。如图9-1所示,1991年美国经常收支转为顺差,占GDP的比率也上升为0.048%。

美国经常收支另一个大的周期变化是从1992年至2008年。1991年美国的经常收支转为顺差29亿美元。但好景不长,仅一年后又重新回到501亿美元的逆差,且呈现出急剧扩大的趋势,2006年达到最大值7 881亿美元,占GDP的比率为6%。2008年以来美国的经常收支逆差比率有所回升,但时过境迁,中国将会面临着比较艰难的外部环境。这里我们根据第一节的(1)式及(4)式表现的均衡关系,从美国国内及海外两方面重点讨论自20世纪90年代以来的美国经

---

① 日本银行,FFA。

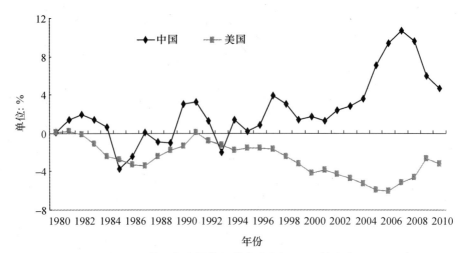

图 9-1　美国与中国的经常收支(占 GDP 的比率)

资料来源：IMF, *World Economic Outlook*, October 2009.

常收支逆差持续扩大的原因及结果。

20世纪90年代以后美国经常收支逆差的持续扩大意味着美国经济中存在着结构性的问题。根据第一节的(1)式可知,经常收支的变化取决于储蓄投资差额以及资本流动,所以我们需要首先从储蓄投资平衡来分析美国经常收支的问题。1990年以后,美国储蓄率逐渐降低,特别在2002年以后储蓄不足占 GDP 的比率达到了 6%[①],其主要原因是在此期间美国增大了对 IT 产业的设备投资以及民营部门的住宅消费。国内供给不足必然导致对进口商品的需求,因此经常收支逆差增大。我们使用美国的资金流量统计,将国内储蓄投资差额分为民营部门与政府部门,观察其变化趋势可看出(参照图 9-2),一方面,民营部门净储蓄率持续下降,从1985年的9.8%下降至2008年的3.1%。另一方面,除了克林顿执政的1998—2001年以外,政府净储蓄率基本为负数,2008年更跌至 -4.1%。

政府部门的净储蓄率为负意味着政府部门的投资过剩。2002年以后,随着民营部门净储蓄率的持续下跌,政府部门的投资缺口大大超过民营部门的净储蓄,导致美国储蓄不足剧增,在2008年政府部门的投资缺口达到最大值5 815亿美元。政府负储蓄主要依靠外国融资,特别是外国政府的融资。一方面,美国国

---

① IMF, *World Economic Outlook Database*, October 2008.

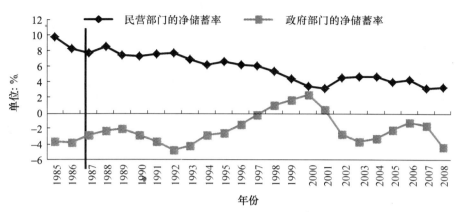

图 9-2　美国民营部门与政府部门的净储蓄率（占 GDP 的比率）
资料来源：FRB，*Flow of Funds Accounts of the United States*.

内严重的储蓄投资失衡所造成的缺口只能靠扩大从国外进口来弥补。另一方面，1990 年以来，中国处于经济高速增长期，而且采取了出口导向的外向型经济政策，商品物美价廉。所以在此历史阶段，美国为扩大进口满足国内需求的首选之地当然非中国莫属，而中国在增加出口带动经济的政策导向下的最大海外市场当然也以美国为首选之邦，这样就历史性地形成了中美两国在对外贸易上的镜像关系。但是，由于美国与中国国内经济发展的结构失衡（在下一节将讨论中国经济发展结构失衡的问题），在此基础上形成的镜像关系逐渐导致了两国之间贸易失衡的增大。图 9-3 表示了美国对中国贸易逆差的激增。

　　图 9-3 表示了从 1999 年第一季度到 2008 年第三季度美国对中国贸易逆差的变化。其间，美国对中国的贸易逆差由 1999 年第一季度的 132 亿美元增至 2008 年第三季度的 762 亿美元。2008 年对中国的贸易逆差占美国对外贸易逆差总额的比率达到 35.7%，远远超过日本的 8.4%。但是，根据上一节的（2）式，由于储蓄不足所带来的经常收支逆差需要从海外筹措资金流入以保持平衡，结果是大规模的海外资金流向美国。由于美国具有世界一流的科技研发能力，美元具有作为国际基准货币（Key Currency）的优势，同时美国资本市场与金融系统可以提供具有不同风险水平的证券投资品种以及大量的金融衍生工具，能满足投资者的不同需要，加之政局稳定，使得美国很容易从世界其他国家和地区筹集资金，诱导国际资本流入美国。巨额的海外资金流入美国不但使其弥补了经常收支逆差的资金不足，而且还使其将筹集到的超过平衡经常收支的余额部分转

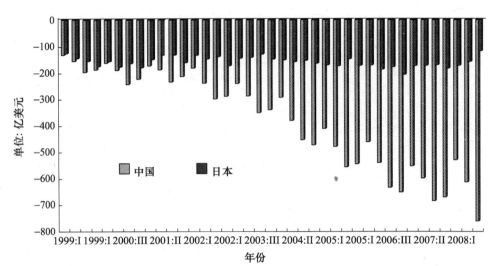

图 9-3 美国对中国的贸易逆差

资料来源：U.S. Bureau of Economic Analysis, BOP.

向海外投资,客观上使得美国贸易失衡具有持续性。

为观察美国对外资金循环状况,我们使用了美国资金流量账户中的海外部门表(F.107 Rest of the World)。① 海外部门的金融资产增加则意味着海外资金对美国的流入,如果是海外部门的金融负债增大,则为美国国内资金的流出。

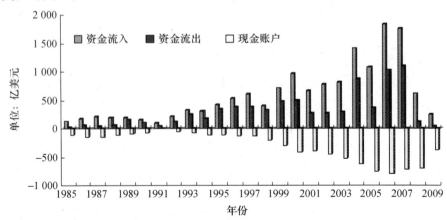

图 9-4 美国对外资金流量

资料来源：FRB, *Flow of Funds Accounts of the United States.*

---

① FRB, *Flow of Funds Accounts of the United State.*

图 9-4 表示了美国对外资金流量与经常收支的变化。从 20 世纪 90 年代起,海外向美国的资金流入与美国的资金流出都有了飞跃性增长。首先观察海外资金流入的情况,1990 年美国的海外资金流入为 906 亿美元,到 2007 年增至 1.525 万亿美元,18 年间海外资本流入总额为 12.46 万亿美元,为同期经常收支逆差总额的 2.12 倍。美国巧妙地利用了巨额海外资金流入,不但长期维持了经常收支逆差的非均衡,创造出了股价及债券价格的高涨,还运用海外流入资金转而对新兴市场等世界各国积极开展了证券投资及直接投资。其次观察美国对外资金流出的情况,美国的资金流出也从 1990 年的 487 亿美元增至 2007 年的 8 477 亿美元,加之运用先进的金融商品创新手段,尽管美国的经常收支逆差不断扩张,但却长期保持了良好的对外投资收益。由此可见,美国确实在国际金融舞台上长袖善舞。图 9-5 表示了美国在 90 年代以后得以持续巨额贸易逆差的异常现象。

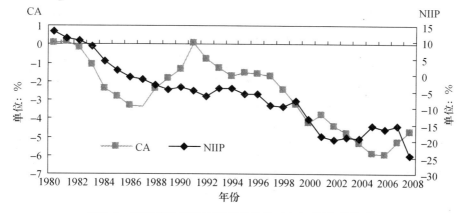

图 9-5　美国的经常收支与对外净头寸(占 GDP 的比率)

注:Current Account, CA ; Net International Investment Position, NIIP.
资料来源:Bureau of Economic Analysis(BEA).

根据第一节(2)式的对外贸易流量均衡可知,一国如果持续经常收支逆差,则该国的对外负债也应持续增加,但从 2001 年以后,美国的经常收支与对外净头寸出现了异常的现象。图 9-5 的左轴表示经常收支比率,右轴表示对外净头寸比率,通过对比两指标变化可知,尽管从 2001 年以后经常收支逆差比率持续下降,由 2001 年的 -3.8% 下滑到 2006 年的 -6%,但同期对外净头寸比率却稳定地处于低位的 -20% 左右,并没有随着经常收支逆差比率扩大而进一步下降,而且在 2005 年以后还略有回升。但受 2007 年美国住房次级信贷危机的影响，在 2007 年以后对外净头寸比率急剧下跌至 -25%。由此可见，在 2007 年美国爆发金融危机之前，对外资产与负债之间产生了很大的资本盈利（Capital Gain），使得美国贸易失衡具有持续性。但为什么美国在长期经常收支逆差的状况下，还能保持良好的对外投资收益，使得巨额贸易失衡得以持续呢？我们将在第四节探讨其中的奥秘。

第三节 中国对外资金循环的结构性问题及风险

20 世纪 90 年代以来，我国投资逐年递增，但储蓄增长超过投资。除 1993 年净储蓄为负数外，储蓄大于投资的净储蓄由 1992 年的 276 亿元增至 2007 年的 2.34 万亿元①，年均储蓄净差额为 4 386 亿元，2004 年以后储蓄率高达 45%，2006 年以后超过 50%。如图 9-6 所示，净储蓄占 GDP 的比率由 1992 年的 1% 增至 2007 年的 9%。特别是从 2004 年开始，储蓄投资缺口扩大，净储蓄额急剧大幅增加，2007 年比 2004 年竟然增长近 6 倍，2007 年净储蓄额达到 2.34 万亿元，而净储蓄率由 2004 年的 2.5% 迅速增至 2007 年的 9%。从图 9-6 观察人民币汇率与净储蓄率的变化看，除了 1994 年人民币实行单一汇率制引起的人民币贬值对净储蓄有刺激作用外，其后很长期间内二者的依存程度并不高，净储蓄率与人民币汇率的相关系数仅为 0.27。所以很难说人民币汇率对储蓄率有何调整作用。2004 年以后净储蓄的急剧变化反映出了我国在经济增长中的结构性问题。有研究表明：将储蓄按部门分类后可知，居民部门储蓄率呈长期稳步下降趋势，企业部门储蓄率总体上是上升的，而政府部门储蓄率在 2000 年以后迅速增长，即高储蓄的原因主要在于企业部门与政府部门的储蓄高增长（李扬、殷剑峰，2007）。

另外，由第一节均衡式（1）式可知，经常收支与净储蓄的变动方向一致。如图 9-1 所示，中国除 1993 年外经常收支持续顺差，由 1992 年的 64.01 亿美元增

---

① 根据支出法 GDP 统计推算。

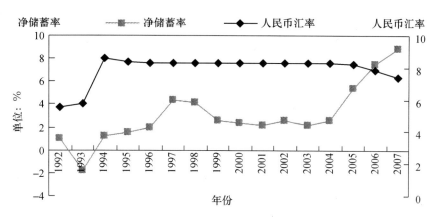

图 9-6　净储蓄率与人民币对美元汇率的变化
资料来源:《中国统计年鉴》(根据支出法 GDP 统计推算)。

至 2007 年的 3 718.3 亿美元,年均经常收支顺差为 666 亿美元。特别是 2004 年以来经常收支顺差急剧增加,到 2008 年为止年均增长了 76%。由第一节所提示的对外资金循环过程的 4 个均衡式可知,由于实物经济方面的储蓄投资差额、经常收支顺差的急剧增加,根据资金循环过程中所存在的"事后"的均衡关系,将形成资本收入逆差或外汇储备增加。但中国的实际情况是在持续经常收支顺差的同时,也持续了资本收支的顺差(资本流入),这样必然导致外汇储备的急剧上升。

统计数字表明,外汇储备存量由 1992 年的 194 亿美元增至 2008 年年底的 1.95 万亿美元,16 年间增长了 100 倍,2006 年起跃居世界首位。让我们观察一下其巨大变化的原因及构成。

根据第一节的(1)式与(2)式,笔者对资金流量表的数据以及国际收支等数据以 2004 年为时间界限做了统计分组,其整理的结果如表 9-1 所示,从中可观察出我国对外资金流量在 2004 年前后发生了异常的结构性变化。

表 9-1 中,1992—2004 年的年均值为 A,2005—2008 年的年均值为 B,从各项指标的对比结果可知,我国在 2004 年以前年均国内净储蓄额为 2 109 亿元,但 2005 年以后年均值降为 18 628 亿元,二者对比(B/A)增加了近 9 倍。在净储蓄逐年增大的同时,经常收支顺差也呈现了异常的增长趋势,2004 年前后年均值比例为 13.8 倍。海外资金流入量亦大规模连续增长,由 1992—2004 年(年均值)的 4 650 亿元增至 2005—2008 年(年均值)的 1.27 万亿元,年均值规模增长

近 3 倍，17 年间流入资金总额为 10.2 万亿元。从资金流出看，中国对外的资金流出也呈现出强势递增，在 2004 年一度下降为 -551 亿元后，2006 年一举跃居最高值的 1.27 亿元，17 年间国内资金流出总额达到 7.09 万亿元，2004 年前后年均值比例为 16.6 倍。从国外资金流入扣除国内资金流出的净流入看，基本保持了资金净流入的状态，即资本收支持续顺差，虽然 1998 年后有所下降，但在 2001 年恢复到了东亚金融危机前的规模，2004 年达到最高值 9 263 亿元，2004 年前后年均值比例为 1.1 倍。由第一节的（1）式与（2）式可知，这些统计数字表明了一个超乎经济常规的现象，即我国在持有大规模净储蓄及经常收支顺差的情况下依然每年有巨额的资本净流入。从整体看，17 年间通过直接投资、证券投资及银行信贷等形式的资金净流入规模达到 4.34 万亿元，年均净流入量为 2 554 亿元。在年均储蓄净差额为 4 836 亿元的情况下，依然持续保有大规模的经常收支与资本收支的双顺差，结果会如何呢？根据第一节给出的基本均衡关系式的（2）式，数据提示的结果只能是一种可能：外汇储备流量猛增。2004 年前后年均值相比，外汇储备流量增加了 52.5 倍。

表 9-1　中国对外资金流量的变化（年均值）　　　　（单位：10 亿元）

		A 1992—2004 年	B 2005—2008 年	B/A
储蓄投资差额		211	1 863	8.8
经常收支顺差（USD）		22	303	13.8
资金流入	(a)	465	1 272	2.7
资金流出	(b)	213	3 539	16.6
资金净流入	(a-b)	251	269	1.1
外汇储备增减（USD）	(c)	-46	-2 460	53.5
误差与遗漏	(d)	-48	-76	1.6
对外净金融投资（NFI）		-175	-2 267	13.0
GDP		8 739	24 507	2.8

注：NFI = (a-b) + c + d；外汇储备的增加记为负数；净金融投资为负意味着资金流出；为便于资金流量数据比较，经常收支与外汇储备按当年汇率换算为人民币。
资料来源：中国人民银行，《中国人民银行统计季报》；国家外汇管理局，"国际收支表"。

外汇储备的激增以及误差与遗漏项的存在，使得表 9-1 下方的对外净金融投资为负数，意味着中国对外资金供给的净增，由 1992—2004 年年均值的

-1 750亿元增至2 005—2008年年均值的-2.27万亿元,对外资金净输出量的规模猛增了12倍。20世纪90年代以来,中国一方面在大力引进外资,但另一方面,由于外汇储备的增加以及误差与遗漏项的影响,中国对外资金循环最终呈现出资本输出型的资金循环模式,对外金融净投资在2004年前后年均值的比例为13倍。尽管对外资金流量的各项指标如此猛增,但是表9-1最下行所反映的经济增量最终效果的GDP却只增长了1.8倍。由此可见,从储蓄投资—经常收支—海外资本流动这一资金循环的过程看,20世纪90年代以来的经济高增长从2004年开始出现明显的结构失调问题,对外资金输出型的资金循环模式已经显示出其局限性。而美国金融危机的爆发改变了美国超消费的经济模式,图9-1所显示的美国经常收支将步入自80年代以来的第三个回复期,中国也必须做出经济发展的宏观政策调整。

表9-1也显示了我国外汇储备的结构变化。如表9-1下半部分所示,在净储蓄猛增、经常收支与资本收支持续双顺差的同时,外汇储备流量由1992—2004年的年均460亿美元增加至2005—2008年年均值的2.46万亿美元,2004年前后年均值比例超过53.5倍。但如第一节的(2)式所示,外汇储备构成可由$CA + (FI - FO) + e = CRA$[①]表示,2004年以前,同期年均外汇储备增长中的47.6%来自经常收支顺差,66.7%来自资本收支顺差,是通过金融项目下的直接投资与证券投资实现的,误差遗漏项占-12.7%。但2004年以后,年均外汇储备来源中经常收支顺差占87%,而资本收支顺差约占16%,误差与遗漏项只占1.8%。这里应当强调的是,由经常收支顺差而增加的外汇储备与资本收支顺差而增加的国际储备在性质上是完全不同的。前者是实在的金融资产的增加,后者则是包括大量国际游资在内的,对国内金融市场具有很大风险的国际资本对华投资。应该说我国外汇储备积累的构成还是比较安全的。

此外,作为调节贸易流量与资金流量的市场机制不健全。由图9-7的变动可知,在17年间中国的对外净金融投资(右轴)持续增长,其规模迅速扩大了72倍,资金净输出总规模达到11.34万亿元,但作为调节对外资金流量均衡发展的人民币汇率却不能灵活反映。图9-7左轴表示人民币兑美元汇率,其对市场反应迟钝,仅从2006年开始有略微变动,未能相应发挥其应有的作用。从储蓄投

[①] e为误差与遗漏项。

资流量、对外贸易流量以及对外资金流量的结构关系看[参照第一节均衡式(1)式以及226页脚注①],储蓄大于投资差额的直接含义是对本国投资而言的储蓄过剩,但同时也相当于兑换成外汇对外投资所需美元的供给量。因此所谓均衡的实际汇率就意味着对外投资所使用的美元供给额与为购买本国出口的外国人所需的美元需求额保持平衡点的汇率。所以,将人民币汇率的变动与净储蓄、对外贸易顺差以及对外资金净流出的急剧增长比较,人民币汇率虽然在近年有所升值,但长期以来没有起到调节对外贸易流量及对外资金流量的功能。我们不得不认为缺乏市场弹性的人民币汇率是导致大量外汇储备积累的外部原因之一,同时也成为影响对外资金循环结构失衡的原因之一。

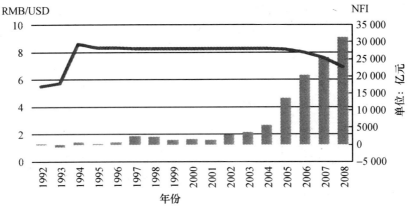

图 9-7　对外净金融投资与人民币汇率的变动
资料来源:中国人民银行,《中国人民银行统计季报》。

由于外汇储备的激增以及误差与遗漏项的存在,表 9-1 的净金融投资多为负数(1993 年除外),意味着中国对外资金供给的净增,由 1992—2004 年平均值的 175 亿元增至 2005—2008 年年均值的 2 267 亿元。20 世纪 90 年代以来中国一方面在大力引进外资,但另一方面,由于年均外汇储备增加 8 677 亿元、年均误差与遗漏 545 亿元的存在,中国对外资金循环最终呈现出资本输出型的资金循环模式。图 9-8 显示了我国对外资金流入与流出量的总规模,2005 年以后国内资金流出规模两倍于国外资本流入,从 1992 年至 2008 年间二者相减的净值,即中国对外金融净投资总额为 13.34 万亿元,年均资金净输出为 6 669 亿元。特别是在 2005 年以后,中国的对外净金融投资呈大规模的增长趋势,在 2008 年达到了最高值 3.12 万亿元。如此巨额的对外净金融投资的收益如何呢?

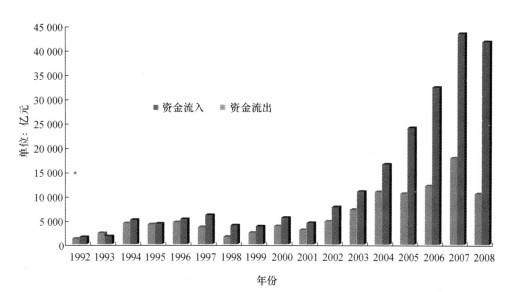

图 9-8 中国对外资金流量

注：资金流出包括外汇储备。
资料来源：中国人民银行，《中国人民银行统计季报》。

第四节 对外资金循环中隐藏的奥秘——投资收益的比较

由以上分析可知，自 20 世纪 90 年代以来，中美两国在国内储蓄投资结构失调的状况下，对外贸易相互依存、对外资金流量双向大规模增长构成双方的镜像关系。美国为最大的经常收支逆差国及债务国，中国为最大的经常收支顺差国及债权国。中国对外金融投资主要集中在美国。1997 年亚洲金融危机后，特别是中国等新兴市场国家增加了向美国的金融净投资。海外向美国的金融净投资由 1990 年的 538 亿美元增至 2007 年的 6 773 亿美元，其金融净投资总额为 5.9 万亿美元，增长约 12 倍。从海外对美国金融净投资的构成看，2000 年以前主要以直接投资、证券投资为主，但在 2001 年"9·11"事件之后，直接投资与其他投资减少，购买美国国债以及金融债券激增。以证券投资形式流入的资金在 2003

年以后激增,在2007年达到最大值1.14万亿美元①,占资本流入总额的56%。在此背景下,中国购买美国国债的金额显著增长。如图9-9所示,由于中美之间在资金循环中存在着镜像关系,中国在2004年1月持有美国国债1 576亿美元,此后呈现急剧上升趋势,尽管美国在2007年9月发生了住房次级信贷危机,2008年9月由雷曼兄弟破产引爆了美国的金融危机,但中国仍然继续了对美国国债的投资,2009年1月增持至7 396亿美元。

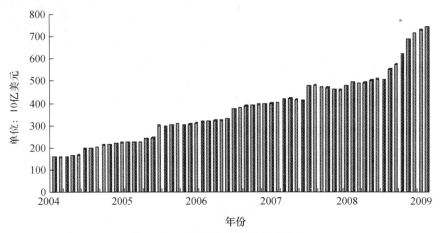

图9-9　中国持有美国国债的增长
资料来源:美国财政部,Treasury International Capital System.

如此巨额的对外投资,当然要考虑安全性、流动性和稳定增值,要考察其投资收益②。但是,如果比较一下中美对外投资收益,我们就不能不承认我国的对外投资收益不是很理想。由第二节的分析可知,尽管美国长期经常收支逆差,尽管在2007年发生了住房次级信贷危机,但由于美元作为国际基准货币的优势以及美国开发的大量新型金融衍生工具等因素,美国很容易从世界筹集资金,诱导国际资本流入美国,并运用流入美国的资金转手投资于国外。美国确实在国际金融舞台上长袖善舞,由图9-10可知,美国对外投资收益一直持续增长,由1990年的308.4亿美元增加到2007年的887.8亿美元。其中的奥秘主要在于美国

---

① 以上的数字均来自FRB,*Flow of Funds Accounts of the United State*。
② 按照国际收支定义,投资收益指的是持有对外金融资产所产生的收益,包括利息收入、持股分红、海外子公司返回给本国总公司的收益、海外直接投资者的再投资收益等。具体项目可分为直接投资收益、证券投资收益、其他投资收益。

利用汇率变化对债务与债权采用了不同的货币计价标准组合。

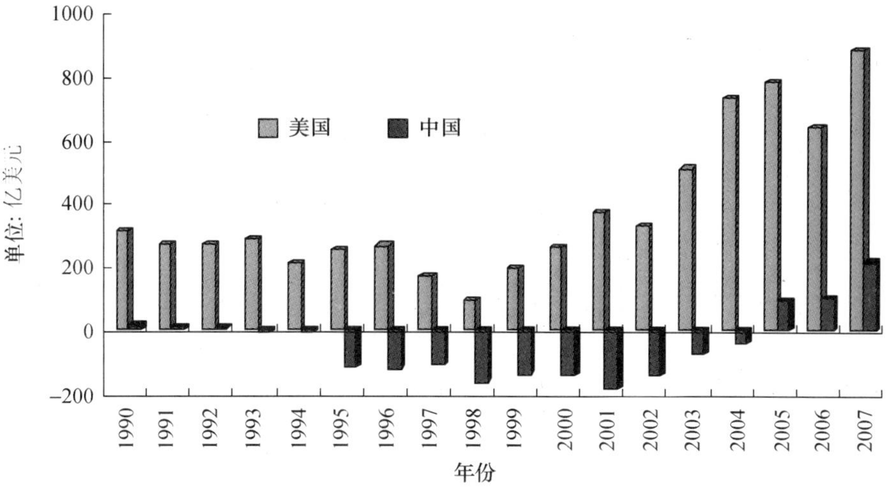

图 9-10 美国与中国的投资收益

资料来源：U. S. International Transactions Accounts Data；国家外汇管理局，《国际收支统计》。

美国持有对外资产的 54% 是直接投资与股票投资（Equity Instruments），而且对外资产的 65% 是以外币计价的。但美国的对外债务中，直接投资与股票投资只占 32%，其他的多采取债券的形态（Debt Instruments）或银行融资，而且 100% 是以美元计价的。[①] 也就是说，美国的对外债权主要投资在以外币计价的有风险的证券上，而美国的对外债务则采取以美元计价的无风险的债券形式。因此，美国可以用较低的利息发行国债等债券，从中国等国家筹集资金，同时将筹集到的资金运用到高收益率的股票投资上。1990 年以来，由于美元兑人民币、日元、欧元等持续贬值，这样以外汇计价的资产由于美元的贬值给美国带来很高的投资收益。

但反观中国，由于缺乏对外金融投资的经验，人民币汇率对市场变动反应迟钝，中国对外投资收益截止到 2004 年基本是负值。而且在 1995 年至 2002 年之间呈现出巨额亏损，2001 年对外投资亏损高达 183 亿美元，2005 年以后才转为盈利，2007 年中国对外投资收益达到 213.5 亿美元的水平。也就是说，对美最

---

① 以上的数字均来自 U. S. Bureau of Economic Analysis, BOP。

大债权国中国的对外投资收益还不到其最大欠债者投资收益的 1/4。这实在是应该引起政府相关职能部门警觉的问题。

第五节 结论与政策建议

从国际资金循环的视点看,从 20 世纪 90 年代初至 2008 年中美在储蓄投资、对外贸易、国际资本流动这一循环过程中形成了不稳定的互补对称的镜像关系。但是,发源于美国的金融危机演变为世界性的经济危机,以往中美在国际资金循环中形成的镜像关系开始动摇。美国不可能持续其过度消费的经济形态以及无限制的经常收支逆差的扩大,中国也不可能继续高储蓄以及其双顺差的对外资金循环的模式,政策当局面临着现实的政策调整需求,不得不考虑双方对外资金循环的新接点。目前,中国面临着世界经济格局发生深刻变化的转折点,对外资金循环面临着三个巨大的风险:其一是自 1994 年以来在国际收支中存在的双顺差,其二是美元贬值对中国外汇储备的风险,其三是持有的巨额美国国债的两难处境。因此,中国有必要对 90 年代以来的对外资金循环以及经济发展模式做结构性调整,特提出以下四点政策建议。

一、从内外两方面解决经济结构失衡问题

解决自 2004 年以来的对外资金循环的失衡问题需要从对内与对外两方面着手。对内即是从资金循环的源头入手,即扩大国内需求,降低储蓄,进而缩小储蓄投资差额,缓和出口压力,解决对外贸易流量的不平衡,从结构上调整对外资金循环的双顺差的失衡状态。中国的支出法统计的 GDP 显示,最终消费支出对 GDP 增长的贡献率由 1992 年的 72.5% 跌落至 2006 年的 38.7%。[①] 所以,中国有提高内需的空间及可能,必须调整实体经济发展的结构和以往的外向型经济导向政策,让百姓真正得到经济增长的实惠。

---

① 国家统计局,《中国统计年鉴》,2008。

二、逐步增加人民币弹性

从外部解决对外资金循环的失衡问题,即逐步增加人民币弹性,使之调整到与经济发展实力相应的水平。如果政策当局调整了以往过于依赖对外出口的政策取向,则人民币适当升值当然有利于我国扩大内需,提高对外支付能力,从而能起到调节对外贸易流量与资金流量的功能,解决经常收支长期顺差的问题,取得国际收支平衡,达到资金循环的均衡。这种汇率形成机制改革需要与资本自由流动配套进行。同时,法律法规需要加强到足够确保新体系运作,使得中国经济持续稳定增长、国际社会和谐发展。

三、保持合理的外汇储备规模

如果能取得经济发展的结构平衡,将会改变长期以来双顺差的模式,因而外汇储备也会逐步趋于合理的持有水平。目前的近2万亿美元的外汇储备规模是经济结构失调所带来的累积的结果,面临美国国债价值缩水与美元贬值的双重挤压,既没有安全保障,也没有做到金融资源的有效合理配置,同时还很难保证稳定增值性。因此,相对国家的经济规模而言,一国的外汇储备不可能无限制地增加。为此的对策只能是调整经济发展模式,保持适度外汇储备规模,引导储蓄资金合理流动,使经济增长在一定"量"的前提下,追求"质"的提高。

四、逐步调整外汇储备的资产结构,提高风险意识

减持目前中国持有的7 396亿美元的美国国债犹如一块烫手的大山芋,以至于政府领导人感到"有些担心"[①],确实不无道理。从历史和现状来看,美国政府出现违约的可能性并不大,所以中国持有巨额美国国债面临的风险实际上是汇率风险,即美元贬值。长期以来中美之间在对外资金循环中形成了镜像关系,你中有我,我中有你,利益相关。从当前看,中国很难置身于其外,从加强国际金融协调的角度看,为了自身的利益,中国逐步地减持美国国债也许是不得已的避险

---

① 温家宝总理在十一届全国人大二次会议新闻发布会上对中外记者的讲话。

选择。但从长期看,中国应战略性地调整其在国际资金循环中的被动状态,逐步调整外汇储备中不同币种资产的构成,开展外汇储备多元化管理。同时,保持对外资金循环的稳定持续性,提高对外投资收益,降低风险,加强对国际资金循环的统计监测,强化金融监管体制。

第十章　中国的对外资金循环与外汇储备的结构性问题

引　言

根据美国财政部的资本流动统计①,2008年9月,中国持有的美国国债为5 870亿美元,超过日本跃居世界首位。2009年2月,中国持有的美国国债规模更上升为7 442亿美元。中国人均GDP为3 000美元,仍属发展中国家。这种由世界最大的发展中国家向世界最大的发达国家进行超巨额融资的现象,在世界经济史上尚属首次,令世人瞩目。从包括贸易流量与资金流量的国际资金循环的角度看,中美之间存在着一种相互依赖的镜像关系:中国大规模地向美国出口物美价廉的中国商品,支持美国消费者的超前消费;中国持续得到了外汇储备的激增,进而又运用巨额外汇购买美国国债,弥补美国的资金不足。在一段时期内,尽管也发生了一些贸易摩擦,但由于彼此相互需要也算相安无事。但2007年的美国住房次级信贷危机打破了这种以往的平衡,2008年8月在华尔街引爆的金融危机更带来了世界性的经济危机。中国的外汇储备及资金流向引起了世界的关注,为了自身利益,中国仍在持续购买美国国债,但人们开始重新冷静地审视这种镜像关系的变化及发展。

本章试图从国际资金循环的视点分析中美两国在对外资金循环中的镜像关系、中国外汇储备的急剧增长以及结构性问题。国际资金循环分析的理论渊源可追溯到蒙代尔·弗莱明模型。该模型将国内资金流动与国际收支相结合,将对外贸易引入IS-LM分析中,观察利率与汇率的变化对各国宏观经济的影响,分析由于国际资本流动对各国之间利率差的变化。该模型明确了在不同汇率政策条件下财政政策与金融政策的不同效果。但在将国内资金流动与国际收支相结

---

① 美国财政部,Treasury International Capital System,http://www.ustreas.gov/tic/。

合展开国际资本流动分析时,蒙代尔·弗莱明模型没有考虑物价、汇率、支付利息以及国内各部门资金流动与国际资本流出入的关系,存在一些局限性。

在使用各国的资金流量及国际收支等统计数据、将各国模型连接起来以探讨国际资本流动传递机制的文献中可举出由克来因主持研究的多国资本流动分析模型(K. Marwah & L. R. Klein Model,1983)①。该模型旨在解释美、加、法、德、英、日六国间的国际资本流量与汇率的关系。在国际资本流动分析模型中表示净资本流量的交易项目有九个,这些交易项目与资金流量统计交易项目一致。分析模型的结构方程式中列举了各种金融交易所引起的资金流量与汇率的相关变量,并归纳了一国的资金流量对组合资产存量变动的基本影响因素。但由于数据处理方法不当,该模型拟合的效果不是很理想。

石田定夫在1993年的研究中提出了国际资金循环的分析构想②,论述了国际资金循环的研究对象及其分析范围。他将国内储蓄投资差额与资金余缺联系起来,将经常收支与国际资本流动相衔接,归纳出了对外资金流量的恒等式。他将国内资金流量分析扩展到国际资金循环分析,将国际资本流动纳入国际资金循环的范围。并且,他对日本、美国和德国的储蓄投资平衡关系以及资金交易流量做了统计性观察。但是,该研究虽然提出了统计构想及其分析的对象,却未对国内资金流量与国际资本流动的关系做较严谨系统的理论说明,虽然进行了尝试性的记述分析,但没有进一步展开较深入的计量分析。

张南的著作(2005)借鉴了上述研究成果,从资金循环的动态过程将资金循环的实物交易与金融交易、国内金融交易与国际金融交易结合起来,从国内储蓄投资、对外贸易与国际资本流动三个方面建立起国际资金循环分析的理论框架。在此基础上建立了国际资金循环分析的理论模型,并运用此模型对日本、美国、东亚以及中国的海外资金循环进行了实证分析。

近年来,中国经常收支以及资本收支的双顺差持续加大,2008年年底外汇储备存量超过1.95万亿美元,中国的国际资本流入与资本流出总量占GDP的比率从1998年的6.4%上升至2007年的23.3%。③ 因此,从国际资金循环的角

---

① Kanta Marwah and Lawrence R. Klein,"International Capital Flows and Exchange Rates",*Flow of Funds Analysis: A Handbook for Practitioners*,1983,pp.468—485.
② 石田定夫,《日本経済の資金循環》.东洋经济新报社,1993,pp.170—205。
③ 中国人民银行,《中国人民银行统计季报》,2008;国家统计局,《中国统计年鉴》,2008。

度研究中国对外资金循环的变化特点以及中美经济关系具有很现实的意义。本章试图结合 2008 年 9 月美国发生的金融危机与中国面临的实际问题,应用统计描述及计量分析的方法,探讨自 20 世纪 90 年代以来中国对外资金循环逐渐形成的结构性问题。本章的安排如下:在第一节,根据储蓄投资流量、对外贸易流量、对外资金流量三方面的均衡关系确立国际资金循环的分析框架;在第二节,统计并描述性分析中国对外资金循环的特点以及在资金循环中的结构性问题;在第三节,建立国际资金循环的动态结构方程模型,利用模型的因果序列图说明模型的特点、解释变量的选取与数据来源;在第四节,讨论模型的推测结果,计量性分析中国对外资金循环出现的双顺差现象以及由此所产生的外汇储备急增的问题;在第五节,归纳整理分析的结论,提出政策建议。

第一节 国际资金循环分析的理论框架

国际资金循环包括储蓄投资流量、对外贸易流量、对外资金流量三个相互衔接的组成部分。资金流量表中的国内部门的资金盈余或不足是通过其海外部门的净金融投资与国际收支的经常账户衔接的,而资金流量表中的海外资金流出和流入与国际收支的资本账户相对应,因此将储蓄投资差额所带来的国内资金流动以及由国际收支相调节所引起的资金循环称为国际资金循环。由此可知,国际资金循环分析将国内储蓄投资差额与海外部门的资金余缺相联系,观察为调节经常收支所引起的国际资金流动,从储蓄投资流量、对外贸易流量和对外资金流量的变化考察实物经济与金融经济的联系,以及国内资金流向与国际资本流动的相互影响。国际资金循环分析是资金流量分析领域中对外资金流量分析的延伸,是从国内资金循环向国际资本流动的分析视野的扩展。

在开放的经济体制下,国内经济的储蓄投资差额与国际收支的经常收支项的差额相对应,而经常收支顺差与资本收支逆差(包括外汇储备增减)是相一致的。也就是说,国内部门的过剩储蓄资金流入广义金融市场,成为对国外部门的资金供给及外汇储备增加的资金。根据现实经济中对外资金循环的动态过程及 GDP 恒等式 $Y = C + I + G + NX$ 的变化可得到:

$$S - I = NX$$

等式的右边是贸易余额，左边是国内储蓄与投资之间的差额，又称为对外净投资（NFI）。因此，等式又可以表述为：

$$S - I = NFI = NX$$

依据上述等式，我们将开放经济体制下的对外资金循环过程中所存在的"事后"的均衡，即国内的储蓄投资差额、资金盈余或不足、对外收支、金融市场平衡以及对外金融资产增减变化的关系，归纳为以下4个基本均衡关系式。

储蓄投资差额与经常收支：

$$S - I = \Delta FA - \Delta FL = CA \tag{1}$$

对外贸易流量均衡：

$$CA = (FO - FI) + CRA \tag{2}$$

将上式变形得到如下均衡式：

$$CA + (FI - FO) = CRA$$

对外资金流量均衡：

$$FO - FI + CRA = \Delta FA - \Delta FL \tag{3}$$

对外资金流量与资本收支：

$$(FO - FI) = DI + PI + OI + CAA \tag{4}$$

其中，S 为总储蓄，I 为总投资，ΔFA 为金融资产增减，ΔFL 为金融负债增减，CA 为经常收支；FO 为资金流出，FI 为资金流入，CRA 为外汇储备增减，DI 为直接投资，PI 为证券投资；OI 为其他投资，CAA 为资本项目。

上述（1）式表明了储蓄投资与国内资金流量和经常收支的关系，当 $S > I$ 时，$\Delta FA > \Delta FL$ 为资金盈余，有 CA > 0，即经常收支为顺差；反之，当 $S < I$ 时，$\Delta FA < \Delta FL$，为资金不足，有 CA < 0，即经常收支为逆差。由（2）式可知，国际间以资本运作为目的的资金流动和国际间物品与劳务的流动是同一枚硬币的两面。当经常收支为顺差时，以资本流出（FO > FI，资本收支逆差）或外汇储备增加的形式使该国对外债权得以增加。反之，当国内投资大于国内储蓄时，经常收支为逆差，只能通过对外借债增加资本流入（FO < FI，资本收支顺差），或减少外汇储备来填补其逆差，从而使得该国对外债务增加。通过对（2）式变形得到的外汇储备构成均衡式表明，同时出现经常收支与资本收支双顺差的状况下会使外汇储备增加。也就是说，当经常收支持续顺差且仍有国际资本净流入，在账户

体系上表现为资本收支顺差时,导致的结果只能是外汇储备的急剧增加,这种经济现象将导致对外资金循环出现结构性问题。从(2)式可知,影响外汇储备增减变化的主要原因在于经常收支与资本收支,由于经常收支的变化又取决于储蓄投资差额,所以外汇储备的增减实际上取决于资金循环的结构变化。而影响经常收支变化的人民币汇率、影响资本收支变化的国际市场利率与央行基准利率等也是决定外汇储备增减变化的基本因素。

(3)式表明了广义金融市场的均衡,反映了国内资金流向与国际资本流动的关系,这一过程也就是国际资金循环的变动。(3)式的右方表示国内部门金融资产净增,是资金流量账户的资金盈余或不足项目,等于国际收支的经常收支项目[参见(1)式]。而左方表示对外资金净流量加上外汇储备增减,其中的对外资金净流量则与国际收支的资本收支相对应。当 $S > I$,即经常收支为顺差时,对外资金净流量显示了一国增加财富积累的一个渠道。[①] 反之,当经常收支为逆差时,只能通过减少对外资产或增加对外负债来填补其逆差,导致对外净资产减少,显示此过程的也就是资本收支的运作。另外,当经常收支为 0 时,无论资本收支的操作如何活跃,都对对外净资产的增减没有任何影响。由此可知,一国对外净资产的增加是由经常收支顺差的累积而形成的,仅操作金融交易则与该国财富的积累没有直接关联。

由国际收支的定义可知,其资本收支由金融项目[直接投资(DI) + 证券投资(PI) + 其他投资(OI)]与资本项目(CAA)构成,所以对外资金净流量与其流量形式的关系可表示为(4)式。由(4)式可知,对外资金流量的规模与流向主要取决于直接投资、证券投资、其他投资以及资本项目的变化。资本项目包括移民转移与债务减免等,由于数额较小,暂不列入本章分析的范围。上述均衡式可表明储蓄投资缺口、资金盈余或不足与国际收支的均衡关系,以及对外资金流量的结构,并由此构成了国际资金循环的分析框架。下面我们就根据这一理论分析框架,首先就对外资金循环的特点以及变化做描述性统计分析,在此基础上建立国际资金循环的理论模型,展开计量分析,在整个资金循环的动态过程中探讨中国对外资金循环的结构性问题。

---

① 从(1)式可知,$S = I +$ 对外净资产增减,所以一国财富的累计包括国内有形资本形成与海外净资产增加这两部分。

资金循环分析的理论与实践

第二节 中国的对外资金循环中发生了什么？

如图10-1所示,20世纪90年代以来,我国投资逐年递增,但储蓄增长超过投资,除1993年净储蓄为负数外,储蓄大于投资的储蓄缺口由1992年的276亿元增至2007年的2.34万亿元,年均储蓄净差额为4 386亿元。① 但是2004年以来,净储蓄急剧大幅增加,2007年比2004年竟然增长了473%,净储蓄额达到2.3万亿元。而经常收支与储蓄缺口的变动方向一致,除1993年外,经常收支持续保持顺差,由1992年的64.01亿美元增至2007年的3 718.3亿美元,年均经常收支顺差为666亿美元。特别是2004年以来,经常收支顺差急剧增加,到2007年为止年均增长了76%。由第一节所提示的对外资金循环过程的(1)式可知,由于实物经济方面的储蓄投资差额、经常收支顺差的急剧增加,根据资金循环过程所存在的"事后"的均衡关系,将形成资本收入逆差或外汇储备增加。但中国的实际情况是在持续经常收支顺差的同时,也持续了资本收支的顺差(资本流入),这样必然导致外汇储备的急剧上升,外汇储备存量由1992年的194亿美元增至2007年年底的1.95万亿美元。② 16年来累计总额达到80.4万亿元的国内储蓄理应成为我国资金筹集的主要来源,成为我国的经济增长的有利条件。但是,2004年以来的净储蓄与经常收支顺差的大幅度增长,外汇储备存量短期内跃居世界首位。这些急剧性的变动说明了什么呢？

根据第一节的(1)式与(2)式,笔者对中国人民银行公布的资金流量表中海外部门的数据进行了统计分组,整理的结果如表10-1所示。从表中的资金流入看,在国内净储蓄额逐年增大的同时,海外资金流入量亦是大规模连续增长,由1992—1996年平均值的4 295亿元增至2007年的1.67万亿元,16年间流入资金总额为10.2万亿元。从资金流出看,中国对外的资金流出也呈现

---

① 国内总储蓄取自《中国统计年鉴》的资金流量表,投资取自支出法GDP里的资本形成总额。
② http://www.safe.gov.cn/。

248

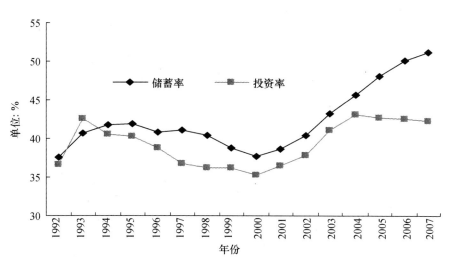

图 10-1 储蓄与投资占 GDP 比重的变化
资料来源:《中国统计年鉴》。

出强势递增,在 2004 年一度下降为 -551 亿元后,2006 年一举跃居最高值的 1.27 万亿元,16 年间国内资金流出总额达到 5.83 万亿元。从国外资金流入扣除国内资金流出的净流入看,中国基本保持了资金净流入的状态,即资本收支持续顺差,虽然 1998 年后有所下降,但在 2001 年恢复到了东亚金融危机前的规模,2004 年达到最高值 9 263 亿元。2006 年海外资金净流入减少至 418 亿元的原因在于同年海外部门通过其他对外债权债务项目对中国借债猛增至 10 825 亿元。由第一节的(1)式与(2)式可知,这些统计数字表明了一个超乎经济常规的现象,即中国在持有大规模净储蓄及经常收支顺差的情况下依然每年有巨额的资本净流入。从整体看,16 年间通过直接投资与证券投资及银行信贷等形式的资金净流入规模达到 4.38 万亿元,年均净流入量为 2 736 亿元。在年均储蓄净差额为 4 836 亿元的情况下,依然持续保有大规模的经常收支与资本收支的双顺差,结果会如何呢?根据第一节给出的基本均衡关系式的(2)式,分析的结论只能是一个:外汇储备流量的猛增。近年来急剧积累的外汇储备存量已经证明了这一点。这不得不令人思考:这种对外资金循环的结果是否有利于安全性、流动性和稳定增值?是否有利于经济的稳定发展?

表 10-1　中国对外资金流量的变化　　　　　　　（单位：亿元）

		1992—1996	1997—2002	2003	2004	2005	2006	2007
资金流入	(A)	4 295	3 484	5 807	8 712	11 883	13 095	16 689
资金流出	(B)	2 163	2 708	1 224	-551	7 078	12 677	10 806
净流入	(A-B)	2 132	776.2	4 583	9 263	4 805	418	5 884
外汇储备	(C)	-1 425	-2 540	-9 686	-17 080	-16 958	-19 692	-32 618
误差遗漏	(D)	-927	-849	1 377	2 135	-1 373	-1 027	1 159
净金融投资	E	-220	-2 612	-3 726	-5 682	-13 526	-20 301	-25 575

注：$E=(A-B)+C+D$；国际储备的增加记为负数；1992—1996年以及1997—2002年数据为年平均值。

资料来源：中国人民银行，《中国人民银行统计季报》，http://www.safe.gov.cn/。

如表 10-1 下半部分所示，在国外资金净流入、经常收支与资本收支持续双顺差的同时，外汇储备流量由 1992—1996 年的年均 1 425 亿元增至 2007 年年底的 3.26 万亿元，年均增量为 7 400 亿元。但是，如分析储蓄投资差额与经常收支的均衡关系时所显示的那样，同期的年均经常收支顺差为 5 234 亿元[①]，也就是说外汇储备增长是以超过经常收支顺差的规模（其中约 30% 是来自资本收支顺差），通过金融项目下的直接投资与证券投资实现的。通过这 16 年的数据观察不难发现，经常收支顺差占外汇储备来源的 70%，而资本收支顺差约占中国外汇储备的 30%。应当注意的是，由经常收支顺差而增加的外汇储备与由资本收支顺差而增加的国际储备在性质上是完全不同的，前者是实在的金融资产的增加，后者则是包括大量国际游资在内的，对国内金融市场具有很大风险的国际资本对华投资。此外，从外汇储备的使用看，20 世纪 90 年代以来中国持有的美国债券持续增高，由 1992 年年初的 5.83 亿美元增至 2009 年 2 月的 7 442 亿美元[②]，成为美国最大的债权国。这实质上形成了由中国充当净贷款人，美国充当净借款人，由中国向美国资金净输出的模式。从经济稳定增长、资源合理配置的角度看，外汇储备存量的结构以及短期内激增是一个应注意的问题。

此外，表 10-1 中的误差遗漏项是一个不确定的存在。误差遗漏是编制国际

---

① 为便于与资金流量数据比较，经常收支数字按当年汇率换算为人民币。
② 美国财政部，http://www.ustreas.gov/tic/。

第十章 中国的对外资金循环与外汇储备的结构性问题

收支表时由于资料不完整等原因造成的。不过,中国的误差遗漏项过大,在一定程度上会影响政策当局对国际资金循环的准确认识。由于外汇储备的激增以及误差遗漏项的存在,表10-1的净金融投资多为负数(1993年除外),意味着中国对外资金供给的净增。20世纪90年代以来,一方面,中国在大力引进外资,但另一方面,由于年均外汇储备增加7 400亿元、年均误差遗漏466亿元的存在,中国对外资金循环最终呈现出资本输出型的资金循环模式。1992年至2007年,中国对外金融净投资总额为8.21万亿元,年均资金净输出为5 131亿元。特别是在2004年以后,中国的对外净金融投资呈大规模的增长趋势,在2007年达到了最高值2.56万亿元。

但是,面对着对外净金融投资的急速扩张,作为调节贸易流量与资金流量的市场机制缺乏应有的弹性作用。由相关的资金循环统计可知,在16年间中国资金净输出持续增长,其规模迅速扩大了72倍,资金净输出总规模达到8.21万亿元。但作为调节对外资金流量均衡发展的人民币汇率却不能灵活反映这一变化,未能发挥其应有的作用。从储蓄投资流量、对外贸易流量以及对外资金流量的结构关系看,储蓄大于投资差额的直接含义是对本国投资而言的储蓄过剩,但同时也相当于兑换成外汇对外投资所需美元的供给量。因此,所谓均衡的实际汇率就意味着对外投资所使用的美元供给额与为购买本国出口的外国人所需的美元需求额保持平衡点的汇率。所以,将人民币汇率的变动与净储蓄、对外贸易顺差以及对外资金净流出的急剧增长比较,人民币汇率虽然在近年有所升值,但长期以来没有起到调节对外贸易流量及对外资金流量,使其趋于均衡的功能。

分析结果表明,从外汇储备激增及构成来看,中国对外资金循环中存在着影响经济稳定增长及资源最优配置的问题。而美元贬值的趋势构成了中国外汇储备的巨大风险。中国对外资金循环中存在着的结构性失衡既是净储蓄规模过大等国内问题所导致的结果,也有如人民币汇率等外部环境变化对中国资金循环的影响。为了系统地解释对外资金循环的结构性问题,有必要从储蓄投资流量、对外贸易流量、对外资金流量三方面,建立国际资金循环分析的计量模型,进行更深入完整的探讨。

第三节　计量模型的建立

一、模型的基本结构

国际资金循环模型是参考 IS-LM 理论,即一般均衡论模型建立的。由于对外资金循环受国际资本流向及流量、利息、股价、汇率等变量的影响而变动频繁,所以该模型并非要反映一国短期资金循环的均衡,而是在动态之中观察对外资金循环的长期变化趋势。此外,模型的设计既要注重国内因素的影响,也要考虑国际市场的变化,同时还要注重反映对外资金流动的收益性及风险。基于这些考虑,建立国际资金循环模型旨在从储蓄投资、对外贸易流量、对外资金流量三个侧面,从整体来观察对外资金循环体系中的各经济变量依存因果关系以及资金循环中的结构问题。根据第二节的对外资金循环分析的理论框架,结合第二节统计描述的中国对外资金循环的特点,按照图 10-2 显示的模型的因果序列,建立了如下的动态结构方程模型。

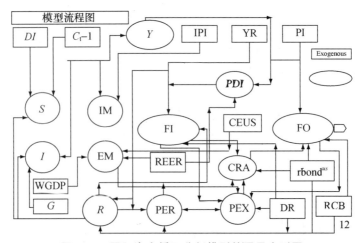

图 10-2　国际资金循环分析模型的因果序列图

图 10-2 表示了建模的流程图以及内生变量与先决变量的因果序列关系,各变量定义可参照表 10-4。图中的椭圆形表示内生变量(Endogenous Variable),

矩形表示先决变量[①]（Predetermined Variable），从左至右表示着时间的流动。箭头表示信号的流动以及变量之间的影响方向。从图 10-2 可看出，只有输出信号而没有来自其他变量输入信号的为先决变量，接受输入信号的为内生变量，同时，在该内生变量也对其他内生变量施加影响时，也会有来自该内生变量的输出信号。

根据国际资金循环的市场机制以及理论框架，我们设定了储蓄（S）、投资（I）、进口（IM）、出口（EX）、国际资本流入（FI）、资本流出（FO）、外汇储备（CRA），以及人民币对美元汇率（REX）为内生变量。理论上应该加上直接投资（FDI）、市场利率（R）、股市收益率（PER）作为内生变量，但在实施对联立结构方程式进行识别及测算时，此三个内生变量不能满足识别条件，所以暂将此三变量不做内生变量处理。经过反复测算，考虑到实际操作可能，最终择优确定的包括八个行为方程式、三个定义式的动态结构方程模型如下。

结构方程式：

储蓄函数
$$S_t = b_{11} + b_{12}\mathrm{DI}_t + b_{13}C_{t-1} + b_{14}R_t \tag{5}$$

投资函数
$$I_t = b_{21} + b_{22}Y2_t + b_{23}G_t + b_{24}R_t \tag{6}$$

进口函数
$$\mathrm{IM}_t = b_{31} + b_{32}\mathrm{CPI}_t + b_{33}Y_t \tag{7}$$

出口函数
$$\mathrm{EX}_t = b_{41} + b_{42}\mathrm{REER}_t + b_{43}\mathrm{WGDY}_t + \mathrm{USCE}_t \tag{8}$$

国际资本流入函数
$$\mathrm{FI}_t = b_{51} + b_{52}\mathrm{YR}_t + b_{53}\mathrm{PER}_t + b_{54}\mathrm{FDI}_t + b_{55}\mathrm{NR}_t + b_{56}D_t \tag{9}$$

资本流出函数
$$\mathrm{FO}_t = b_{131} + b_{132}\mathrm{CRA}_t + b_{133}PI_t + b_{134}\mathrm{RCB}_t + b_{135}\mathrm{FFR}_t + b_{136}D_t \tag{11}$$

外汇储备函数
$$\mathrm{CRA}_t = b_{121} + b_{122}\mathrm{CA}_t + b_{123}\mathrm{FI}_t + b_{124}\mathrm{REX}_t + + b_{125}\mathrm{RCB}_t + b_{126}\mathrm{rbus}_t \tag{12}$$

人民币汇率决定函数

---

① 外生变量（Exogenous Variable）与滞后内生变量（Lagged Endogenous Variable）统称为先决变量。

$$REX_t = b_{111} + b_{112}NR + b_{113}PER_t + b_{114}NFI_t + b_{115}EX_t \quad (13)$$

定义式：

对外资金净流量恒等式

$$NFI_t = FO_t - FI_t \quad (14)$$

经常收支恒等式

$$CA_t = NFI_t + CRA_t \quad (15)$$

GDP 恒等式

$$Y_t = C_t + I_t + EX_t - IM_t \quad (16)$$

在中国的国际资金循环模型中，先从国内储蓄投资平衡的视角设定了储蓄及投资函数。由于中国的资金循环呈现经常收支与资本收支双顺差以及对外资金净输出模式，从对外贸易流量视角看经常收支顺差的原因在于贸易流量，在建立结构方程式时为明确这一特征设置了进口与出口函数。此外，为了从对外资金循环的视角观察资本收支顺差以及对外资本净输出的原因、国际资金循环的非均衡向均衡连续调整转化的过程，双向分别设置了国际资本流入与资本流出函数。同时，在 1992—2009 年之间，中国外汇储备激增，为推测经常收支与资本流入对外汇储备的影响设置了外汇储备函数与人民币汇率决定函数。最后，为了观测对外贸易流量、对外资金流量、国内经济增长的变化以及做模拟分析，在结构方程式之后设置了对外资金流量恒等式、经常收支恒等式以及 GDP 恒等式 3 个定义式。[①] 有关内生变量和外生变量的定义解释及数据来源请参考本章末的表 10-4。

二、模型推测的特点及数据

国际资金循环模型可以系统地观测收益因素与风险因素对资本流动的影响，可以观测资金循环体系中的结构性变化因素与循环性变化因素以及对外资金流量的变化对经济增长的影响。如设定央行利率及财政支出等外生变量可以调节储蓄投资差额，影响进出口，控制资本流入的规模，最终可观测金融政策及财政政策对经济增长的综合影响。设定市场利率的变化、汇率的涨幅、经常收支

---

① Y 表示按照支出法计算的 GDP。

的增减、央行基准利率及美国金融市场利率的变动,可以模拟预测外汇储备的规模、国际资本流入与资本流出的规模,为实施相应经济政策做参考。

为了在一个循环的系统中完整地观测国际资金循环的结构关系,在构筑中国的对外资金循环模型时,应用联立方程式同时推测各个结构方程式的参数。考虑到同时推测所产生的内生变量与误差项的相关问题,本模型推测采用了3阶段最小二乘法(Three Stage Least Squares method,3SLS)。在用2阶段最小二乘法(2SLS)推测联立方程式体系的结构型参数时,假定两个联立方程式的误差项 μ_1 与 μ_2 之间不相关。但在用3SLS推测时认为联立方程式的误差项 μ_1 与 μ_2 之间存在相关,首先用2SLS方式推测各个结构方程式,之后利用推测结果所得到的各方程式的协方差矩阵,用一般最小二乘法推测各方程式,这样推测出的各个方程式的自由度为1。可以证明3SLS推测值是一致推测量,在各个结构方程式的误差项存在相关时,3SLS是比2SLS更为有效的推断统计量(William H. Greene,2000)。在进行中国的对外资金循环模型推测时,由于使用2SLS方法得到的各个方程式的协方差矩阵不为零,所以采用3SLS对联立方程式的各个结构方程式进行了推测。

由于中国目前只有资金流量统计年度数据,所以建立模型时主要采用的是1992—2009年中国资金流量统计与国际收支统计的年度数据及GDP统计。此外,还使用了IMF的IFS统计等。同时,由于样本不是很大,而且是年度数据,可以认为不需要做单位根检验(Unit Root)。在做数据处理时使用了SAS软件。

第四节 推测结果及计量分析

使用国际资金循环模型所做的推测结果请参见本章末的表10-3。对推测结果的信赖度的评估指标如下:联立方程式的加权平均标准误差值(Root Mean Squared Error)为0.7951,加权平均误差值较小,可以认为所推测的模型基本是可信赖的。表示联立方程式模型整体拟合程度的加权测定系数(System Weighted R-Square)为0.9987,应该说模型整体的拟合程度是比较高的。其中,加权测定系数的权重取自各个内生变量偏差平方与所有内生变量偏差平方和之比。为

资金循环分析的理论与实践

分析在结构式联立方程模型中所反映出的各主要经济变量的依存关系,揭示对外资金循环中的结构性问题,同时限于篇幅,我们重点讨论储蓄投资流量、对外贸易流量、对外资金流量以及外汇储备变化的推测结果。

从储蓄函数的推测结果看,可支配收入对储蓄的弹性系数为 0.67,即可支配收入增长 1 亿元时,国内储蓄相应增长 0.67 亿元。因为 t 检验值为 12.7,可支配收入对储蓄的弹性系数的推测应该是可信赖的,反映了我国较强的储蓄倾向。前期最终消费对储蓄的影响表现为 -0.33,即上一期最终消费增加 1 亿元时,本期总储蓄将减少 0.33 亿元。由此可推测上期我国最终消费增加对本期储蓄的弹性影响不是很大,反映了我国的储蓄偏好倾向。由此可认为,对外资金循环失衡的源头在于净储蓄增长过大以及国内消费不足,二者成为产生资金循环结构失衡的内部性因素。此外,市场利率对储蓄的弹性系数为 828.48,即利率上升 1% 时,总储蓄相应增加约 828 亿元,表明利率变化对储蓄的影响较强。但其 t 检验值较低,仅为 1.38,说明我国的储蓄与利率变化并没有显著因果关系。

从投资函数的推测结果看,$Y2$ 为 1 期滞后 GDP 的阶差 ($Y_{t-1} - Y_{t-2}$),当 GDP_{t-2} 期比 GDP_{t-1} 期增加 1 亿元时,会带动投资增长 0.48 亿元。此推测结果表明,1 单位最终需要的增长仅可带动 1 单位以下的投资,我国最终需求的增长对投资的刺激效应并不是很大。为考察财政政策对投资的影响,引入财政支出为投资的外生解释变量。其对投资的弹性系数为 1.95,表明财政政策对投资增长的影响较大。此外,市场利率对投资的弹性系数为 945.5,根据开放经济体制中的投资与利息的理论关系,利息上涨意味着金融紧缩,政策意图为控制投资扩张。但此推测结果与经济理论相反,而且 t 检验值较小,可以认为此分析期间的市场利率变动对我国投资增长也没有显著影响。实际表明,20 世纪 90 年代中期,作为抑制投资过热的措施,曾调高贷款利率至 11%,但并没有起到抑制投资膨胀的作用。

在观测对外贸易流量的变化时,从价格因素、汇率变化、国内最终需求以及美国因素等方面推测了对进口与出口的影响,从中可观测到我国经常收支持续顺差的原因。从商品价格因素看,由于我国目前还没有公布进出口价格综合指数,所以作为替代,我们使用 CPI 来观察价格变化对进口的影响。推测结果表明,当国内消费物价上涨1%时,会增加从国外的进口,其弹性值为64.99①。我们还使用了实质有效汇率(REER)观察其对出口的影响。推测结果显示,实质有效汇率增值1%,会使中国出口降低73.8亿美元,由此可估计人民币升值对出口的影响程度。

推测参数表明,相关变量对中国的进口弹性与出口弹性的效应不同,中国对其他国家的出口弹性效应大于其他国家对中国进口的弹性效应。从进口函数推测结果可知,当中国GDP(Y)增长1单位时,从他国进口商品的弹性系数为0.048;但出口函数推测表明,当世界经济(WGDP)增长1单位时,对他国出口商品的弹性系数为0.037。同时,美国居民最终消费增加1单位时,中国的出口弹性将增大0.1,而且各说明变量均通过了t检验。其中,世界经济增长量是仅按照中国主要贸易国的美日欧的购买力平价计算的GDP的合计。由此可认为,中国GDP在增长1单位时,中国的进口弹性会增长约4.8%;但中国以外的世界经济增长1单位以及美国居民最终消费增加1单位时,中国的出口弹性会增长13.7%。此推测结果显示了国外需求的影响,特别是来自美国的需求因素对中国出口的显著作用②,而且也可以看出,自20世纪90年代以来中国的对外贸易流量中存在着结构性的问题。由于这种结构性因素的影响,中国长期保持了贸易顺差,经济增长偏重于依赖国外需求。

从国际资本流入的推测结果看,同期GDP增长率对国际资本流入影响的估计值为670.1,且t检验值为2.1,故可以认为同期GDP增长率对国际资本流入有显著影响。从股市投资收益率的推测看,股市收益率对国际资本流入的弹性系数为627.73,但未通过t检验,表明股市收益率对国际资本流入没有显著影响。此推测结果表明,90年代以来流入中国的国际资本的主要动因在于看好中国经济的长期增长,并非在于追求证券投资等的短期收益。从FDI的估计值看,FDI流入增加1亿元,会使国外资本流入增加1.94亿元。在此分析期间FDI占了国际资本流入的主要部分,对国际资本流入中国有显著影响。此外,也观察了国内外的相对利率差对国际资本流入的影响。根据利率与资本流动的市场原

---

① 此估计值较大,原因在于使用了CPI替代进出口价格综合指数。而CPI所包含的范围远远大于进出口价格指数,所以在推测方面会有误差。

② 经计算,相同分析期间的美国居民最终消费与中国出口的相关系数为0.87。

理,本国利率高于国外利率会诱使国外资本流入①,此推测的统计估计值为15.47,但未能通过 t 检验,t 值仅为0.07,所以此估计值不能被接受。原因在于在此分析期间中国利率变动尚未完全市场化,还不能按照市场原理来解释国内外相对利率差对国际资本流动的影响。此推测结果反映了20世纪90年代至今的国际资本流入的基本特征,表明了世界各国对中国经济长期稳定增长的期待,直接投资递增是决定国际资本流入增大的主要因素,而短期波动较大的投机资本对中国的资本流入尚未有显著影响,同时,中国的利率变动尚未对国际资本流入产生诱导作用。

接下来讨论资本流出的推测结果。这里使用了外汇储备、国外资本在华投资收益流出、央行基准利率以及美联储利率来测定对国内资本流出的影响。外汇储备增加对国内资本流出的弹性系数为11.69,t 检验值为12.41,即当外汇储备增加1亿美元时,会形成约11.69亿美元的资本流出。此推测结果显示了中国对外资本流出的循环性因素。如第三节统计描述分析中所阐明的那样,中国外汇储备增加的30%来自国外资本流入,但同时又通过购买美国国债等方式构成了国内资本流出的主要部分,形成了中国对外资金流量中的循环性因素。国外资本在华投资收益流出的弹性系数为0.67,但未通过 t 检验,可以认为投资收益流出与资本流出没有显著影响。由于弹性系数较小,也可以认为目前投资收益流出的问题还不严重。但是应该意识到,由于每年投资收益实际流出较少,意味着实际留存可以汇出的投资收益存量将是一个不小的数额。同时我们还考察了央行基准利率对资本流出的影响。推测结果显示,央行基准利率上升1个百分点,会抑制资本流出减少约207亿元,但同样此推测值未通过 t 检验,显示了在分析期间金融政策对调控资本外流的局限性。此外,90年代以来,中国资本以购买美国国债等形式大规模流入美国,但推测结果显示美联储利率对中国资本外流的弹性系数为1568,即美联储利率上升1个百分点,会诱发中国资本流出约1568亿元,t 检验值为2.61,这意味着从理论上讲美国利率变动对中国资本流出有显著影响。

在第三节统计描述性分析阶段,我们曾指出了由于经常收支与资本收支双顺差的存在,中国的外汇储备结构发生变化及存量激增。在运用模型做计量分

---

① N. Gregory Mankiw, *Macroeconomics*, Worth Publishers, Inc., 1992, pp.195—205.

第十章 中国的对外资金循环与外汇储备的结构性问题

析时,我们考察了经常收支、海外资本流入、人民币汇率、央行基准利率以及美国国债利率变动对外汇储备增加的影响。经常收支顺差对外汇储备增加的效应为0.22,即经常收支顺差增加1亿美元,外汇储备会增加约0.22亿美元。海外资本流入对外汇储备增加的弹性系数为0.19,即海外资本流入1亿元,会使得外汇储备增加约0.19亿美元。经常收支顺差与资本流入对外汇储备增加的弹性效应与我们在第三节统计描述性分析的结果很接近。

我们还用人民币汇率以及央行基准利率对外汇储备的影响变化做了统计推测。人民币汇率对外汇储备增加的弹性值为430.1,即人民币升值1%时,会使外汇储备减少约430亿美元。此推测没有通过t检验,但符合经济学理论:第一,人民币升值导致净出口减少,从而使中国的外汇储备来源下降;第二,人民币升值刺激了向海外投资,意味着资本项目盈余减少,这也会导致外汇储备减少;第三,人民币升值,美元贬值,将会导致中国外汇储备缩水。这就是所谓的价值效应(Valuation Effect)。[①] 此推测结果没有通过t检验,但这也恰恰表明了人民币汇率并没有起到调节对外贸易流量及对外资金流量趋于均衡的功能,导致了近年来的中国外汇储备的急剧扩大,形成了对外资金循环中的结构性问题。从对外资金循环的角度看,人民币均衡汇率应取决于贸易流量与资金流量对人民币和美元的需求。如第三节统计分析的结果显示的那样,从1992年到2006年,中国经常处于经常收支与资本收支双顺差的状态,外国购买的中国商品大于中国购买的外国商品,海外对中国的投资大于中国对海外的投资。中国商品出口的不断扩大,形成流入外汇市场的美元多于流出的美元,海外对中国投资的增加,导致外汇市场上对人民币的需求上升,按照市场原理自然会要求人民币升值。所以,长期来看,人民币汇率的变动最终应是符合市场波动、在开放经济中取得贸易流量与资金流量供求平衡的浮动回归。

为了考察金融政策对外汇储备的影响,我们选择央行基准利率作为一个外生变量来推测外汇储备的变化。推测结果显示,央行基准利率对外汇储备的弹性值为-1.4,即基准利率上调1个百分点,外汇储备会减少1.4亿美元。根据利率平价条件,利率上升,人民币汇率应升值,外汇储备会减少,所以此推测结果

---

① Obstfeld, Maurice, and Kenneth Rogoff, "Global Current Account Imbalances and Exchange Rate Adjustments", *Brookings Papers on Economic Activity*, (1), 2005, pp.67—146.

符合利率平价条件,但 t 检验值仅为 -0.06,表明中国的基准利率对外汇储备增减没有影响,也就是说央行金融政策对储备增减的调控作用很有限。

此外,由于中国持有的美国国债激增,在 2008 年跃居世界首位,为考察美国国债利率对中国外汇储备变化的影响,笔者选取了美国国债利率对中国外汇储备做了推测。推测显示,美国国债利率对中国外汇储备的弹性值为 -194.5,即美国国债利率下降 1 个百分点,中国的外汇储备会降低约 195.5 亿美元,且 t 检验值为 2.98。价值效应告诉我们,美国国债利率下跌,美元会贬值,由于连锁反应,会造成中国外汇储备的缩水。这种推测结果显示了美国国债利率下跌以及美元贬值对中国外汇储备的巨大风险。

为了大致推测到 2015 年我国外汇储备的规模,将各解释变量的增长率设定如表 10-2 所示。表左侧是按照几何平均计算的 1992—2009 年的外汇储备的各解释变量的增长率。表右侧为预设增长率,即按照很保守的假定,预设 2010—2015 年之间我国年均经常收支增长率为 6%,资本流入增长率为 5%;假定美国经济持续低迷,美联储资金利率设定为 0.5%,中国人民银行基准利率略上升到 4.5%;人民币兑美元汇率以 2009 年的 6.83 元为基准,每年增值 0.2 元,则到 2015 年汇率为 5.63 元。利用推测的外汇储备方程式,可得到我国外汇储备的预测结果如图 10-2 所示。预测结果显示,按照 2005 年以来的经济增长模式,2010 年以后的外汇储备增量将为年均 5 200 亿美元,到 2015 年外汇储备存量将达到 4.9 万亿美元。这将会是一把很沉重的达摩克里斯之剑,我们不能不慎重对待。

表 10-2 各解释变量的假定条件表

各变量实际平均增长率(1992—2009)		各变量预设增长率(2010—2015)	
经常收支增长率	21.8%	经常收支增长率	6%
国际资本流入增长率	21.7%	国际资本流入增长率	5%
美联储资金利率	3.5%	美联储资金利率	0.5%
人民币兑美元汇率	6.83/USD	人民币兑美元汇率	5.63/UDS
中国人民银行基准利率	3%	中国人民银行基准利率	4.5%

第十章 中国的对外资金循环与外汇储备的结构性问题

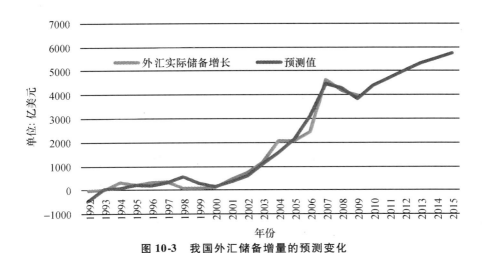

图 10-3 我国外汇储备增量的预测变化

第五节 分析的结论

本章结合 2008 年 9 月发生于美国的金融危机对我国对外资金循环做了长期历史性的统计分析及计量分析。统计分析表明,对外资金循环的结构性问题,实质上也就是国内经济结构失衡在对外资金循环中的反映。对外资金循环失衡的起因在于国内需求不足、消费边际效用递减,导致净储蓄过大,进而形成出口压力。在有巨额净储蓄及经常收支持续顺差的情况下,仍有资本收支顺差的存在,而对外资金循环失衡所导致的结果只能是被动的外汇储备的急剧扩大。

由于计量模型只使用了 16 个年度样本,其推测结果很难说很精确,但结合统计描述分析,其计量推测结果仍然具有可信赖的参考价值。计量分析表明,市场利率对储蓄与投资变动以及央行基准利率对外汇储备的调节功能较弱。在出口创汇的外贸政策导向下,对外贸易流量中的出口与进口的边际效用存在着结构性差异,经常收支顺差过大,导致外汇储备激增。而当来自外部的需求骤然下降时,中国的经济增长会马上受阻。同时,利率与汇率等市场杠杆也没有充分发挥调节对外资金流向及流量的均衡作用,市场杠杆功能不充分,导致 2004 年以来资金循环中的结构性问题日益突出。

计量分析的结果还显示,中国的外汇储备增加基本不受中国的利率与汇率以及政策调控变动的影响,美国因素对中国外汇储备增减的影响反而日趋加大,导致外汇储备很被动地急剧扩大,政策当局的调控手段显得束手无策。为此,有必要对20世纪90年代至今的对外资金循环进行结构性的政策调整。分析表明,中国对外资金循环所产生的问题既是国内经济发展的结构失衡所导致的结果,也有国际环境变化对中国的影响。中国的对外资金循环已融入国际资金循环的轨道,对外资金流量在相当程度上受到以美国等为代表的国际资本流动的影响,特提出建议如下。

(1) 解决对外资金循环的失衡问题需要从对内与对外两方面着手。对内即从资金循环的源头入手,即扩大国内需求,降低储蓄,进而缩小储蓄投资差额,缓和出口压力,解决对外贸易流量中存在着的结构性问题,从结构上调整对外资金循环的失衡状态。对外即逐步调整人民币汇率,增加与市场变化相适应的弹性,能起到调节对外贸易流量与资金流量均衡的作用,解决经常收支长期顺差的问题,取得国际收支平衡,达到资金循环的均衡。这种汇率形成机制改革要求与资本自由流动配套进行。同时,法律法规需要加强到足够确保新体系运作的程度,使得中国经济持续稳定增长,国际社会和谐发展。

(2) 应从国际资金循环角度把握国内资金的流向及流量,在有较充裕的国内储蓄的条件下,更加注意提高包括利用外资在内的资金使用效率。资金大规模流入与流出,既会带来经济发展的机会,也会带来相应的金融安全问题,为此应加强对国际资本流动的统计监测,监控资本逃避,加强国际中的金融协调,提高金融安全程度。

(3) 应从外汇储备的收益性、流动性、风险成本以及持续稳定发展的长期战略等方面调整外汇储备存量及构成。我们较保守地假设从2010年到2019年的贸易顺差年增长率为6%,国际资本流入年增长率控制在5%,而人民币对美元汇率由2009年的6.83上升至2015年的5.63,同时考虑到美国利率变动,根据模型推测:在2015年中国外汇储备存量将高达4.9兆美元!这样的结果将更加扩大储蓄投资的失衡,以及国际收支的不平衡。

(4) 应逐步降低美国因素对中国对外资金循环的影响比重。从目前急增的外汇储备来源与运用的构成看,美国因素比重过大。俗话讲:"鸡蛋不可放在一个篮子里。"无论从对外投资的安全与收益的视点来看,还是从政治角度而言,目前外汇储备的存量过大,而且其构成偏重于美元资产,处于一种风险极大的状态。

从中长期看,要想保持对外资金循环的稳定持续性,相对国家的经济规模而言,一国的外汇储备也不可能无限制地增加。为此的对策只能是调整经济发展模式。调整长期以来的"双顺差"型的资金循环模式,扩大对医疗、教育、社会保障以及环境保护等有关国计民生的基础设施的消费支出。使中国经济的发展由追求"量"的增长转变为"质"的提高。

表 10-3 中国对外资金循环模型的推测结果

储蓄函数

解释变量	自由度	估计参数	标准偏差	t	$Pr > |t|$
常数项	1	-14 733.9	8 038.49	-1.83	0.1
DI	1	0.67	0.053	12.7	0.0001
$C(-1)$	1	-0.33	0.166	-1.99	0.078
R	1	828.48	600.34	1.38	0.2

投资函数

解释变量	自由度	估计参数	标准偏差	t	$Pr > |t|$
常数项	1	-3 415.38	7 660.48	-0.45	0.666
Y2	1	0.48	0.22	2.18	0.057
G	1	1.95	0.22	8.9	0.0001
R	1	945.5	815.46	1.16	0.2761

进口函数

解释变量	自由度	估计参数	标准偏差	t	$Pr > |t|$
常数项	1	-8 423.36	639.82	-13.17	0.0001
CPI	1	64.99	3.014	21.57	0.0001
Y	1	0.048	0.001	47.09	0.0001

出口函数

解释变量	自由度	估计参数	标准偏差	t	$Pr>|t|$
常数项	1	-3 861.25	2 346.62	-1.65	0..1343
REER	1	-73.823	23.59	-3.13	0.0121
WGDP	1	0.037	0.007	4.88	0.0009
USCE	1	0.1004	0.04	2.31	0.046

国际资本流入函数

解释变量	自由度	估计参数	标准偏差	t	$Pr>|t|$
常数项	1	-9 497.57	3 007.28	-3.16	0.016
YR	1	670.12	318.93	2.1	0.074
PER	1	627.73	379.53	1.65	0.14
FDI	1	1.94	0.34	5.7	0.001
NR	1	15.47	210.72	0.07	0.94

资本流出函数

解释变量	自由度	估计参数	标准偏差	t	$Pr>|t|$
常数项	1	-4 884.45	4 619.59	-1.06	0.32
CRA	1	11.69	0.94	12.42	0.0001
PI	1	0.67	18.08	0.04	0.97
RCB	1	-206.98	515.84	-0.4	0.700
FFR	1	1 568.86	602.22	2.61	0.035

外汇储备函数

解释变量	自由度	估计参数	标准偏差	t	$Pr>|t|$
常数项	1	-2 946.34	4 201.26	-0.7	0.51
CA	1	0.22	0.14	1.63	0.146
FI	1	0.19	0.02	11.12	0.0001
REX	1	430.11	498.59	0.86	0.42
RCB	1	-1.40	22.88	0.06	0.95
rbus	1	-194.51	65.31	-2.98	0.021

人民币汇率决定函数

解释变量	自由度	估计参数	标准偏差	t	$Pr>|t|$
常数项	1	18.29	0.04	193.27	0.0001
NR	1	10.014	0.008	1.71	0.126
PER	1	−0.043	0.018	−2.4	0.043
NFI	1	−0.00003	0.00001	−5.23	0.0008
EX	1	10.00004	0.00001	2.77	0.024

表 10-4 变量定义一览表

变量	定义	单位	区分	出处
Y	中国 GDP	亿元	内生	中国统计年鉴
Y2	1 期滞后的 GDP 阶差	亿元	外生	加工
S	总储蓄	亿元	内生	中国资金流量表
DI	可支配收入	亿元	外生	中国资金流量表
I	总投资	亿元	内生	中国资金流量表
C	最终消费	亿元	外生	中国统计年鉴
EX	出口	亿美元	内生	中国人民银行统计季报
IM	进口	亿美元	内生	中国人民银行统计季报
CA	经常收支	亿美元	内生	IFS
REER	实质有效汇率	%	外生	IFS
REX	人民币汇率	元/美元	内生	IFS
R	1 年期借贷利息	%	内生	中国人民银行统计季报
NR	国内外相对利率差	%	外生	加工
PER	深圳 B 股指数	%	内生	中国人民银行统计季报
CRA	外汇储备增加	亿元	内生	中国人民银行统计季报
FO	国内资金流出	亿元	内生	中国资金流量表
FI	海外资金流入	亿元	内生	中国资金流量表
NFI	净金融投资	亿元	内生	中国资金流量表
YR	经济增长率	%	外生	中国统计年鉴
FDI	海外直接投资	亿元	内生	中国人民银行统计季报
rbus	美国国债收益率	%	外生	IFS

（续表）

变量	定义	单位	区分	出处
USCE	美国居民消费支出	亿美元	外生	美国经济分析局
RCB	央行基准利率(1年)	%	外生	中国人民银行统计季报
CPI	消费物价指数	%	外生	中国统计年鉴
PI	投资收益	百万美元	外生	中国统计年鉴
FFR	美国联邦资金利率	%	外生	美国联邦储备银行
WGDP	美日欧 GDP 合计	亿元	外生	IMF、WEO 加工

第十一章 国际资金循环统计监测框架与金融风险测度

随着中国经济规模的扩大,中国的资金流向日益引起世界的关注。2006年年底中国外汇储备达到1.07万亿美元,跃居世界首位,到2011年10月更激增至3.27万亿美元,由于美元处于贬值趋势,中国的巨额外汇储备所伴随的巨大风险也在增大。现实需要我们冷静地审视中国对外资金循环的流向,评估持有巨额外汇储备与美国国债对中国经济发展的风险。为此,加强对国际资本流动的监管、防范外部金融风险对我国经济的冲击应是政策当局乃至相关学者更加关注的问题。

中国尚属发展中国家,在1996年12月已经加入IMF协定第8条①,即实现了经常交易项目的自由化,但至今尚未开放资本金融市场,仅对部分资本交易项目允许其自由交易。随着中国经济在整个世界经济中比重的增大,中国的对外资金流量日益融入国际资金循环。因此,中国经济面临的一个不可回避的问题就是如何对资本项目实施监管及制度操作,进而实现中国金融的国际化。为此,建立金融稳定状况的统计监测体系是势在必行的。IMF在1999年提出了试编金融稳定统计指南(Financial Soundness Indicator, FSIs)的建议,在2006年公布了FSIs,实施了反映全球金融稳定的统计报告制度(Global Financial Stability Report),也加强了对金融危机早期预警系统(Early Warning System, EWS)的研究。

IMF的FSIs借鉴了三个基本测算框架,即SNA数据、国际会计准则、巴塞尔银行监管协定,并以此建立起了反映金融稳定的12项核心指标以及27项鼓励性指标。但由于分析目标的不同,FSIs对于反映金融结构性问题以及评价金融风险有两个不足:一是FSIs框架侧重于加总的部门信息,无法提供由

---

① IMF协定第8条规定:(1)参加国不能对贸易等经常交易(商品的买卖、提供劳务)支付有所限制;(2)回避歧视性的货币措施;(3)维持其他国家本国货币余额的可交换性。

于经济结构变化引起金融稳定变化的统计依据;二是 FSIs 框架侧重于描述金融层面的稳定,但缺乏对于经济实体面以及海外因素变动引发金融风险的信息反馈。

根据国内外的现实需要与理论联系实践的理念,本章按照国际资金循环分析的理论框架,建立国际资金循环的统计监测体系。主要研究内容包括以下四点。第一,从国际资金循环的分析视角,借鉴 IMF 的 FSI 体系以及美国对资本流出入的统计监测方法(TIC),重点考察对外资金循环对宏观经济的持续增长的影响以及对金融稳定冲击的测量方法。第二,根据国际资金循环分析的理论框架,建立国际资金循环的测量框架以及统计监测体系。第三,从动态的系统将实体经济与金融经济相联系、国内资金流量与国际资本流动相结合,建立反映对外资金循环系统性风险的合成指数(Composite Index,CI)。第四,针对中国对外资金循环的现状以及统计数据的持续性,编制中国金融压力指数。

第一节 关于 FSIs 的文献综述

从 1997 年亚洲金融危机中得到的教训之一就是监测金融风险的统计信息不足。为此,IMF 统计司以建立全球金融稳定统计报告制度为目标,在 1999 年召开的由 IMF 统计司组织、由有关方面的统计专家参加的会议,为建立 FSIs 拉开了序幕。2000 年,由 IMF 统计司组织在 IMF 加盟国展开了有关金融稳定的统计调查,在此基础上,2001 年由 IMF 执行董事会决定导入 FSIs 统计制度。在 2002—2004 年,为建立推广 FSIs,首先制定了关于建立 FSIs 的编制指南(以下简称《指南》)。其后,FSIs 的《指南》草稿在世界范围内广泛征求了意见,2004 年 7 月,该《指南》得到了 IMF 执行董事会的批准,其内容公布在 IMF 的网页上,在 2006 年 3 月,《指南》由 IMF 正式出版。2009 年 7 月,导入 FSIs 的国家开始通过 IMF 网站传输 FSIs 数据并开始普及 FSIs。现在,世界上有 62 个国家导入了 FSIs

的统计信息系统。① 中国人民银行在 2005 年首次发布了《中国金融稳定报告》。IMF 旨在通过《指南》鼓励各国开展 FSIs 的编制，促进这些 FSIs 数据的跨国比较，加强对各国以及国际金融体系的监管。

编制 FSIs 的目的在于最终评估和监测金融体系的实力与脆弱性。FSIs 借鉴了例如 SNA 体系、国际会计准则（IAS）、银行监管指南（巴塞尔银行监管协定）的基本测算框架，其部门分类也有相同之处，但由于分析目标不同，FSIs 与上述统计框架之间存在三大主要区别：一是处理部门信息不同。商业会计与银行监管的重点是单个实体，但 FSIs 同 SNA 体系一样将重点放在汇总的部门信息上。二是侧重的统计范围不同。SAN 体系侧重的是整个宏观经济，采用复式记账方式记录部门内部和部门之间的流量与存量，但商业会计与银行监管的侧重点是单个实体。FSIs 对部门内部的流量与存量采用复式记录，以避免造成部门数据的误差，但对部门间的数据则非如此，因为各部门所需数据类型可能不尽相同。三是观测目标不同。SNA 体系的观测目标是所有经济活动，但 FSIs 则侧重于从金融经济层面观测金融安全，同商业会计与银行监管的框架一样，对流量与存量多采用"加总"和"合并"的方法，以避免造成对资本与活动的重复计算。②

表 11-1 表示了 FSIs 的 12 个核心指标与 27 个鼓励性指标。其中核心指标被认为可以适用于所有国家，而鼓励性指标可视各国具体情况来制定。从核心指标看，FSIs 涵盖了存款吸收机构的资本充足性、资产质量、收益与利润、流动性以及对市场风险的敏感性五个方面。从鼓励性指标看，FSIs 包括了存款吸收机构、其他金融公司、非金融公司部门、住户四个部门，以及反映市场流动性与房地产市场的这两个对金融稳定有重要影响的要素。此外，随着信息传输技术的发展以及新型金融商品的不断涌现，国际资本流动的规模与速度变化很大，使得监测金融体系压力以及对国际资金循环波动适应能力的重要性增加，在 FSIs 中对监管资本的处理位于显著位置。

---

① IMF，http://www.imf.org/external/np/sta/fsi/eng/fsi.htm。
② IMF，*Financial Soundness Indicator*，2006，p.54。

表 11-1　金融稳健指标：核心指标与鼓励性指标

核心指标	
存款吸收机构	
资本充足性	监管资本/风险加权资产
	监管一级资本/风险加权资产
资产质量	不良贷款减去准备金/资本
	不良贷款/全部贷款总额
	部门贷款/全部贷款
收益和利润	资产回报率
	股本回报率
	利差收入/总收入
	非利息支出/总收入
流动性	流动性资产/总资产（流动性资产比率）
	流动性资产/短期负债
对市场风险的敏感性	外汇净敞口头寸/资本
鼓励性指标	
存款吸收机构	资本/资产
	大额风险暴露/资本
	按地区分布的贷款/全部贷款
	金融衍生工具中的总资产头寸/资本
	金融衍生工具中的总负债头寸/资本
	交易收入/总收入
	人员支出/非利息支出
	参考贷款利率与存款利率之差
	最高与最低同业拆借利率之差
	客户存款/全部（非同业拆借）贷款
	外汇计值贷款/总贷款
	外币计值负债/总负债
	股本净敞口头寸/资本
其他金融公司	资产/金融体系总资产
	资产/GDP

(续表)

鼓励性指标	
非金融公司部门	总负债/股本
	股本回报率
	收益/利息和本金支出
	外汇风险暴露净额/股本
	破产保护的申请数量
住户	住户债务/GDP
	住户还本付息支出/收入
市场流动性	证券市场的平均价差
	证券市场平均日换手率
房地产市场	房地产价格
	住房房地产贷款/总贷款
	商业房地产贷款/总贷款

资料来源：IMF, *Financial Soundness Indicators: Compilation Guide*, March 2006.

FSIs 涵盖了金融稳健的几个方面。在一个金融体系中，资本实力对所有类型的机构都很重要，特别是作为防止意外损失的"缓冲"。监测金融机构稳健性的主要考虑还有其资产的结构和质量，以及对金融风险的暴露程度。收入和支出的信息也至关重要。不能产生足够的收入，任何一个实体都谈不上金融安全和稳健。对非金融公司而言，重点是它们的负债和支付到期金融债务的能力。简而言之，金融稳健指标的目的是监测存量（风险暴露）和流量的变化，因为它们能够反映金融部门脆弱性的变化，有助于评估金融部门应对金融压力及危机的能力。

但由于分析目标的不同，FSIs 对于反映金融结构性问题以及评价金融风险有两个不足：一是 FSIs 框架侧重于加总的部门信息，无法提供由于经济结构变化引起金融稳定变化的统计依据；二是 FSIs 框架侧重于描述金融层面的稳定，但缺乏对于经济实体面以及海外因素变动引发金融风险的信息反馈。为此，本章试图参考 FSIs 的部分观测指标及其他统计框架，从国际资金循环的视角，将实体经济与金融经济、国内与海外结合起来，建立监测体系，评估金融风险，测试金融压力。

第二节　国际资金循环的统计框架

日本学者石田定夫在1993年的研究中提出了国际资金循环的分析构想[①]，论述了国际资金循环的研究对象及其分析范围。他归纳出了对外资金流量的恒等式，将国内资金流量分析扩展到国际资金循环分析，将国际资本流动纳入国际资金循环的范围。张南借鉴了上述研究成果，对国内资金流量与国际资本流动的关系做了较严谨系统的理论说明（张南，2005）。他从资金循环的动态过程将资金循环的实物交易与金融交易、国内金融交易与国际金融交易结合起来，从国内储蓄投资、对外贸易与国际资本流动三个方面建立起国际资金循环分析的理论框架，并在此基础上建立了国际资金循环分析的计量模型。日本庆应大学的辻村基于国际资金循环的概念，应用金融矩阵分析方法测试了金融政策对欧元区的国际资金循环的传导途径及波及效果，展开了开拓性的研究（辻村，2008）。国际资金循环分析连接各主要国家的资金循环，显示了国内的资金流量与国际金融的动态变化。从国际的视野对此观察分析可揭示世界经济的动向、主要国家与本国在经常收支和资本收支方面的关系，以及本国内的资金循环乃至经济发展的结构性问题。国际资金循环连接国内资金流量及国际资本流动，其分析框架包括储蓄投资均衡、国内资金净盈亏（对外金融净投资）、对外贸易收支、资本收支以及外汇储备的增减。国际资金循环分析力图从经济的实体面与金融面、从国内到海外反映经济增长的结构性问题以及对金融稳定的影响。

一、国际资金循环的运行机制

图11-1通过A、B、C三国与国际金融市场以及国际金融机构勾绘了国际资金循环的运行机制。首先，A、B、C三国的经济由显示实体经济的投资储蓄平衡

---

① 石田定夫，《日本経済の資金循環》，东洋经济新报社，1993，pp.170—205。

与显示资金在金融领域流通的广义金融市场构成。从各国经济发展的对外均衡看,实体经济活动(投资储蓄均衡)连接经常收支,广义金融市场的资金信贷平衡与资本收支相对应,各国的经常收支与资本收支在国际上相互对应连接,资本收支的一部分通过国际金融市场及 IMF 等国际金融组织流通,形成了国际资金循环的资金链。

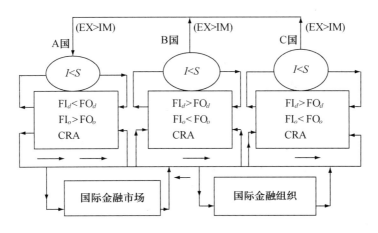

图 11-1　国际资金循环的变动机制图

注:FI_d 为国内部门的资金筹集,FI_o 为国外部门的资金筹集,FO_d 为国内部门的资金运用,FO_o 为国外部门的资金运用,CRA 为外汇储备增量。

图 11-1 表示了国际资金循环的三种形式,即资本输出国、资本输入国以及基础货币国的资金循环。一方面,在资本输出国(A 国,如中国),由于储蓄大于投资,产生经常收支顺差,在金融方面表现为金融资产净增。广义金融市场接受来自国内外的资金流入,同时又对国内外供给资金。从 A 国的广义资金市场的资金信贷平衡看,对国内部门而言,净储蓄增加意味着资金的净流入($FI_d < FO_d$)。对海外部门而言,与经常收支顺差相对应产生资金的净流出(包括外汇储备增加),即由于经常收支顺差增加所产生的对外债权,通过对外信用的供给(包括外汇储备增减),又形成了从广义金融市场的资金净流出($FI_o > FO_o$)。

另一方面,在资本输入国(B 国、C 国),由于国内的储蓄不足,产生经常收支逆差,在金融方面表现为金融负债净增加($FI_d > FO_d$)。在广义金融市场上,由于国内部门的储蓄不足,形成对外资金借贷增加,对外经常收支的逆差则需要海外的资金流入(资本收支顺差,$FI_o < FO_o$)或减少外汇储备来弥补。所以,

资金循环分析的理论与实践

在 B 国与 C 国类型国家的广义金融市场的国内外两部门的资金收支平衡表上,对国内部门来说是资金的净流出,对国外部门而言是资金的净流入。海外资金的净流入成为国内资金不足的资金来源,对国内部门而言形成净借贷,即金融负债的净增加。但如果 C 国为基础货币发行国(如美国),则 C 国也可通过增发基础货币来提供国际流动性,弥补经常收支逆差,或稀释对外金融债务。

这样,由于经常收支的逆差(或顺差)便形成了国际资金的流动。资金的流向或是由经常收支顺差国向逆差国的直接流动,或是通过国际金融市场与国际金融组织(如 IMF、世界银行等)在多国间的间接流动,在这种情况下便形成了国际资金循环。资金在国际间的流动大部分是按照市场机制,即根据国内外利差,追求资本收益,回避风险的机制来决定资金流量及流向。也有一部分是通过政府间的协议,或世界银行等国际组织的中介来完成的。国际资金循环与各国内的资金流动有机地衔接为一个循环体。我们可以在国际资金循环这个框架中,从经济的实体面与金融面,从国内到海外,比较准确地观察主要国家与本国资金循环的基本关系、对金融稳定的影响、金融风险程度以及经济发展中的结构性问题。

二、基于国际资金循环视点的统计监测框架

根据上述国际资金循环的机制可看出,国际资金循环包括储蓄投资流量、对外贸易流量、对外资金流量三个相互衔接的组成部分。资金流量表中的国内部门的资金盈余或不足是通过其海外部门的净金融投资与国际收支的经常账户衔接的,而资金流量表中的海外资金流出和流入与国际收支的资本账户相对应,因此将储蓄投资差额所带来的国内资金流动以及由国际收支相调节所引起的资金循环称为国际资金循环。由此可知,国际资金循环分析将国内储蓄投资差额与海外部门的资金余缺相联系,观察为调节经常收支所引起的国际资金流动,从储蓄投资流量、对外贸易流量、对外资金流量的变化考察实物经济与金融经济的联系以及国内资金流向与国际资本流动的相互影响。国际资金循环分析是资金流量分析领域中对外资金流量分析的延伸,是从国内资金循环向国际资本流动的分析视野的扩展。

第十一章 国际资金循环统计监测框架与金融风险测度

在开放的经济体制下，国内经济的储蓄投资差额与国际收支的经常收支项的差额相对应，而经常收支顺差与资本收支逆差（包括外汇储备增减）是相一致的。也就是说，国内部门的过剩储蓄资金流入广义金融市场，成为对国外部门的资金供给及外汇储备增加的资金。根据现实经济中对外资金循环的动态过程及GDP恒等式 $Y = C + I + G + NX$ 的变化可得到：

$$S - I = NX$$

等式的右边是贸易余额，左边是国内储蓄与投资之间的差额，又称为对外净投资（NFI）。因此，等式又可以表述为：

$$S - I = NX = NFI$$

依据上述等式，我们将开放经济体制下对外资金循环过程中所存在的"事后"的均衡，即国内的储蓄投资差额、资金盈余或不足、对外收支、金融市场平衡以及对外金融资产增减变化的关系，归纳为以下4个基本均衡关系式：

储蓄投资差额与国内资金净流量和对外贸易收支的均衡：

$$S - I = \Delta FA - \Delta FL = EX - IM \tag{1}$$

经常收支与资本收支的均衡：

$$EX - IM = (FO - FI) + CRA \tag{2}$$

将 $r_{t-1}FI_{t-1}$ 设为对外负债利息支出，将外汇储备增量为 $CRA = FRA_t - FRA_{t-1}$，可将（2）式转换为（3）式，则（3）式左边顺序表现为由贸易收支、资本收支、贸易外收支以及外汇储备增加所构成的国际收支。

$$(EX_t - IM_t) + (FI_t - FO_t) + (r_{t-1}FI_{t-1}) + (FRA_t - FRA_{t-1}) = 0 \tag{3}$$

如果采用固定汇率制，将可支付对外贸易逆差以及对外债务的下限的外汇储备存量设为 FRA'，结合（1）式、（2）式与（3）式可知，国际资金循环发生失衡现象，即导致金融危机的条件可由（4）式表示：

$$(EX_t - IM_t) + (FI_t - FO_t) + (r_{t-1}FI_{t-1}) + FRA_{t-1} < FRA' \tag{4}$$

其中，S 为总储蓄，I 为总投资，ΔFA 为金融资产增减，ΔFL 为金融负债增减，$EM - IM = CA$ 为经常收支，FO 为资金流出，FI 为资金流入，CRA 为外汇储备增减。

上述（3）式表明了广义金融市场的均衡，反映了国内资金流向与国际资本流动的关系，这一过程也就是国际资金循环的变动。（3）式的左边表示国际收支的构成。贸易收支与贸易外收支的合计等于经常收支，加上资本净流量与外汇储备净增为零。(3)式的左边表示当 $S > I$，经常收支为顺差时，对外资金净流量显示了一国增加财富积累的一个渠道。① 反之,当经常收支为逆差时,只能由减少对外资产或增加对外负债来填补其逆差,导致对外净资产减少,显示此过程的也就是资本收支的运作。另外,当经常收支为零时,无论资本收支的操作如何活跃,都对对外净资产的增减没有任何影响。由此可知,一国对外净资产的增加是由经常收支顺差的累积而形成的,仅操作金融交易则与该国财富的积累没有直接关联。

(4)式表示了国际资金循环发生危机的几种可能。一是如果经常收支逆差过大(IM > EM),而前期外汇储备余额不足以支付其经常收支逆差,会发生由经常收支逆差所引起的金融危机。二是股市收益率、市场利率以及外汇汇率变动,导致短期内资本流出急剧增加并远远大于国际资本流入(FO > FI),而外汇储备不足以支付国内资金需求时所引起的通货危机。三是由经常收支逆差以及资本收支逆差引发的对外债务的支付危机。四是由于汇率急剧变动,本币急剧大幅度升值或贬值所引发的经常收支危机、资本收支危机以及对外债务支付危机等系统性的金融危机。

为了测试国际资金循环失衡所形成的金融压力以及对系统性金融危机做出早期警示,有必要按照国际资金循环的机制构建一个新的统计框架,在此框架下建立国际资金循环的统计监测体系。这个统计框架的结构应能反映实体经济与金融经济的动态变化,衔接国内资金流量与国际资本流动,监测对外资金循环的四个方面:一是该统计框架应能反映由经济结构的变化导致的储蓄投资失衡所产生的对经常收支的影响;二是该框架应能反映国内资金盈余或不足引起的国际资本流动的风险;三是该框架应能反映由于经常收支严重失衡与国际资本大规模流入或流出对金融安全的冲击;四是该框架应能反映影响外汇储备变化的原因以及外汇储备急剧变化对金融安全的压力。

---

① 从(1)式可知,$S = I +$ 对外净资产增减,所以一国财富的累计包括国内有形资本形成与海外净资产增加这两部分。

第三节 国际资金循环分析的统计监测体系

在明确了国际资金循环的基本概念、分析的理论框架、危机产生的机制以及重要数据来源的关系后,我们可以建立从国际资金循环的角度防范金融危机的统计监测体系。国际资金循环的统计监测范围比较广泛,它不仅涉及国际市场,也包括国内的各制度部门,即以存款机构部门为核心的同时,还包括银行金融机构、企业部门、住户部门、海外部门、房地产市场等。为系统地监测储蓄投资的结构变化、对外贸易收支失衡、国际资本流动、金融市场风险,我们设计了如下的指标体系。

一、基于宏观监管的金融风险监测

参考国际资金循环分析的理论框架以及 IMF 公布的金融稳健统计,宏观监管的金融风险监测的指标体系包括以下两部分。

(一) 宏观经济风险分析的基本指标体系

(1) 储蓄投资差额占 GDP 的比率;

(2) 对外贸易收支占 GDP 的比率;

(3) 对外资金流入占 GDP 的比率;

(4) 对外资金流出占 GDP 的比率;

(5) 各制度部门净资金流量占 GDP 的比率;

(6) 外汇储备与进口比率;

(7) 外汇储备中币种资产比率;

(8) 主要汇率波动幅度;

(9) 国际市场利率;

(10) 进出口价格指数。

宏观经济风险分析的基本指标体系是根据国际资金循环的市场机制以及国际资金循环分析的理论框架制定的,目的在于从国际资金循环的三个层面,即储蓄投资平衡、对外贸易均衡、资金运用与筹措均衡这三个整体结构上来测量对外资金循环风险。此指标体系既包括了实体经济的影响，也反映了金融经济的制约，更囊括了国际市场汇率、利率及价格的冲击波动。

（二）金融体系风险的指标体系

第二部分的风险测量主要从微观金融市场的角度，观测证券市场、信贷市场、房地产市场的变动对金融体系的压力冲击。金融体系风险的指标体系如表11-2所示。

表11-2　金融体系风险的指标体系

	国内控制跨境合并数据（用于稳健性分析）	国内观察与宏观经济的联系
存款吸收机构[1]		
基于资本的比率[2]		
监管资本与风险加权资产比率③		
一级监管资本与风险加权资产比率		
资本与资产比率		
扣除准备金后的不良贷款与资本的比率		
股本回报率		
大额风险贷款与资本的比率		
（大额风险贷款的数目）		
（对大型居民实体）④		
（对关系债务人）⑤		
外汇净开放头寸与资本的比率⑥		
金融衍生工具总资产头寸与资本的比率		
金融衍生工具总负债头寸与资本的比率		
股本净开放头寸与资本的比率		
基于资产的比率		
流动资产与总资产的比率		
流动资产与短期负债的比率		
客户存款与（非银行间）总贷款的比率		
资产回报率		
不良贷款与总贷款的比率		
部门贷款与总贷款的比率（占总贷款的百分比）⑦		

(续表)

	国内控制跨境合并数据（用于稳健性分析）	国内观察与宏观经济的联系
存款吸收机构		
中央银行		
广义政府		
其他金融公司		
非金融公司		
国内其他部门[⑧]		
非居民		
住宅房地产贷款与总贷款的比率		
商用房地产贷款与总贷款的比率		
地区贷款与总贷款的比率(占总贷款的百分比)[⑨]		
国内		
国外		
外币计值贷款与总贷款的比率		
外币计值负债与总贷款的比率		
基于收入和支出的比率		
利息与总收入的比率		
交易收入与总收入的比率		
非利息支出与总收入的比率		
净收入与平均资本金比率		
其他金融公司		
资产与金融体系总资产的比率		
资产与GDP的比率		
非金融公司		
总债务与股本的比率		
股本回报率		
收益与利息和本金支出的比率		
外汇净风险与股本的比率		
破产保护的申请数量		
住户[⑩]		
住户债务与GDP的比率		

(续表)

	国内控制跨境合并数据 （用于稳健性分析）	国内观察与宏观 经济的联系
住户还本付息与可支配收入的比率		
房地产市场		
住宅房地产价格（年百分比增长率）		
商用房地产价格（年百分比增长率）		
证券市场流动性		
证券市场平均买卖差价（占中间价的百分比）		
证券市场每日平均周转率		

注：① 以黑体显示的序列均为核心金融稳健指标。② 对除了监管资本金融稳健指标以外的所有与资本相关的指标来说，既可采用狭义资本指标，也可采用总资本指标。如果适用，应以一级资本作为狭义指标。③ 在多数情况下，这类数据可能只适用于注册的存款吸收机构。④ 指最大的存款吸收机构对包括政府在内的最大居民实体的债权与资本的比率。⑤ 指对包括非居民实体在内的关联实体以及其他相关实体的债权与资本的比率。⑥ 公布数据时应列明所用的净开放总寸指标或资产负债表项目净开放头寸指标。⑦ 还可按行业类别提供补充信息。⑧ 包括住户和为住户服务的非营利机构。这些部门可以单列。⑨ 还可按管辖范围提供重大的补充信息。⑩ 按居民住户总数编制。

资料来源：参照 IMF，*Financial Soundness Indicators: Compilation Guide*，2006，pp. 140—141 编制。

按照国际资金循环的机制，其统计监测体系由两部分构成：一是外生途径，主要是宏观层面，来自实体经济、国内资金循环、国际收支、市场波动、价格变动等不稳定因素。二是内生途径，主要是微观层面，来自金融机构风险积累、金融市场动荡和金融基础设施不完备。通过宏观外生途径的国际资金循环统计监测体系，首先，我们可以观察和发现实体经济的结构性问题。宏观经济政策的失误、经济结构的失调、高通货膨胀等因素会给金融体系的稳定性带来冲击。其次，还可以观察各经济制度部门的资金盈亏状况、国内各部门资金筹措以及对外金融投资的风险。再次，还可以监测国际资本流动的规模、方式、流向以及外汇储备的安全性。最后，国内的经济结构失调必然会带来该国的国际收支失衡，通过统计监测体系，我们可以分析国际收支危机的因果关系，监测在国际热钱冲击下可能引发的货币危机与银行危机。

微观层面的风险观测主要表现在对金融体系的观察上，分别对存款机构、其他金融公司、非金融公司、住户、房地产市场、证券市场的资本充足状况、资产质量、收益状况、流动性和对市场风险的敏感程度做出统计监测。此数据资料的主要部分可以从资金流量统计取得。其中,反映资本充足率的主要指标有:监管资本与风险资产的比率,核心资本与风险资产的比率,外汇净开放头寸与资本比率。反映资产质量的主要指标有:不良贷款与总贷款的比率,扣除准备金后的不良贷款与资本金的比率,流动资产与短期负债的比率,客户存款与总贷款的比率,资产回报率,外币计值负债与总贷款的比率等。反映收益状况的指标有:利息与总收入比率,交易收入与总收入的比率,非利息支出与总收入比率,资本收益率等。反映流动性的指标有:流动资产与总资产比率,流动资产与短期负债比率等。反映对市场风险敏感度的指标有:大额风险贷款与资本比率,外汇净开放头寸与资本比率,住宅房地产价格,金融衍生工具总资产头寸与资本的比率,金融衍生工具总负债头寸与资本的比率,股本净开放头寸与资本的比率等。

二、国际资金循环统计监测体系的指标选取

在建立国际资金循环统计监测体系时,可以参考已有的四个基本测算框架,即 SNA 的相关指标、巴塞尔协定的银行监管框架、IMF 的金融稳定统计体系以及美国财政部的国际资本流动统计。根据国际资金循环的动态结构[参见(4)式],笔者设计了以下的国际资金循环统计监测体系(参见表 11-3)。

表 11-3 国际资金循环统计监测体系

GFFS	出处		出处
净储蓄比率	SNA	GDP	SNA
可支配收入	FOF	政府支出	FOF
CPI	CBQSB	最终消费	FOF
贷款与存款利差	FSIs	最高与最低同业拆借利率之差	FSIs
对外资金净流出与 GDP 比率	IFS	流动性资产与总资产比率	FSIs
部门资金余缺与 GDP 比率	FOF	流动性资产与短期负债比率	FSIs
监管资本与风险加权资产比率	FSIs	住房房地产贷款与总贷款比率	FSIs
不良贷款与总贷款比率	FSIs	房地产价格	FSIs
贸易收支与 GDP 比率	BOP	美国最终消费支出	BEA
实质有效汇率	IFS	世界主要国家 GDP 合计	IFS
人民币汇率	BOP	进出口价格指数	GAC

（续表）

GFFS	出处		出处
经济增长率	SNA	股本收益	FSIs
国内外利差	FSIs	外汇储备增减	BOP
央行基准利率	CBQSB	投资收益	BOP
外币计值贷款与总贷款比率	FSIs	外汇风险暴露净额与股本比率	FSIs
美国国债利率	FRB	FDI	BOP
持有美国债券占外汇储备余额比率	FSIs	大额风险暴露与资本比率	FSIs
美联储利率	TIC	外汇净敞口头寸与资本比率	FSIs

按照国际资金循环的四个观测层面，首先选取了对储蓄投资均衡（$S-I$）产生影响的净储蓄比率、可支配收入、CPI、GDP、政府支出以及最终消费等指标。从对国内资金盈余或不足（$\Delta FA - \Delta FL$）的影响因素看，选取了市场利率、对外资金净流出与 GDP 比率、部门资金余缺与 GDP 比率、监管资本与风险加权资本比率、不良贷款与总贷款比率、最高与最低同业拆借利率之差、流动性资产与总资产比率、流动性资产与短期负债比率、住房房地产贷款与总贷款比率、房地产价格等。从对外贸易流量（$EX-IM$）的影响因素看，选取了贸易收支与 GDP 比率、实质有效汇率、人民币汇率、美国最终消费支出、世界主要国家 GDP 合计、进出口价格指数等。从对外资金流量（$FO-FI$）的影响因素看，选取了经济增长率、国内外利差、央行基准利率、外币计值贷款与总贷款比率、美国国债利率、持有美国债券占外汇余额比率、美联储利率、股本收益率、外汇储备增减、投资收益、外汇风险暴露净额与股本比率、FDI、大额风险暴露与资本比率、外汇净敞口头寸与资本比率。

第四节 建立国际资金循环动向指数

先行研究曾运用国际资金循环的统计框架，建立了计量模型（Zhang，2008）。该模型基于动态变化观察对外资金循环的中长期变化趋势，力图对未来发展做出预测，模拟金融政策效果。国际资金循环模型旨在从整体来观察对外资金循环体系中的各经济变量依存因果关系以及资金循环中的结构性问题。但由于对外资金

第十一章 国际资金循环统计监测框架与金融风险测度

循环受国际资本流向及流量、利息、股价、汇率等变量的影响而变动频繁,所以国际资金循环的计量模型不能反映一国对外资金循环的短期波动及金融稳定状况,也不能对广义金融市场急剧变化所形成的金融压力做出统计描述,更不能对可能发生的金融危机提出早期预警的统计推测。为此,本节试图在先行研究的基础上建立一个可以监测国际资金循环短期动向的合成指数体系以及金融压力指数。

一、编制目的与选择变量序列的标准

国际资金循环动向指数参照了景气动向指数的编制方法,在反映国际资金循环变动的统计监测体系(参见表11-3)中,按照对资金供需变化的敏感程度编制 n 种时间序列指标,在时间序列指标中剔除季节性变动、不规则变动以及趋势性变动因素,将经过调整的时序指标与前期比较所得到的显示了扩散方向的 $n+$ 数值称为动向指数(Diffusion Index,DI)。本节所设计的国际资金循环动向指数体系如表11-4所示。

表11-4 国际资金循环动向指数体系

先行指数
股本收益
房地产价格
人民币汇率
CPI
美国国债利率
存贷款利差
住房房地产贷款与总贷款比率
国内外利差
最高与最低同业拆借利差
一致指数
净储蓄比率
贸易收支
监管资本与风险加权资产比率
对外资金净流出
部门资金盈亏
外汇储备增减

(续表)
滞后指数
美国国债持有量与外汇储备比率
外汇净敞口头寸与资本比率
投资收益
可支配收入
最终消费

指数编制通常用百分比表示,基本采用月度数据。选取指标的标准主要考虑统计上的及时性、可持续性以及对国际资金循环变化的对应性。所谓对应性指的是该指标能否显示资金供需变化所引发的资金流量及流向的变化,能否反映国内及国际金融市场的变化,以及这些对应性变化在时间上的反映差异。根据不同指标在时间上的不同反映,可以将国际资金循环动向指标分为先行指数(Leading Index)、一致指数(Coincident Index)、滞后指数(Lagging Index)。

根据以上对动向指数的定义可知,通过计算动向指数我们可以观测在反映国际资金循环动向的时序指标中,有哪些时序指标扩大(或缩小)了。在采用一致指数的指标中,当超过前期扩大的指数指标50%时,可以认为是资金需求扩张期,经济发展处于增长时期。反之,当低于50%时,可认为是资金需求缩小,经济处于萧条期。

二、编制步骤与方法

反映各项指标变化的方法如下。将某时点 t 的个别序列的观测指标设为 $y_i(t)(i=1,2,\cdots,n)$,其变化率用 $r_i(t)$ 表示:

$$r_i(t) = [y_i(t) - y_i(t-d)]/y_i(t) \qquad (5)$$

其中的 d 表示期间,根据需要可设 $d=1$ 或 $d=3$,即与1个月之前比较,或与3个月之前比较,为简单说明,这里设 $d=1$。这样,某时点 t 的 DI 可写为下式:

$$DI(t) = \frac{1}{2n}\sum_{i=1}^{n}\{sgn[r_i(t)] + 1\} \qquad (6)$$

其中,sgn 为符号函数,定义为 $sgn(x) = \begin{cases} -1 & (x<0) \\ 0 & (x=0) \\ 1 & (x>0) \end{cases}$

由(6)式 sgn 可知,DI 是各序列 sgn(r)的平均值,sgn 是 r 的增函数,DI 的变化方向与 r 的变化方向一致。由此可知,DI 可以反映资金供需的变化,亦可反映不同经济增长的变化。

但 DI 只是反映了各变量序列的增加或减少这样一种质的变化,并没有提示出量的变化的程度,为弥补其不足,可以采用合成指数(Composite Index,CI)。CI 的编制方法如以下四个步骤所示。

第一,将个别变量序列 $y_i(t)$ 中心化的变化率 $r_i(t)$ 按下式定义:

$$r_i(t) = \frac{y_i(t) - y_i(t-1)}{[y_i(t) + y_i(t-1)]/2} \tag{7}$$

但当个别指标 $y_i(t)$ 为 0,或取负值时,或成比率关系时,$r_i(t) = y_i(t) - y_i(t-1)$。

第二,计算个别指标的变化率 $r_i(t)$(过去 5 年)的均值、标准差,然后对其求基准变量 $z_i(t)$(Standardization),如(8)式所示:

$$\bar{r}_i(t) = \frac{1}{T}\sum_{\tau=t'}^{t} r_i(t), \quad s_i(t) = \left\{\frac{1}{T}\sum_{\tau=t'}^{t}[r_i(t) - \bar{r}_i(t)]^2\right\}^{\frac{1}{2}}$$

$$z_i(t) = [r_i(t) - \bar{r}_i(t)]/s_i(t) \tag{8}$$

这里,$T = 60$(5 年),$t' = t - T + 1$,表示为 5 年前的时点,而 $z_i(t)$ 是用过去 5 年间的数据进行了基准化的变量,是对各个变量系列变动的位置以及大小做了调整。

第三,将先行指标、一致指标、滞后指标的各项个别指标按下式合成,求出平均的变化率 $v(t)$:

$$v(t) = \bar{r}(t) + \bar{s}(t)\bar{z}(t) \tag{9}$$

当各项指标的总数为 n 时,我们可得到以下各指标的平均值:

$$\bar{r}(t) = \frac{1}{n}\sum_{i=1}^{n}\bar{r}_i(t), \quad \bar{s}(t) = \frac{1}{n}\sum_{i=1}^{n}s_i(t), \quad \bar{z}(t) = \frac{1}{n}\sum_{i=1}^{n}z_i(t)$$

第四,将基准时点设为 100,CI(t) 可按照平均变化率顺序计算如下:

$$CI(t) = CI(t-1)\frac{2 + v(t)}{2 - v(t)} \tag{10}$$

(10)式表示的是将 CI(t) 的中心变化率与 $v(t)$ 一致,为便于理解也可写为下式:

$$v(t) = \frac{CI(t) - CI(t-1)}{[CI(t) + CI(t-1)]/2} \tag{11}$$

$v(t)$ 的变化就是 $r_i(t)$ 的平均变换,即资金供需循环的变化率,所以 CI(t) 的变化率在本质上与 $v(t)$ 的变化是相同的,CI 增加(减少)的时期就是资金流量增加(减少)的时期,也就意味着经济增长上升(下降)的时期。

第五节 中国金融压力指数的构建及统计描述

在应用 CI 考察国际资金循环的短期波动变化以及金融稳定状况后,我们进一步探讨使用国际资金循环统计监测体系编制金融压力指数(Financial Stress Index, FSI)测试金融压力的问题。压力测试的目的在于通过对体系模型应用压力测试,评估金融体系稳定所受潜在冲击造成的影响。主要代表性先行研究如 KLR Model (Kaminsky, Lizondo & Reinhart, 1996,1999)与 LMY Model (Illing, M. and Y. Liu, 2003)。压力测试与国际资金循环动向指数的作用不同。压力测试是一种具有前瞻性的预测分析国际资金循环的工具,旨在评估出不确定的如 2008 年美国金融危机所造成的影响。而 CI 等测试金融稳定的动向指数是表示金融体系短期现状的数据。这二者可在监测国际资金循环中相互作用,增强彼此的有效性。

一、构建中国的 FSI

FSI 使用国际资金循环统计的主要变量,编制月度数据的指数,观察对外资金循环主要变量对金融稳定的影响,测试金融风险的变化,旨在起到早期预警的作用。FSI 是一个持续的变量,其变量的异常值或极值意味着金融稳定出现异常状况,或预示着金融危机发生的可能。金融压力随着金融损失、风险或不确定性期望值的增加而增加。金融压力是一个脆弱的结构与某些外部冲击相结合的结果,冲击的大小与冲击在脆弱的金融体系内部的传导决定了金融压力的大小(Illing and Liu, 2003)。

根据中国对外资金循环的特点以及国际资金循环统计数据的及时性、可持续性,我们选取了以下变量编制中国金融压力指数(Financial Stress Index of China, FSIC):国内外利率差,股本收益(上海证券市场综合指数),持有美国国债与外汇储备存量比率,市场压力变化指数(Exchange Market Pressure Index, EMPI),

且 EMPI 的计算如下式所示。

$$\text{EMPI}_t = \frac{er_{ij} - \mu_{er_{rj}}}{\sigma_{er_{ij}}} - \frac{\text{CRAR}_{ij} - \mu_{\text{CRAR}_{ij}}}{\sigma_{\text{CRAR}_{ij}}} \quad (12)$$

其中,er 为汇率月度变化率,CRAR 为外汇储备月度变化率。

由于目前尚不能及时取得外汇净敞口存量与资本比率(Net Open Position in Foreign Exchange to Capital)的月度数据,所以基于国际资金循环的视点采用表 11-5 中的 4 个变量建立中国的 FSI。其中,A 表示中美央行利差引起国际资本流动的压力因素;B 表示股票市场波动性,采用上海证券市场综合指数,用来反映资本市场压力;C 表示中国持有美国国债占外汇储备余额比率,用来测试中国持有美国国债的风险;D 表示中国面临的汇率升值及外汇储备增加对中国金融的压力。在(12)式中,μ 与 σ 分别表示 er 与 CRAR 序列的均值及标准差。此 4 项变量均取月度数据,时期的范围为 2004 年 1 月至 2012 年 9 月,并对 4 项变量分别计算均值与标准差。

表 11-5　FSIC 的变量及特征值

变量代码	变量名称	样本区间	样本均值	标准偏差
A	中美金融市场利差	2004.1—2012.9	4.0162	1.8344
B	股本收益	2004.1—2012.9	0.5740	7.7881
C	持有美国国债占外汇储备余额比率	2004.1—2012.9	36.7495	3.5558
D	市场压力变动指数	2004.1—2012.9	0.0000	1.5764

注:包括 104 个样本。

按照表 11-5 的特征数据对 A、B、C、D 4 个变量分别标准化,得到单位一致的标准化变量 Z_{Ai}、Z_{Bi}、Z_{Ci}、Z_{Di}。其后将此 4 项标准化变量加总,即可得到基于国际资金循环视点的 FSIC,如(13)式所示。

$$\text{FSIC}_t = Z_{Ai} + Z_{Bi} + Z_{Ci} + Z_{Di} \quad (13)$$

图 11-2 显示了在 2004 年 1 月至 2012 年 9 月 FSIC 的变化,其中 FSIC > 0 的月份有 58 个月,FSIC < 0 的月份有 46 个月。在整个观察期间,从 2004 年 1 月至 2007 年 6 月 FSIC 的变化基本平稳,处在一个较小的范围内波动,但从 2008 年 8 月一直到 2010 年 8 月呈现较大的冲击,特别是在 2009 年 2—7 月期间达到历史最高峰的阶段。这种异常的变化显然可以认为是受到美国在 2008 年爆发的金融危机的影响。特别是从 2007 年 8 月起,FSIC(0.33)由于 B、C、D 下滑至 2008

年7月的 -5.5,猛然上升至2009年1月的4.47,而且持续扩大至2010年6月,达到6.4的最大值。这些反映了美国2007年第四季度发生的次贷危机到2008年5月引爆金融危机对中国金融形成的巨大压力变化。

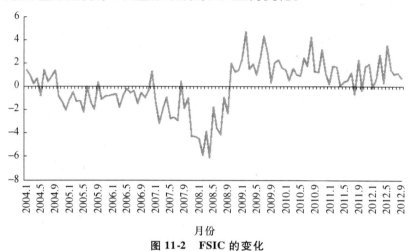

图11-2　FSIC的变化

二、关于金融压力时期的识别

先行研究文献对于压力时期的识别主要有三种方法:其一是FSIC超过历史均值的1.5倍或2倍时即被认为是处在应当关注的金融压力时期;其二是做历史纵向比较,将FSIC高于指数均值的某个临界值(比如90%)作为需要政策当局格外关注的压力时期;其三是做横向比较,将某国发生金融危机时的金融压力数据作为参考数据,当本国的FSI超过此参考数据时即可认为是需要政策当局警惕的时期。

本节采用统计推断方法,即将FSIC超过历史均值的1.5倍或2倍时被认为是处在应当关注的金融压力时期,因为按概率正态分布,$P(|x-\mu|\leqslant 2\sigma) = 0.9545$,所以有

$$P(|FSIC - \mu_{FSIC}| > 2\sigma_{FSI}) = 0.05 \qquad (14)$$

成立,即FSIC超过历史均值的2倍可认为是小概率事件,既然小概率事件发生了,当然值得有关政策当局加倍关注。按照此统计推断理论,可得到(FSIC - μ_{FSIC}) > $2\sigma_{FSI}$,则有以下金融压力识别指数(Financial Stress Identification Index,

FSII）成立：

$$\mathrm{FSII}_t = \frac{(\mathrm{FSI}_t - \mu_{\mathrm{FSI}})}{2\sigma_{\mathrm{FSI}}} - 1 \qquad (15)$$

即 FSII_t 就是我们期望的金融压力时期识别指数。在(15)式中，当 $\mathrm{FSII}_t > 0$ 时，意味着是政策当局需要格外关注金融压力时期；当 $-1 < \mathrm{FSII}_t < 0$ 时，意味着处于适度的金融压力时期；当 $\mathrm{FSII}_t < -1$ 时，意味着处于较低的金融压力时期。

图 11-3 显示了从 2004 年 1 月到 2012 年 9 月中国 FSII 的变化。从其变化走势可看出，按照国际资金循环的视点，利差引起的国际资本流动的压力、国内资本市场压力、持有美国国债风险压力，以及汇率升值及外汇储备增加对中国金融稳健运行构成了系统性合成压力。从观察期间整体看，从 2004 年至 2008 年 5 月，其系统性合成压力程度较低。但伴随着 2008 年 5 月来自美国金融危机的影响，在 2008 年 9 月以后中国金融系统性合成压力指数呈明显上升趋势，特别是在 2009 年 2—9 月期间以及 2010 年 7 月，其 FSII 大于 0，达到观测分析期间的较高峰值。这表明来自对外资金循环的合成因素对中国金融系统性压力增大，各种不确定性的增加加剧了中国金融风险。因此，有必要对 FSII 的变化原因做出既符合经济理论又基于市场实际的理论说明，观测 FSII 与其他经济变量的长期结构关系与短期波动，从而控制风险。

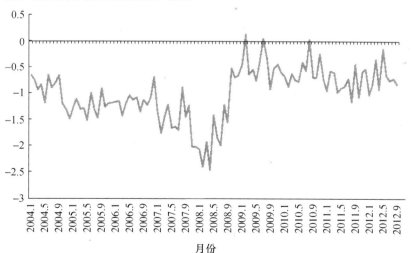

图 11-3 FSII 的变化

资金循环分析的理论与实践

第六节 结论及今后的课题

本章参考 IMF 公布的 FSIs，根据国际资金循环的机制，探讨了展开国际资金循环分析的统计框架，并以此为基础建立了国际资金循环统计监测体系。应用该统计监测体系不仅可以构筑计量模型，分析中长期的国际资金循环的结构性变化，推测其未来发展趋势，还可以建立 DI 以及 FSI，观察近短期的金融稳定的现状，监测对外资金循环的合成因素对金融系统性压力的影响。

本章从国际资金循环分析的视角，构建了对外资金循环的 DI、CI 以及 FSI。通过对 FSI 的观察，我们可以知道在 2008 年美国金融危机发生后，中国的金融压力增大，特别是 2010 年 5—9 月，是中国金融政策当局应当特别关注的时期。这在一定程度上可为金融政策当局监控金融风险、减低金融压力提供一个参考依据。但由于个人研究的局限性以及限于篇幅，本研究还有两个问题有待于完成。

一是完善国际资金循环的统计框架，以及对相关观测指标的推敲与筛选。本章提出了一个统计框架，建立了基于国际资金循环视角的 FSIC，并开展了统计描述分析。为了扩展分析模型的功能，有必要按照经济理论的严谨性以及数据的可采集性，进一步推敲与筛选相关的经济指标，对 DI 及 CI 展开实际测算。这从实际意义上讲需要建立有关编制 DI 及 CI 的数据库，增强国际资金循环统计观测体系的系统性。

二是限于篇幅，本章仅使用 FSI 对测试中国金融风险状况做了一个描述性统计分析。为了扩展 FSI 的功能，还有必要进一步建立预测 FSI 的计量模型，对 FSI 的变化趋势展开追踪预测，建立起有效的早期预警系统。更进一步的研究将在下一章展开。

第十二章　国际资金循环与中国的金融压力分析

随着2013年6月美联储公布的QE3政策的转变,国际资本大幅撤离新兴市场,引发了新兴市场货币贬值、资产价格下跌等一系列问题。从2013年开始,日本安倍经济学(Abenomics)的短期政策效应造成了日元贬值,日本股价提升,世人更关注着安倍经济学的第三支箭,即刺激民间投资的经济产业成长战略。几乎是与此同时,中国经济的资金循环中不稳定因素增加,出现了房地产价格的持续上扬、影子银行的高利率的风险、地方融资平台的资不抵债、资金周转的钱荒等,中国整体经济的资金运用效率在下降,中国是否会发生金融危机引起了国际上的高度关注。现实需要我们冷静地审视中国对内与对外的资金循环,评估中国金融的稳定。防范外部金融风险对本国经济的冲击应是政策当局乃至相关学者日益关注的问题。本章延续第十一章的研究结果,基于国际资金循环的视点对中国的金融压力进一步展开深入分析。

本章主要安排如下:第一节讨论相关的解释变量,为展示所有数据是否为平稳数据进行单位根检验。第二节参考Johansen检验方法,考察金融压力与一阶单整解释变量的协整关系,建立VEC模型。第三节应用模型推测的相关参数对金融压力展开实证分析。第四节概括分析的结论以及提出有待今后解决的课题。

第一节　变量的选择与单位根检验

构成金融压力的因素有很多,各变量之间的关系错综复杂,仅以单变量序列为研究对象远远不能反映金融压力变化的结构关系,需要选择多变量并且检验变量的平稳性。为此,本章引入协整分析方法并建立VEC(Vector Error Correction)模型,以期观察多个变量之间的动态互动关系,测量其对形成金融压力的结构性影响。应用 VEC 模型观测 FSII 的变化,首先要解决 VEC 模型中的变量选择问题,其次要讨论变量的平稳性,检验其协整关系,最后使用协整关系的信息对 VEC 模型的特定化展开推测分析。以下依次讨论。

一、变量的选择

为了监测金融压力指数(FSII)的变化根据第十一章建立的国际资金循环统计监测体系,我们从表 11-4 的国际资金循环动向指数体系中的先行指数系列、一致指数系列、滞后指数系列中分别选取了相应的解释变量。根据证券市场变化、房地产价格波动风险、银行信贷市场风险、外汇市场风险、美国市场影响以及中国持有的巨额外汇储备风险的来源构成以及数据采集的可能性,我们从先行指数系列中选取了上海证券市场综合指数(SSEC)、国房景气指数(House Price Index,HPI)[①]、最高与最低同业拆借利差(R)、人民币兑美元汇率变动率(REXC)、美联储有效利率(US Federal Funds Effective Rate,USFFER),从一致指数系列中选取了外汇储备规模增长率(RFRA)作为金融压力指数的解释变量。

我们选取了这 7 个变量($FSII_t$,$SSEC_t$,HPI_t,R_t,$REXC_t$,$USFFER_t$,$RFRA_t$)从 2004 年 1 月至 2012 年 9 月的月度数据,其变化趋势如图 12-1 所示。这些变量在样本观察期间的波动各有不同,但具有一个共同的特点,就是在 2008 年前后均出现了明显的变化。其中 FSII 与 SSEC 在 2008 年 4 月下降至观察期间的最低点,分别为 -2.47 与 -17%。FSII 在 2008 年以后有明显增加,但 SSEC 在整个观察期间没有呈现出单方向的趋势性变化。HPI 与 R 在 2009 年 3 月为最低值,分别为 94.9% 与 0.8%,此后 HPI 出现较大的起伏波动性变化,但 R 增长缓慢,在 2011 年 7 月达到最高值 4.4%。ERXC 在整个观察期间变化不大,在 2005 年 8 月与 2008 年 1 月有两次升值波动,其后呈现出缓慢的推移。USFFER 在观察期间变化最为明显,由 2004 年 1 月的 1% 递增至 2006 年 8 月的 5.3%,但在 2007 年 8 月之后急剧下降,一举跌至 2008 年 12 月的 0.2%,此后一直在此最低值徘徊。RFRA 没有大幅度的趋势性变动,由于绝对值在不断增加,其增加率呈

[①] 国房景气指数是全国房地产开发景气指数的简称,由房地产开发投资、本年资金来源、土地开发面积、房屋施工面积、商品房空置面积和商品房平均销售价格 6 个分类指数构成。

现缓慢下降,在2012年5月为负增长,达到-2.8%。鉴于以上各变量序列的变化特点,为了验证各个变量是否为平稳时间序列,对模型特定化,需要对各个变量做单位根检验。

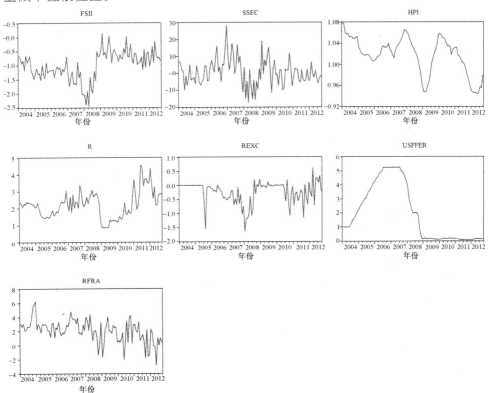

图 12-1　FSIC 与各解释变量的变化趋势

资料来源:《中国人民银行统计季报》;国家外汇管理局,http://www.safe.gov.cn/;美联储,http://www.federalreserve.gov/econresdata/statisticsdata.htm;和讯网,http://www.hexun.com/。

二、单位根检验

为了判断金融压力指数与相关解释变量是否存在协整(Cointegration)关系,使用 Eviews 对上述变量的时间序列分别做了单位根检验(Augmented Dickey-Fuller Test,ADF 检验)。单位根检验的结果如表 12-1 所示,除了 SSEC 不存在单位根外,其余时间序列变量均为非平稳序列,但做了一阶差分变化后为一阶单整[Integrated of order one, I(1)]序列。

表12-1 单位根检验的结果

变量	ADF	DF-GLS
A. 默认变量		
FSII(-1)	-2.56(1)	-1.78(2)
HPI(-2)	-2.91(2)	-1.86(2)
R(-3)	-3.20(0)	-3.18(0)
REXC	-2.69(2)	-2.36(2)
USFFER	-1.00(1)	-1.01(1)
RFRA	-2.86(2)	-2.43(2)
B. 差分变量		
FSII(-1)	-11.02(1)	-16.50(0)
HPI(-2)	-4.99(0)	-5.00(0)
R(-3)	-9.88(1)	-11.06(0)
REXC	-13.11(1)	-12.99(1)
USFFER	-4.15(0)	-4.16(0)
RFRA	-12.92(1)	-11.44(1)
	10%(*)	5%(**)	1%(***)
ADF	-2.5819	-2.8898	-3.4950
DF-GLS	-1.6147	-1.9440	-2.5878

注：本表是关于 FSII 与所有为非平稳序列解释变量的单位根检验的结果。ADF 是 Augmented Dickey-Fuller(1979)检验，DF-GLS 是由 Elliott、Rothenberg 和 Stock(1996)提出的基于 GLS detrending 的 Dickey-Fuller 检验。两种检验都包含了常数项。各变量的滞后期根据 Schwarz Bayesian Info Criterion 的信息量基准(SBIC)选取，被选定的滞后期 k 在括号里表示。表最下方表示 ADF 与 DF-GLS 检验的 10%、5% 以及 1% 的显著性水平的临界值。

这里分两种情况讨论，首先来看默认检验结果。A 类检验是对各变量原序列不做差分处理，保持默认的 Level。此外，由图 12-1 可知，FSII、REXC 等的时间序列没有呈现出明显的趋势性变化,所以在测试方程中只包括对常数项的检验。而 HPI、R、USFFER 以及 RFRA 时间序列中有明显的上升或下降趋势,所以在测试方程中同时包含常数项与趋势项。默认变量的检验结果表明,FSII 与所有解释变量的检验 t 统计量值均大于显著性水平为 1% 的临界值,所以不能拒绝原假设,各变量序列存在单位根,是非平稳的。

但是,当我们对所有变量做了一阶差分处理后,由差分变量的检验值可看出,所有变量的 t 统计量值已经发生了明显的变化,均呈现出小于显著性水平的临界值,说明所有非平稳序列经过一阶差分处理后是一阶单整平稳,即 I(1) 成立。FSII 与所有做过一阶差分处理的解释变量具有协整关系,满足协整检验的前提条件。也就是说,FSII 与其他解释变量的时间序列虽然各自为非平稳,但它们的线形组合却是平稳的,反映了各变量之间长期稳定的均衡关系。

第二节 协整分析与 VEC 模型的建立

在检验一组时间序列的协整性或长期均衡关系之前应首先检验时间序列的单整阶数。如果变量个数多于两个,即解释变量个数多于一个,被解释变量的单整阶数不能高于任何一个解释变量的单整阶数。此外,当解释变量的单整阶数高于被解释变量的单整阶数时,必须至少有两个解释变量的单整阶数高于被解释变量的单整阶数。如果只含有两个解释变量,则两个解释变量的单整阶数应该相同。由于我们需要考证 FSII 与其他 6 个解释变量的协整关系,所以有必要采用 Johansen 检验方法考察 FSII 与一阶单整解释变量的协整关系。

一、协整关系分析

Johansen 协整分析方法(Johansen,1995)可以同时观察捕捉多个协整关系,应用此方法的第一步,也是最关键的一步,就是检验协整关系的个数。其检验方法有以下 5 种模式:① FSII 的组成变量不含有常数项与趋势变量,协整向量中也不含有常数项与趋势变量(Trend Assumption：No Deterministic Trend)；② FSII 的组成变量不包含常数项与趋势变量,但协整向量中含有常数项[Trend Assumption：No Deterministic Trend（Restricted Constant）]；③ FSII 的组成变量含有常数项,即以时间 t 形式表现的变量,但协整向量中含有常数项却不含有趋势变量(Trend Assumption：Linear Deterministic Trend)；④ FSII 与协整向量中均含有线性趋势项[Trend Assumption：Linear Deterministic Trend（Restricted）]；⑤ FSII含有二次型趋势项,协整向量中含有线性趋势项(Trend Assumption：Quadratic Deterministic Trend)。

应用 Johansen 协整检验的结果如表 12-2 所示。表 12-2 显示了采用上述 5 种模式分别对迹统计量(Trace Statistic)与最大固有值(Max-Eigenvalue)的检验。二者的检验结果虽然不一致,但根据 Johansen 与 Juselius 的研究(1990),在 Trace 检验与最大固有值检验给出不同的结论时,应该选择 Trace 检验的结论。表 12-2 显示包括常数项与趋势项的测试结果在内,至少同时存在 2 个协整关系,即协整向量阶数至少为 2。

表 12-2 滞后的长度与协整的个数

Included observations：103
Series：FSI SSEC HPI R REXC USFFER RFRA
Lags interval：1 to 1
Selected (0.05 level*) Number of Cointegrationg Relations by Model

Data Trend：	None	None	Linear	Linear	Quadratic
Test Type	No Intercept No Trend	Intercept No Trend	Intercept No Trend	Intercept Trend	Intercept Trend
Trace	2	2	3	3	5
Max-Eig	0	0	0	1	1

同时,为保证协整向量阶数为 2 的判断是稳妥严谨的,需要对迹统计量做更细致的检验。在 Johansen 协整检验的 5 种模式中,上述模式①,即协整方程与 FSII 均不存在常数项与趋势变量在实际中是不可能发生的;模式⑤的假设也是很少发生的。所以为慎重起见,我们应用检验协整关系模式中的②、③与④这三种方式对迹统计量进行了检验,结果如表 12-3 所示。

表 12-3 协整向量阶数的检验

模式②				模式③				模式④			
阶数	迹统计量	临界值	p 值	阶数	迹统计量	临界值	p 值	阶数	迹统计量	临界值	p 值
None*	157.55	134.68	0.00	None*	156.92	125.62	0.00	None*	188.80	150.56	0.00
At most 1*	113.91	103.85	0.01	At most 1*	113.43	95.75	0.00	At most 1*	130.98	117.71	0.01
At most 2	76.37	76.97	0.06	At most 2*	75.91	69.82	0.02	At most 2*	91.06	88.80	0.03
At most 3	45.66	54.08	0.23	At most 3	45.24	47.86	0.09	At most 3	58.22	63.88	0.14

从表 12-3 的迹统计量与临界值的比较可看出①,模型②存在 2 个协整关系,模型③存在 3 个协整关系,而模型④也存在 3 个协整关系。特别是模型②的阶数为 2,其协整向量只包括常数项而不包含趋势变量。鉴于对迹统计量的检验结果,我们可以得到 FSII 与各个解释变量之间至少存在 2 个协整关系的结论。这恰恰满足了我们研究目的的需要,即从理论上得到了 FSII 与各解释变量存在着协整关系的依据,表明 FSII 与选定的解释变量之间存在着长期均衡关系。

由图 12-1 可知,由于原始时间序列没有存在明显的单方向递增的趋势性变化,通过表 12-2 可知,协整向量的阶数为 2,通过对表 12-3 的检验,可以保证 FSII 与组合变量至少存在 2 个协整关系($r=2$),所以本章选用了 FSII 的组合变量均不含有确定性趋势而协整向量中含有确定性趋势的检验模式 [Intercept (no trend) in CE and no-Intercept in VAR],即模式②。此外,在确定滞后次数(lag intervals)时,因为此研究列举的主要变量多为股价、利率以及汇率等每天都发生变化的变量,所以将滞后次数设为 1。按照上述确定的条件,我们对协整关系方程式做了推测,如表 12-4 所示。

表 12-4 Johansen 协整关系的检验结果

Normalized cointegrating coefficients (standard error in parentheses)								
	FSII	HPI	SSEC	R	REXC	USFFER	RFRA	C
CE1	1	0	−0.0767	−0.1263	−1.0008	0.2135	−0.0842	0.8223
			(0.0102)	(0.0810)	(0.2038)	(0.0340)	(0.0476)	(0.2112)
CE2	0	1	0.0038	−0.0496	−0.3257	−0.0108	0.0627	−0.8414
			(0.0029)	(0.0234)	(0.0587)	(0.0098)	(0.0137)	(0.0609)
Adjustment coefficients (standard error in parentheses)								
	D(FSII)	D(HPI)	D(SSEC)	D(R)	D(REXC)	D(USFFER)	D(RFRA)	
CE1	0.2997	−0.0033	13.0831	−0.0578	−0.0190	−0.0195	0.8388	
	(0.1054)	(0.0022)	(2.1490)	(0.1487)	(0.1190)	(0.0425)	(0.4656)	
CE2	−0.8919	−0.0004	−38.2404	1.1142	1.1683	−0.2227	2.2519	
	(0.3605)	(0.0076)	(7.3490)	(0.5086)	(0.4071)	(0.1454)	(1.5923)	

---

① 在表 12-3 的阶数栏中,带有 * 标志的表示迹统计量大于临界值,各变量之间存在协整关系。

表 12-4 的上半部分表现为被标准化的协整关系方程式的参数估计值,显示了对每个可能的协整关系个数的标准化结果。CE1(Cointegrating Equation)是将 FSII 的系数 b_{11} 标准化为 1、将 HPI 从协整向量中扣除掉($b_{12}=0$)的协整方程式,表示为将 FSII 变量标准化为 1 的与其他解释变量的结构数量关系。而 CE2 是将 HPI 的系数 b_{22} 标准化为 1,将 FSII 从协整向量中扣除($b_{21}=0$)的协整方程式,表示将 HPI 标准化为 1 的与其他变量的结构数量关系。表 12-4 的下半部分表示为 CE1 与 CE2 协整方程的调整系数估计值(括号内数字为标准偏差)。表 12-4 显示了对两个协整关系方程式的标准化结果。由于讨论的重点在于分析金融压力与各变量形成的协整关系以及它们之间存在的长期均衡关系,所以这里我们重点讨论 CE1,即 FSII 与其他变量的关系。将 CE1 的协整方程式移项整理后可表述为下式:

$$FSII_t = -0.82 + 0.08SSEC_t + 0.13R_t + 1.001REXC_t - 0.21USFFER_t + 0.08RFRA_t$$

(1)

(1)式表示了 FSII 与其他解释变量的协整关系,代表了协整向量形成的一个长期均衡平稳关系。但是从表 12-4 中的各参数估计值的标准偏差可看出,REXC 以及一阶差分 $D(SSEC)$ 的标准偏差较大,其参数估计值不具有统计性显著影响。其原因可解释为经济变量在金融危机时受到外部冲击时所产生的短期波动对长期均衡关系的影响。从市场的短期波动来看,对于每个确定的时刻 t,都存在偏离协整关系的因素与可能,即经济变量之间从短期观察往往是非均衡的。因此,为了在模型设计上考虑用数据的动态非均衡过程,通过阶差 $\Delta FSII_t$ 的增加或减少,来测量变量在短期波动中偏离其长期均衡的程度,进而修正偏差来逼近经济理论的长期均衡过程,使得协整方程的参数估计值向着长期均值推移。为此我们需要导入 VEC 模型,VEC 模型可以用来模拟这一长期均衡平稳关系在短期偏离均衡时的动态变化过程。

二、VEC 模型的建立

VEC 模型来源于 Sargan 1964 年对工资增长率与物价关系的研究。他在这项研究里提出了误差修正模型(Error Correction Model,ECM),参见(2)式。

$$\Delta w_t = \beta_1 + \beta_2 \Delta p_{t-1} - \beta_3 \mu_{t-1} + \beta_4 (w-p)_{t-1} \tag{2}$$

其中，w 为工资增长率，p 为物价，μ 为估计偏差，Δ 为阶差。将 ECM 定式化并用于实际的理论依据可做如下归纳：

（1）经济理论对于构筑模型模拟长期均衡关系是很重要的，但表现短期动态调整过程的经验模型与理论模型有所不同。经验性的计量模型是对经济变量的演绎，可以说明观测数据实际发生变化的机制，但理论计量模型无法仅根据先验性经济理论的信息将模型定式化。

（2）短期动态模型可以反映观测数据的短期波动结构，也可以观察短期经济的失衡。ECM 具有此功能，可以表示这个不均衡的调整过程。

（3）通常所用到的行为方程式可以解释为调整方程式。这既有向市场均衡的调整，也有向经济结构均衡的调整。

其后将英国（LSE）的 Hendry 对 VEC 模型的研究与美国时间序列学派所创造的协整概念相结合的是 Engle-Granger（1987）所提出的表述定理（Representation Theorem）。如果仅用两个变量来显示此表述定理，则有下述（3）式成立。

$$\begin{bmatrix} Y_t \\ X_t \end{bmatrix} = \begin{bmatrix} \phi_{10} \\ \phi_{20} \end{bmatrix} + \begin{bmatrix} \phi_{11} & \phi_{12} \\ \phi_{21} & \phi_{22} \end{bmatrix} \begin{bmatrix} Y_{t-1} \\ X_{t-1} \end{bmatrix} + \begin{bmatrix} \varepsilon_{1t} \\ \varepsilon_{2t} \end{bmatrix} \qquad (3)$$

（3）式所表现的就是二维向量自回归模型（Vector Auto-regressive Model），即 VAR 模型。当 Y 与 X 均为一阶单整，即 $I(1)$ 时，Y 与 X 存在协整关系，Y 与 X 可表示为 $Y_t = \alpha + \beta X_t + \mu_t$。由此可见，VAR 模型可以 ECM 的形式表示；反之，如果可以用 ECM 表示，则 Y 与 X 构成协整关系。进一步而言，如果 Y 与 X 存在协整关系，Y_t 与 $E(Y_t) = \alpha + \beta X_t$ 之间的误差不可能很大，应该存在着由 $\mu_t = Y_t - E(Y_t) = Y_t - \alpha - \beta X_t$ 趋近于 0 的向长期均衡的调整机制。这样，如果将长期平稳关系式设为 $Y_t = \alpha + \beta X_t + \mu_t$，则典型的误差修正模型 ECM 的原理可做如下表述。

$$\Delta Y_t = \gamma_1 \Delta X_t - \gamma(Y_{t-1} - \alpha - \beta X_{t-1}) + \varepsilon_t \quad (0 < \gamma < 1) \qquad (4)$$

当 X、Y 以相同水平移动而且 $\Delta X_t = 0$、$\Delta Y_t = 0$ 处于一种长期状况时，从长期平均的视角看（4）式可表示为 $Y_t = \alpha + \beta X_t$。但从短期来看，会有 $Y_{t-1} - \alpha - \beta X_{t-1} > 0$，即 $Y_{t-1} > \alpha + \beta X_t$，这意味着当 Y_{t-1} 超过了长期期待水平的 $\alpha + \beta X_{t-1}$ 时，下一个 t 期的 Y_t 会比 Y_{t-1} 变小（$\Delta Y_t < 0$）。反之，当 $Y_{t-1} < \alpha + \beta X_{t-1}$ 时，因为 Y_{t-1} 没有达到长期期待的 $\alpha + \beta X_{t-1}$ 的水平，所以从 $t-1$ 期到 t 期的 Y_t 会比 Y_{t-1} 要大（$\Delta Y_t > 0$）。通过短期的修正机制来推动向长期均值移动，这就是（4）式所表示的误差修正

机制的原理。(4)式中的 $Y_{t-1} - \alpha - \beta X_{t-1}$ 为误差修正项;γ 为调整系数,表示向长期均衡的调整速度,γ 值越趋近于 1,其调整速度就越快;由此还可知 $1/\gamma$ 为调整期间。根据(4)式的原理可知,如果变量之间存在协整关系,表明这些变量的某种线性组合是平稳的,这些变量间存在着长期均衡关系,而这种长期平稳的均衡关系是在短期波动过程中通过不断调整实现的。ECM 为短期不均衡模型,如进行误差修正则会使得各变量回归到长期均衡关系。

根据上述 ECM 的原理,将二维向量扩展到多变量将 ECM 特定化。建立 ECM 有两种方法:一是当协整向量已知时按照协整方程式推定;二是由理论 ECM 定式化推定出实际可操作的 ECM。由于我们已经选定了协整向量并开展了协整检验,所以继续运用协整向量将描述金融压力的 VEC 模型特定化。并且当我们将讨论的范围拓展到 7 个变量的 VAR(1)模型时,可以直接使用表 12-2 与表 12-3 等协整向量的相关信息,将 VEC 模型特定化如(5)式所示。

$$\begin{aligned}\Delta \text{FSII}_t =\ & \gamma_1 \Delta \text{FSII}_{t-1} + \gamma_2 \Delta \text{SSEC}_{t-1} + \gamma_3 \Delta \text{HPI}_{t-} + \gamma_4 \Delta R_{t-1} \\ & + \gamma_5 \Delta \text{EEXC}_{t-1} \gamma_6 \Delta \text{USFFER}_{t-1} + \gamma_7 \Delta \text{RFRA}_{t-1} \\ & - \gamma(\text{FSII}_{t-1} - \hat{\beta}_1 - \hat{\beta}_2 \text{SSEC}_{t-1} - \hat{\beta}_3 \text{HPI}_{t-1} - \hat{\beta}_4 R_{t-1} \\ & - \hat{\beta}_5 \text{REXC}_{t-1} - \hat{\beta}_6 \text{USFFER}_{t-1} - \hat{\beta}_7 \text{RFRA}_{t-1}) + \mu_t \end{aligned} \qquad (5)$$

其中,参数 $\gamma_i(i=1,2,\cdots,7)$ 称为短期影响参数,旨在反映由于各解释变量的短期变动对金融压力形成的影响。γ 为调整系数($0<\gamma<1$),亦被称为反馈效果。括号内的 $\hat{\beta}_i(i=1,2,\cdots,7)$ 称为长期影响系数,括号内 FSII_{t-1} 与各变量 $(t-1)$ 的差表示对长期均衡的偏差调整,即长期均衡偏差项,表示为 ECR。若 ECR > 0,说明前期各变量值大于均衡水平,需要做负的调整;反之,若 ECR < 0,则意味着前期各变量值小于均衡水平,有必要做正的调整。$\hat{\beta}_1$ 为常数估计值,μ 为随机误差项。由于(5)式中变量均为 I(1),可直接使用 t 检验[①],滞后次数为 1 的协整方程与误差修正的 VEC 模型的推测结果如表 12-5 所示。

---

① 参见蓑谷千凤彦,《计量经济学大全》,东洋经济新报社,2007,pp.654—660。

表 12-5　VEC 模型的推测结果

Included observations:103 after adjustments
Standard errors in ( ) & *t*-statistics in [ ]

Cointegrating Eq:	Coint Eq1:
FSII(-1)	1
SSEC(-1)	-0.0911
	(0.0098)
	[-9.2654]
HPI(-1)	-3.8153
	(1.8787)
	[-2.0308]
R(-1)	0.0629
	(0.0771)
	[0.8158]
REXC(-1)	0.2418
	(0.1944)
	[1.2443]
USFFER(-1)	0.2548
	(0.0328)
	[7.7596]
RFRA(-1)	0.1551
	(0.0494)
	[3.142]
C	4.0325
	(1.8800)
	[2.145]

（续表）

Error Correction:	D(FSII)	D(SSEC)	D(HPI)	D(R)	D(REXC)	D(USFFER)	D(RFRA)
Coint Eq1	0.2590	11.1968	-0.0012	-0.2022	-0.1960	0.0285	-0.0420
	(0.0871)	(1.7932)	(0.0019)	(0.1244)	(0.1016)	(0.0358)	(0.4056)
	[2.97459]	[6.24409]	[-0.64677]	[-1.62497]	[-1.92942]	[0.79696]	[-0.10361]
D[FSII(-1)]	-0.8139	-10.8565	0.0025	-0.1005	-0.0979	0.0208	3.6990
	(0.2792)	(5.7490)	(0.0060)	(0.3989)	(0.3257)	(0.1147)	(1.3004)
	[-2.91517]	[-1.88844]	[0.41401]	[-0.25188]	[-0.30051]	[0.18099]	[2.84452]
D[SSEC(-1)]	0.0196	0.2463	0.0000	-0.0127	0.0031	-0.0009	-0.1269
	(0.0101)	(0.2078)	(0.0002)	(0.0144)	(0.0118)	(0.0041)	(0.0470)
	[1.94384]	[1.18569]	[-0.10144]	[-0.87871]	[0.26062]	[-0.22830]	[-2.70035]
D[HPI(-1)]	-5.3430	-102.5662	0.5447	-0.9876	-7.2454	-0.7573	-1.5731
	(4.4856)	(92.3644)	(0.0956)	(6.4092)	(5.2332)	(1.8422)	(20.8926)
	[-1.19114]	[-1.11045]	[5.70010]	[-0.15409]	[-1.38450]	[-0.41109]	[-0.07529]
D[R(-1)]	0.0050	2.6310	-0.0002	-0.861	-0.0771	-0.0107	0.2707
	(0.0684)	(1.4086)	(0.0015)	(0.0978)	(0.0798)	(0.0281)	(0.3186)
	[0.07343]	[1.86774]	[-0.15966]	[-0.88048]	[-0.96652]	[-0.38064]	[0.84955]
D[REXC(-1)]	-0.1745	-1.1393	0.2212	0.3913	-0.4536	0.0491	-0.4043
	(0.1314)	(2.7064)	(0.0028)	(0.1878)	(0.1533)	(0.0540)	(0.6122)
	[-1.32766]	[-0.42094]	[0.43079]	[2.08342]	[-2.95808]	[0.90917]	[-0.66042]
D[USFFER(-1)]	-0.3142	-6.0867	0.0060	0.4305	0.0877	0.7293	0.9482
	(0.1890)	(3.8907)	(0.0040)	(0.2700)	(0.2204)	(0.0776)	(0.8801)
	[-1.66295]	[-1.56443]	[1.49861]	[1.59460]	[0.39790]	[9.39794]	[1.07742]

（续表）

Error Correction:	D(FSII)	D(SSEC)	D(HPI)	D(R)	D(REXC)	D(USFFER)	D(RFRA)
D[RFRA(-1)]	-0.0827	-1.4800	0.0006	-0.0411	-0.0282	0.0004	0.0282
	-0.0355	-0.7304	-0.0008	-0.0507	-0.0414	-0.0146	-0.1652
	[-2.33211]	[-2.02639]	[0.83030]	[-0.81145]	[-0.68085]	[-0.02723]	[0.17048]
R-squared	0.3955	0.4743	0.3192	0.1944	0.3255	0.5363	0.3104
Adj. R-squared	0.3509	0.4356	0.2690	0.1350	0.2758	0.5021	0.2595
Sum sq. resids	9.6559	4094.201	0.004	19.713	13.143	1.629	209.480
S. E. equation	0.3188	6.5648	0.0068	0.4555	0.3720	0.1309	1.4849
F-statistic	8.8785	12.2455	6.3632	3.2749	6.5491	15.6969	6.1075
Log likelihood	-24.242	-335.804	372.192	-60.999	-40.121	67.416	182.711
Akaike AIC	0.6261	6.6758	-7.0717	1.3398	0.9344	-1.1537	3.7031
Schwarz SC	0.8307	6.8805	-6.8670	1.5444	1.1390	-0.9491	3.9078
Mean dependent	-0.0007	-0.0713	-0.0010	0.0058	-0.0022	-0.0084	-0.0219
S. D. dependent	0.3957	8.7382	0.0079	0.4898	0.4371	0.1856	1.7257
Determinant resid covariance				2.45E-08			
Determinant resid covariance				1.39E-08			
Log likelihood				-91.4429			
Akaike information criterion				3.0183			
Schwarz criterion				4.6554			

表12-5包括四个主要部分。第一部分表示协整方程的长期参数估计值(Cointegrating Eq：Conint Eq1)；第二部分表示误差修正项的短期参数估计值(Error Correction)，其中的 Coint Eq1 项的对应数值即为误差估计项的调整系数估计值 γ；第三部分为模型中单个方程的相关检验结果；第四部分为模型整体相关性检验结果。由于我们考察的重点在于 FSII，因此将表12-5第二部分有关 $D(FSII)$ 误差修正的部分嵌入协整方程式，经过整理得到关于 FSII 的 VEC 模型如(6)式所示。

$$\begin{aligned}\Delta FSII_t =& -0.82\Delta FSII_{t-1} + 0.02\Delta SSEC_{t-1} - 5.34\Delta HPI_{t-1} + 0.005\Delta R_{t-1} \\ & -0.17\Delta REXC_{t-1} - 0.31\Delta USFFER_{t-1} - 0.08\Delta RFRA_{t-1} \\ & -0.26(FSII_{t-1} + 0.09SSEC_{t-1} + 3.81HPI_{t-1} - 0.06R_{t-1} \\ & -0.24REXC_{t-1} - 0.25USFFER_{t-1} - 0.15RFRA_{t-1} - 4.03) \end{aligned} \quad (6)①$$

第三节 金融压力的实证分析

一、金融压力的长期均衡与短期波动的分析

首先来讨论协整方程第一部分的长期参数估计值，即(6)式括号内的部分，它反映了 FSII 关于各变量在 t 时点对长期均值的短期偏离。由于 $R(-1)$ 与 REXC(-1)估计值的符号为负，表明 $R(-1)$ 与 REXC(-1)对金融压力的长期均衡关系具有抑制作用，但这种抑制效应并非高度显著(t 值较低)。这可以从两方面解释：其一，由于 R 为最高与最低同业拆借利差，REXC 为人民币兑美元汇率变动率，表明中国的利率与汇率的变化尚未完全嵌入市场机制，还未能如实反映实际的市场风险波动。其二，$R(-1)$ 与 REXC(-1)的长期参数估计值的符号均为负，至少可以表明这两个变量对金融压力的影响趋势，即利差的增加意味着紧缩金融政策的实施，这将会降低金融压力；而 REXC(-1)估计值的符号为负意味着人民币兑美元汇率变动与金融压力呈反方向变化，即人民币汇率

---

① 理论模型的(5)式括号内的 FSII 与各变量为相减的关系，所以表12-5第一部分协整方程长期参数估计值的符号在(6)式中相反。

的升值意味着兑换单位美元的比价降低,其比价越低对金融压力的影响程度越大。SSEC(-1)与HPI(-1)对FSII具有显著效应,即这两个变量对金融压力具有长期增压的影响。HPI(-1)的参数估计值最高为3.81,显示中国房地产价格变动对金融压力的影响最大;SSEC(-1)对FSII具有0.09的增压影响。而USFFER(-1)与RFRA(-1)的参数估计值表明对FSII具有负影响,即具有减压的效用。UFFER的负影响从实际意义上可解释为上期美国利率上升会促使国际资本流向美国,减轻对中国的金融压力。而RFRA(-1)的负影响表明在此观察期间中国外汇储备规模增大降低了对中国金融的压力,其降压程度约为0.15。当然,这并不意味着外汇储备多多益善,其中还有收益与最低风险持有的最优资源配置的判断选择,此问题已在本书第十章有所论述。

协整方程的调整系数 γ 的估计值为0.26,且具有统计性显著影响。由于 $0<\gamma<1$,说明在FSII与其他变量之间存在着长期稳定的关系,这种协整关系制约着FSII与其他变量的变化,即使有短期波动失衡也将会被逐步逼近长期稳定。其调整期间 $1/\gamma$ 为3.85,即反馈效果约为4个月。

从表12-5第二部分有关 $D(FSII)$ 的误差修正项短期变动参数估计值来看,$\Delta FSII_{t-1}$ 与 $\Delta RFRA_{t-1}$ 的变化对 $\Delta FSII_t$ 具有显著性影响。其中,$\Delta FSII_{t-1}$ 将以0.82的比率使 $\Delta FSII_t$ 缩小;而 $\Delta RFRA_{t-1}$ 的增大也将使 $\Delta FSII_t$ 降低0.08。同时,将协整方程RFRA(-1)的长期影响(0.15)与误差修正项的 $\Delta RFRA_{t-1}$ 的短期影响相比较可知,当外汇储备增加1个百分点时,其长期与短期的综合作用将使金融压力下降0.23个百分点。而且,外汇储备增加对我国金融压力的长期影响要大于短期影响。这种特点不但表现在外汇储备规模增长上,从证券市场综合指数的参数估计值上也有反映。反映股市短期变动对FSII影响的参数估计值 ($\Delta SSEC_{t-1}$)为0.02,而SSEC(-1)的参数估计值为0.09,由此可知证券市场股价对金融压力的综合影响为0.11,即股价上升1个百分点将提升金融压力0.11个百分点。但从房地产价格的短期综合变动看,反映短期波动的 ΔHPI_{t-1} 的参数估计值为-5.34,与长期影响系数的符号相反,其绝对值也要大于长期影响的估计值,由此可见房地产价格的短期波动对金融的影响较大,但短期波动参数估计值的统计显著性较弱。从市场利差对金融压力的短期影响来看,ΔR_{t-1} 的参数估计值为0.005,而长期影响的参数估计值为-0.06,但其参数估计值均不具有统计性显著影响。反映短期变动的 $\Delta REXC_{t-1}$ 的参数估计值为-0.17,其估计值的统计性显著影响较弱,但估计值的符号与长期影响的参数估计值(-0.24)一致,即前期的人民币兑美元的汇率变化对中国金融压力的影响是反方向的,人民币汇率的升值将使得中国面临的金融压力增大。反映美联储利率对中国金融压力短期影响的 $\Delta USFFER_{t-1}$ 的估计值为 -0.31,大于其长期影响,而且两者符号一致,均显示了美联储利率的提高客观上减轻了在国际金融市场上对中国的金融压力。将美联储利率的长短期的影响综合考虑,当美联储利率上升1%时,将使得中国的金融压力降低 0.56 个百分点。

在误差修正模型的短期参数估计中存在的一个共同的问题就是,短期变动的参数估计值不如长期均衡的参数估计值那样具有很强的统计显著性。原因有二:一是基于金融压力的概念所选入分析模型的相关变量过多,在进行统计估计时对通过 t 检验有影响;二是各变量均取了一阶差分,也容易使得统计显著性下降。对误差修正模型的相关检验如表 12-5 的第三部分与第四部分所示。为了确认 $\Delta FSII_t$ 与其他解释变量随着时间的推移所产生的变化,我们使用 VEC 模型协整方程式[(6)式]做了一个推测演绎,其结果如图 12-2 所示。

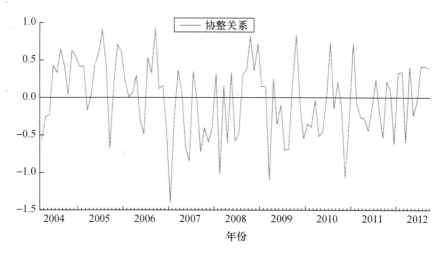

图 12-2 协整关系图

二、金融压力的脉冲影响分析

上述 VEC 模型的检验结果可以解释模型中的变量对金融压力的长期及短

期波动的影响,但从结构性来看,上述模型的 F 检验不能说明某个给定变量对模型系统内其他变量产生的影响是正向或负向的,也不能提示这个变量在对模型系统内受到一个单位随机扰动因素的冲击后的动态变化路径及其受到冲击效应的持续期间。所以有必要利用 VEC 模型做进一步的脉冲影响分析(Impulse Response Analysis),以便观察随机扰动项的一个标准差冲击对内生变量当前和未来取值的影响,进而揭示证券市场综合指数、房地产价格、利率差、汇率变动、美联储利率和外汇储备增减等变量的变化对中国金融压力的冲击程度以及在系统内会产生多长时间的影响。由于各个变量对 FSII 的脉冲影响的持续期间不同,为了便于比较我们选取的各个变量中不同长短的脉冲影响期间,将此设定为 12 个月,上述 VEC 模型的各个变量对金融压力冲击的影响以及这种影响持续的时间如图 12-3 所示。①

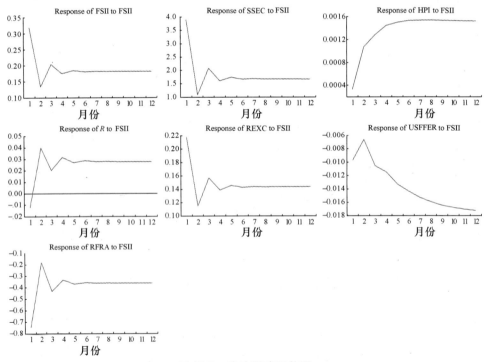

图 12-3 脉冲影响函数图

---

① VEC 模型中的各原始变量是单位根数据,所以没有标准偏差,因此与用单整序列编制的脉冲影响结果相比不能设定置信区间。

图12-3 分别表示了 FSII、SSEC、HPI、R、REXC、USFFER 以及 RFRA 对 FSII 的脉冲影响变化。本章中脉冲影响的结果表示的是各变量随机扰动项的一个标准差干扰冲击对 FSII 的动态影响在 12 个月内的变化。

首先讨论 FSII 自身的冲击影响(Response of FSII to FSII)。其变化是从第 1 个月的 0.3188 开始的,其数字来源于模型推定结果(表12-5)第三部分的 S.E. equation 的 0.3188。FSII 对自身的一个标准差的新信息有很强的反应,在最初的 4 个月内,FSII 的随机扰动项对自身的冲击影响较大,特别是在受到冲击后的第 2 个月达到最大,下降至 0.134,之后又出现回复波动,一直到第 6 个月(0.18)以后才趋于稳定。SSEC 对 FSII(Response of SSEC to FSII)的冲击持续时间大约也是 4 个月,同样也是在开始的 2 个月冲击影响较大,由开始的 3.9 下跌至第 2 个月的 1.08。HPI 对 FSII(Response of HPI to FSII)的冲击影响期间在 6 个月左右,要长于 SSEC,而且是持续的正向影响,但冲击的程度不是很强,由开始的 0.00033 逐步上升至第 6 个月的 0.0015。R 对 FSII(Response of R to FSII)的冲击响应的持续时期也是 6 个月,虽然也为正向的影响,但在冲击期间的影响有所起伏波动,由开始的 -0.012 上升至第 2 个月的 0.04 后又呈现出下滑起伏状态,到第 6 个月以后趋于平稳,达到 0.028。从图形看 REXC 对 FSII(Response of REXC to FSII)呈负向影响,但实际意义为人民币汇率升值对 FSII 带来增值,即促使金融压力加大的影响。特别是在前 4 个月内其冲击影响较大,由初始的 0.22 一举下降到第 2 个月的 0.11,其后出现反复波动,冲击效应的持续期间为 6 个月左右。USFFER 对 FSII(Response of USFFER to FSII)的冲击影响最有特色:一是其影响的持续期间最长,约为 12 个月;二是由正向影响转向负向影响的变化分明,在最初的 2 个月呈现出正向影响,以后转为持续的负向影响,但其冲击影响的强度不是很大,在第 2 个月的最高值为 -0.007,在第 12 个月的最低值为 -0.002。最后一个变量 RFRA 对 FSII(Response of RFRA to FSII)具有正向冲击影响,特别是在初始阶段,由第 1 个月的 -0.75 一举上升至第 2 个月的 -0.18,其后略有下降并反复地变化,第 6 个月以后趋于平稳。

从以上的观察分析可看出,各变量对 FSII 的脉冲影响可概括归纳为以下 3 个特点:第一,在初始阶段的前 4 个月冲击影响较大,以后逐步减弱。由此也验证了 VEC 模型推测的协整方程调整系数 γ 的估计值为 0.26,其调整期间为 $1/\gamma = 3.85$,即反馈效果约为 4 个月的推断。这对政策当局采取有时效的政策调控很有参考意义。第二,各变量对 FSII 冲击的持续期间各有不同,一般多为 6 个月;但 HPI 的冲击影响接近于直线上升的趋势,且持续 6 个月。由此可见,房地产价格因素对中国金融压力的冲击影响是持续增大的。而 USFFER 的冲击影响先增后降,变化激烈。从第 2 个月后几乎为直线下降,且持续期间最长,为 12 个月。第三,从各变量冲击影响的强度看,SSEC 的冲击影响度最强,其冲击影响由 3.9 急剧下降到 1.08,意味着现阶段证券市场变动对金融压力的冲击影响最大。

第四节 结论及今后的课题

本章参考 IMF 公布的 FSIs,根据国际资金循环的机制,探讨了展开国际资金循环分析的统计框架,以此为基础建立了国际资金循环统计监测体系。应用该统计监测体系不仅可以构筑计量模型,分析中长期的国际资金循环的结构性变化,推测其未来发展趋势,还可以建立 DI 以及 FSII,观察近短期的金融稳定的现状,监测对外资金循环的合成因素对金融系统性压力的影响。

通过对 FSII 的观察,我们可以知道在 2008 年美国金融危机发生后,中国的金融压力增大,特别是 2010 年 5—9 月,是中国金融政策当局应当特别关注的时期。这在一定程度上可为金融政策当局监控金融风险、减低金融压力提供一个参考依据。

通过检验金融压力与其同变量的协整关系可知,中国的金融压力识别指数(FSII)与上海证券市场综合指数(SSEC)、国房景气指数(HPI)、最高与最低同业拆借利差(R)、人民币兑美元汇率变动率(REXC)、美联储有效利率(USFFER)以及外汇储备规模增长率(RFRA)存在长期平稳关系及短期波动。其中,中国房地产价格变动对金融压力的影响最大,HPI(-1)的参数估计值最高为 3.81;股市价格也对金融压力有较大的增压影响,SSEC(-1)对 FSII 的参数估计值为 0.09。最高与最低同业拆借利差 $R(-1)$、人民币兑美元汇率变动率 REXC(-1)对金融压力的影响有提高的趋势。而 USFFER(-1)与 RFRA(-1)的参数估计值表明对 FSII 具有负影响,即具有减压的效用。UFFER 的负影响从实际意义上可解释为上期美国利率上升会促使国际资本流向美国,减轻对中国的金融压力。而RFRA(-1)的负影响表明在此观察期间中国外汇储备规模增大降低了对中国金融的压力,其降压程度约为0.15。

协整方程的调整系数γ的估计值为0.26,这说明在FSII与其他变量之间存在着长期稳定的关系,这种协整关系制约着FSII与其他变量的变化。其调整期间的反馈效果约为4个月,这为政策当局适时采取相应的金融调控措施提出了预警和启示。

从有关金融压力的误差修正项短期变动参数估计值来看,$\Delta FSII_{t-1}$将以0.82的比率使$\Delta FSII_t$缩小。而$\Delta RFRA_{t-1}$的增大也将使$\Delta FSII_t$降低,其长期与短期的综合作用将使金融压力下降0.23个百分点。外汇储备增加对我国金融压力的长期影响要大于短期变动影响,这种特点也表现在证券市场综合指数的参数估计值上。但从房地产价格的短期综合变动看,房地产价格的短期波动对金融压力的影响较大。市场利差对金融压力的参数估计值均不具有统计性显著影响,表明中国的利率尚未成为调节市场资金流动的有力工具。反映短期变动的$\Delta REXC_{t-1}$为-0.17,其估计值的统计性显著影响较弱,但估计值的符号与长期影响的参数估计值一致,人民币汇率的升值将使得中国面临的金融压力增大。反映美联储利率对中国金融压力短期影响的$\Delta USFFER_{t-1}$的估计值为-0.31,大于其长期影响,而且二者符号一致,均显示了美联储利率的提高客观上减轻了在国际金融市场上对中国的金融压力。

各变量对FSII的脉冲影响在初始阶段的前4个月冲击影响较大,以后逐步减弱。协整方程调整系数γ的估计值为0.26,即反馈效果约为4个月的推断,对提示政策当局采取有时效的政策调控很有参考意义。同时,从各变量对FSII冲击的持续期间观察,HPI的冲击影响接近于直线上升的趋势,且持续6个月。由此可见房地产价格因素对中国金融压力的冲击影响是持续增大的。而USFFER的冲击影响先增后降变化激烈,且持续期间最长,为12个月。从各变量冲击影响的强度看,现阶段证券市场变动对金融压力的冲击影响最大。

本研究还有一些课题有待于完成。一是建立观测国际资金循环与金融压力的数据库。由于个人研究的局限性,本章基于国际资金循环分析的视角,提出了建立国际资金循环的统计监测体系设想,在此基础上从方法论的角度探讨了如何建立DI以及CI体系,但并没有对DI及CI展开实际测算。由于设计的统计指标繁多,处理数据量巨大,从实际意义上讲下一步的工作是需要建立有关编制 DI 及 CI 的数据库。

二是对测试金融压力模型中解释变量的筛选与推测结果的解释。建立 VEC 模型,从国际资金循环的视角对金融压力进行统计监测是此研究领域里的一项新的尝试。金融压力的解释变量的选取既要符合经济学理论的考证,也要满足 VEC 模型的数学原理。迄今为止的有关研究文献对 VEC 模型推测结果的解释多侧重于统计推断的原理方面,基于经济学理论、结合市场实际并能整合统计推断结果的具有逻辑性的研究成果还不多见。这是一个富于挑战的有待于今后继续探讨的课题。

三是整合相关学科的理论方法,完善国际资金循环与金融安全的研究。网络信息科学的迅猛发展使得国际资金循环早已无国界可言,资金循环的速度及流向更加复杂多变。从国际资金循环分析的视角提升对金融风险的管控能力,是经济稳定持续发展的重要保障。政策当局要按照长远的战略规划和风险承受能力,建立与其风险管理水平相适应的统计监测制度,特别是要强化对现有金融风险具有分散和管理功能的金融产品的监测,掌握时效性,增强金融风险自身防范和化解风险的能力。但传统单一的分析方法显然不能解决这些问题,不能及时监测资金循环的主要风险点、风险大小、衍变方式、传导路径等。为此,综合运用多种手段,整合如统计学、经济学、计量经济学、信息科学以及金融工程等相关学科的理论方法,研究国际资金循环的变化机制,开发金融风险识别、计量、监测、控制和缓释技术工具等很有必要。在此领域新的体系性的理论方法有待构筑,从国际视野来看此领域也有着很广阔的拓展空间。

参 考 文 献

Abiad A,"Early Warning Systems: A Survey and A Regime Switching Approach", *IMF Working Paper* 03/32, February 2002.

Andrew Bern and Catherine Pattillo,"Are Currency Crises Predictable? A Test", *IMF Staff Papers*, 46(2),1999.

Asian Development Bank, *Asian Development Outlook*, 2002.

Balakrishnan, Danninger, Elekdag and Tytell,"The Transmission of Financial Stress from Advanced to Emerging Economies", IMF Working Paper 09/133, June 2009.

Bank for International Settlements,"*Quarterly Locational International Banking Statistics*",2004.

Bank for International Settlements,"*Quarterly Consolidated International Banking Statistics*",2004.

Cedric Tille,"Financial Integration and the Wealth Effect of Exchange Rate Fluctuations", *FRB New York Staff Report*,(226),2005.

Chenery H. B., A. M. Strout,"Foreign Assistance and Economic Development", *American Economic Review*,56(September),1966.

Copeland, Morris A., *A Study of Money Flows in the United States*, National Bureau of Economic Research,1952.

Copeland, Morris A.,"The Income and Product Circuit and Money Circuit in India and the U. S.", *Bulletin of the I. S. I.*, Vol. XXXIII, Part III,1951.

Craig S. Hakkio and William R. Keeton,"Financial Stress: What Is It, How Can It Be Measured, and Why Does It Matter?", *Journal Economic Review*, QII,2009.

David O. Beim and Charles W. Calomiris, *Emerging Financial Markets*, McGraw Hill Irwin,2001.

David Burton, Wanda Tseng, and Kenneth Kang,"Asia's Winds of Change", *Finance and Development*, 43(2),2006.

ECB Monthly Bulletin,"The Financial Crisis in the Light of the Euro Area Accounts: A Flow of-Funds Perspective", October,2011.

Engle R. F. and Granger C. W. J.,"Co-integration and Error Correction: Representation, Estimation and Testing", *Econometrics*,(55),1987.

Eswar Prasad and Shang Jin Wei,"The Chinese Approach to Capital Inflows: Patterns and Possible Explanations", IMF Working Paper, April 2005.

Feldstein M. and P. Bacchette, "National Saving and International Investment", in B. D. Bernhein and J. B. Shoven eds., *National Saving and Economic Performance*, University of Chicago Press, 1991.

Frankel and A. Rose, "Curreney Crashes in Emerging Markets: An Empirical Treatment", *Journal of International Economics*, (41), 1996.

Graciela L. Kaminsky, Saul Lizondo and Carmen Reinhart, "Leading Indicators of Currency Crisis", IMF Staff Papers, 45(1), 1998.

GerdHausler, "The Globalization of Finance", *Finance and Development*, 39(1), 2002.

George T. McCandless and Neil Wallace, *Introduction to Dynamic Macroeconomic Theory*, Harvard University Press, 1991.

Haizhou Huang and S. KalWajid, "Financial Stability in the World of Global Finance", *Finance and Development*, March 2002.

IIF, "Capital Flows to Emerging Markets Economies", 2002.

Illing M. and Y. Liu, "An Index of Financial Stress for Canada", Bank of Canada Working Paper, 2003.

IMF, *World Economic Outlook*, April 2005.

IMF, *World Economic Outlook*, May 2002.

IFS, *International Financial Statistics*, 2005.

IMF, Monetary and Financial Statistics: Compilation Guide, 2008.

MFS, Monetary and Financial Statistics Manual, 2000.

IMF, *Financial Soundness Indicators: Compilation Guide*, March 2006.

IMF, "Spillovers and Cycles in the Global Economy", *World Economic Outlook*, April 2007.

IMF, *Global Financial Stability Report: Financial Stress and Deleveraging Macro-Financial Implications and Policy*, 2008.

Jacob Cohen, *The Flow of Funds in Theory and Practice*, Kluwer Academic Publishers, 1987.

James Tobin, *Money, Credit, and Capital*, The McGraw Hill Companies. Inc., 1998.

James M. Boughton and Colin I. Bradford, "Global Governance: New Players, New Rules", *Finance and Development*, 44(4), 2007.

Jeff Frankel and George Saravelos, "Can Leading Indicators Assess Country Vulnerability? Evidence from the 2008—09 Global Financial Crisis", Harvard Kennedy School Faculty Research Working Paper Series, May 2010.

Johansen S. and Juselius K., "Maximum Likelihood Estimation and Inference on Cointegration with

Application to the Demand for Money", *Oxford Bulletin of Economics and Statistics*, (52), 1990.

Johansen S., "Estimation and Hypothesis Testing of Cointegrated Vector Autoregressive Models", *Econometrics*, (59), 1991.

Johansen S., *Likelihood Based Inference in Cointegration Vector Autoregressive Models*, Oxford University Press, 1995.

John C. Dawson, *Flow of Funds Analysis: A Handbook for Practitioners*, M. E. Sharpe, 1996.

Joseph E. Stiglitz, "Knowledge for Development: Economic Science, Economic Policy, and Economic Advice", Annual World Bank Conference on Development Economics, 1998.

Kaminsky, Graciela L. and Carmen M. Reinhart, "The Twin Crises: The Causes of Banking and Balance of Payments Problems", *American Economic Review*, 89(3), 1999.

Matthieu Bussiere and Marcel Fratzsvuer, "Towards a New Early Warning System of Financial Crises", European Central Bank Working Paper, No. 145, 2002.

Klein, Lawrense R., *Lectures in Econometrics*, Elsevier Science Pub. Co., 1983.

Kanta Marwah and Lawrence R. Klein, "International Capital Flows and Exchange Rates", cited in *Flow of Funds Analysis: A Handbook for Practitioners*, M. E. Sharpe, 1983.

Masako Tsujimura and Kazusuke, "Balance Sheet Economics of the Subprime Mortgage Crisis", *Economic Systems Research*, 23(1), 2011.

Michael McAleer and Les Oxley, "The Econometrics of Financial Time Series", *Financial Econometrics*, Blackwell Publishing, 2002.

Michele Cavallo and Cédric Tille, "Could Capital Gains Smooth a Current Account Rebalancing?", Federal Reserve Bank of New York Staff Reports, No. 237, 2006.

Nan Zhang, "The Chinese International Money Flow and Capital Outflow", *Ritsumeikan University Economics*, 49(4), 2000.

Nan Zhang, "The Flows of Funds in East Asia", *Journal of Economic Sciences*, 6(2), 2003.

Nan Zhang, "The Composition of the Global Flow of Funds in East Asia", *Quantitative Economic Analysis, International Trade and Finance*, Kyushu University Press, 2005.

Nan Zhang, "Global-Flow-of-Funds Analysis in a Theoretical Model: What happened in China's External Flow of Funds", cited from *Quantitative Analysis on Contemporary Economic Issues*, Kyushu University Press, 2008.

Nan Zhang, "New Frameworks for Measuring Global-Flow-of-Funds: Financial Stability in China", 32nd General Conference of The International Association for Research in Income and Wealth

(IARIW), 2012.

Obstfeld, Maurice, and Kenneth Rogoff, "Global Current Account Imbalances and Exchange Rate Adjustments", *Brookings Papers on Economic Activity*, 36(1), 2005.

Odd Aukrust, "An Axiomatic Approach to National Accounting: An Outline", *Review of Income and Wealth*, (3), 1966.

Odd Aukrust, "The Scadinavian Contribution to National Accounting", *The Accounts of Nations*, 77, 1994.

Olli Castrén and IljaKristian Kavonius, "Balance Sheet Interlinkages and Macro-Financial Risk Analysis in the EURO Area", European Central Bank Working Paper Series, No.1124, 2009.

IMF, "An Integrated Framework for Positions and Flows on a From-Whom-to-Whom Basis: Concepts, Status, and Prospects", IMF Working Paper WP/12/57, 2012.

Paolo Mauro and Yishay Yafeh, "Financial Crises of the Future", *Finance and Development*, 44(4), 2007.

Roberto Cardarelli and Alessandro Rebucci, "Exchange Rates and the Adjustment of External Imbalances", *World Economic Outlook: Spillovers and Cycles in the Global Economy*, April, 2007.

Roberto Cardarelli, SelimElekdag, and SubirLall, "Financial Stress, Downturns, and Recoveries", IMF Working Paper, May 2009.

Robert L. Fitz Patrick and Joyce K. Reynolds, *Financial Crisis: A Mirror Image of MLM False Profits*, Herald Press, 2008.

Robert A. Mundell, *International Economics*, the Macmillan Company, 1968.

R. Stone, "Functions and Criteria of a System of Social Accounting", *Review of Income and Wealth*, 1(1), 1951.

Sachs, Jeffrey, Aaron Tornell, and Andres Velasco, "Financial Crises in Emerging Markets: The Lessons from 1995", *Brookings Papers on Economic Activity*, 27 (1), 1996.

Sachs, Jeffrey, Tornell, Aaron and Andres Velasco, "The Mexican Peso Crisis: Sudden Death or Death Foretold?", *Journal of International Economics*, 41(3—4), 1996.

Sargan J. D., *Wages and Prices in the United Kingdom: A Survey in Econometric Methodology*, cited in Hendry, D. V. and Wallis, K. F., *Econometrics and Quantitative Economics*, Basil Blackwell, 1964.

Shrestha, Manik, Reimund Mink and Segismundo Fassler, "An Integrated Framework for Financial Positions and Flows on a From-Whom-to-Whom Basis: Concepts, Status, and Prospects", IMF Working Paper 12/57, February 2012.

Richard Stone, "The Social Accounts from a Consumer's Point of View", *Review of Income and Wealth*, 12(1), 1966.

Richard Stone, "Input-output and Demographic Accounting: A Tool for Educational Planning", *Minerva*, 4(3), 1966.

Strauss Kahn, Dominique, "Letter from IMF Managing Director Dominique Strauss-Kahn to the G-20 Heads of Governments and Institutions", IMF news, 9 November, 2008.

European Commission, International Monetary Funds, Organisation for Economic Co-operation and Development, United Nations and World Bank, *System of National Accounts 1993*.

European Commission, International Monetary Funds, Organisation for Economic Co-operation and Development, United Nations and World Bank, *System of National Accounts 2008*.

European Commission, International Monetary Funds, Organisation for Economic Co-operation and Development, United Nations and World Bank, *System of National Accounts 2009*.

Tobin, James, "Money and Finance in the Macroeconomic Process", *Journal of Money, Credit and Banking*, 14, 1982.

Tornell A. and A. Velasco, "The Tragedy of the Commons and Economic Growth: Why does Capital Flow from Poor to Rich Countries?", *Journal of Political Economy*, (100), 1992.

U. S. Treasury Department, *Treasury International Capital*, 2004.

William H. Greene, *Econometric Analysis*, Prentice Hall, Inc., 2000.

World Bank, *2002 World Development Indicators*, 2002.

World Bank, *Global Development Finance 2002*, 2002.

World Bank, *The East Asian Miracle: Economic Growth and Public Policy*, Oxford University Press, 1993.

World Bank, *Global Development Finance 2005*, 2005.

北京大学光华管理学院,"*The East Asian Fund Flows and Chinese Overseas Fund Flows*",摘自《金融学前沿问题探讨:第九届全球金融年会(GFC2002)论文选编》,北京大学出版社,2002。

荒卷健二,"資本取引自由化のsequencing—日本の経験と中国への示唆",《開発金融研究所報》,2004年11月第21号。

岩本武和,"アメリカ経常収支赤字の持続可能性",《世界経済評論》,51(9),2007。

石田定夫,《日本経済の資金循環》,东洋経済新报社,1993。

倉林義正,"資金循環勘定の成立と発展",引自辻村和祐编著,《資金循環分析の軌跡と展望》,慶応義塾大学出版会,2004。

宍戸俊太郎,"萌芽期における金融分析のための勘定体系",引自辻村和祐編著,《資金循環分析の軌跡と展望》,慶応義塾大学出版会,2004。

経済企画庁経済研究所,《マネー・フロー表（昭和 31—34 年度）の試算》,大蔵省印刷局,1962。

佐伯親良訳、G. S. MADDALA,《マダラ計量経済分析の方法》,エコノミスト社,2000。

佐和隆光,《数量経済分析の基礎》,筑摩書房,1981。

佐和隆光,"計量経済分析の意義と有効性",引自竹内啓・竹村彰通編,《数理統計学の理論と応用》,東京大学出版会,1994。

桜本健,"2008SNAに関する国際動向の分析",《統計学》,(102),2012。

斉藤光雄,《国民経済計算》,創文社,1991。

高木信二,《通貨危機と資本逃避》,东洋経済新報社,2003。

辻村和祐,《資金循環分析:基礎技法と政策評価》,慶応義塾大学出版会,2002。

辻村和祐,《資金循環分析の軌跡と展望》,慶應義塾大学出版社,2004。

辻村和祐,"国民経済計算のミクロ的基礎",《産業連関》,16(3),2008。

辻村雅子,"米国サブプライム危機の資金循環分析",《産業連関》,17(1・2),2009。

东洋経済新報社、大蔵省財政史室,"昭和財政史—昭和 27—48 年度—18 資料（6）,国際金融・対外関係事項",1998;"昭和財政史—昭和 27—48 年度—19 統計",1992。

財務省財務総合政策研究所財政史室編,"昭和財政史—昭和 49—63 年度—6 金融",2003;"昭和財政史—昭和 49—63 年度,—11 資料（4）国際金融・対外関係事項・関税行政",1999。

大蔵省銀行局,"銀行局金融年報"各号、金融財政事情研究会,"大蔵省証券局年報"各号,2003。

徳永潤二,"1990 代後半の国際資本移動におけるアメリカの役割",《金融経済研究》,(22),2005。

内閣府経済社会総合研究所,"経済動向指標の再検討",《経済分析》,(19),2001。

日本銀行,《入門資金循環—統計の利用法と日本の金融構造》,东洋経済新報社,2001。

日本銀行,"BIS 統計からみた国際金融市場—90 年代における国際資金フローの変化",《日本銀行調査月報》,(5),1999。

日本銀行調査局,《各国資金循環分析の研究》,1961。

伴金美等,"東アジアリンクモデルの構築とシニュレーション分析",《経済分析》,(164),2002。

花輪俊哉・小川英治,《金融経済入門》,东洋経済新報社,1996。

堀雅博、青木大樹,"短期日本経済マクロ計量モデル（2003 版）の構造と乗数分析",《経済分析》,(172),2004。

松浦宏,"改定 SNA と現行 SNA における資本、金融及び海外勘定に関する変更点と問題点",《季刊国民経済計算》,(98),1993。

松浦宏,"マネーフローへの仕組みと日本経済",《季刊兵庫経済》,(4),1997。

蓑谷千凰彦,《計量経済学大全》,東洋経済新報社,2007。

山本栄治,《国際通貨と国際資金循環》,日本経済評論社,2002。

Robert A. Mundell,渡辺太郎等訳,《国際経済学》,ダイヤモンド社,2000。

作間逸雄,《SNA からわかる経済統計学》,有斐閣アルマ,2003。

豊田利久,《経済の数量分析》,六甲出版社,2004。

贝多广、骆峰,《资金流量分析方法的发展和应用》,《经济研究》,(2),2006。

曹凤岐,《中国金融改革、发展与国际化》,经济科学出版社,1999。

曹凤岐,《金融市场全球化下的中国金融监管体系改革》,经济科学出版社,2012。

国家统计局国民经济核算司,《中国国民经济核算》,中国统计出版社,2004。

高敏雪、李静萍、许健,《国国民经济核算原理与中国实践》,中国人民大学出版社,2013。

宫小琳、卞江,"中国宏观金融中的国民经济部门间传染机制",《经济研究》,(7),2010。

胡秋阳,"投入产出式资金流量表和资金关联模型",《数量经济技术经济研究》,(3),2010。

经济增长前沿课题组（中国社会科学院经济研究所）,"国际资本流动、经济扭曲与宏观稳定",《经济研究》,(4),2005。

李宝瑜、张帅,"我国部门间金融资金流量表的编制与分析",《统计研究》,(12),2009。

李扬,"中国开放过程中的资金流动",《经济研究》,(2),1998。

李扬、殷剑峰,"中国高储蓄率问题探究——1992—2003 年中国资金流量表的分析",《经济研究》,(6),2007。

李扬等,"中国主权资产负债表及其风险评估（上）",《经济研究》,(6),2012。

李扬等,"中国主权资产负债表及其风险评估（下）",《经济研究》,(7),2012。

卢锋,"中美经济外部不平衡的镜像关系——理解中国近年经济增长特点与目前的调整",《国际经济评论》,(11—12),2008。

施建淮,"人民币升值是紧缩性的吗？",《经济研究》,(1),2007。

温娇月、阮健弘,"中国资金流量分析报告",《中国金融》,(2),2006。

易纲、樊纲、李岩,"中国经济增长与全要素生产率的理论思考",《经济研究》,(8),2003。

姚枝仲、何帆,"外国直接投资是否会带来国际收支危机",《经济研究》,(11),2004。

张明,"当前热钱流入中国的规模与渠道",《国际金融》,(7),2008。

张南,《資金循環分析の理論と応用》,ミネルヴァ書房,1996。

张南,"改訂SNAと中国の資金循環統計",《季刊国民経済計算》,(110),1997。

张南,"アジア金融危機と中国の国際資金循環分析",《経済科学研究》,3(2),2000。

张南,《東アジアにおける国際資金循環の構図》,引自辻村和佑编著,《資金循環分析の軌跡と展望》,慶應義塾大学出版社,2004。

张南,《国際資金循環分析の理論と展開》,ミノルヴァ書房,2005。

张南,"亚洲金融危机与中国的资金循环",引自曹凤岐主编,《中国金融改革、发展、国际化》,经济科学出版社,1999。

张南,"中国对外资金循环的统计测算与分析",《统计研究》,(134),2002。

张南,"国际资金循环分析的理论模型与应用",《数据分析》,1(4),2006。

张南,"国际资金循环分析的理论与统计观测体系",《统计研究》,(3),2006。

张南,"中日对外资金循环的比较与展望",《统计研究》,(10),2007。

张南,"中国的对外资金循环与外汇储备的结构性问题",《数量经济技术经济研究》,(9),2009。

张军、章元,"对中国资本存量K的再估计",《经济研究》,(7),2003。

邱东、蒋萍等,《国民经济统计前沿问题》(上)(中)(下),中国统计出版社,2008。

许宪春,《中国国民经济核算与宏观经济问题研究》,中国统计出版社,2003。

中国人民银行,《中国人民银行统计季报》,1998.Q4—2011.Q4。

中国人民银行,《2011年中国金融稳定报告》,http://www.pbc.gov.cn/image_public/UserFiles/goutongjiaoliu/upload/File/。

中国人民银行,《2012年上半年金融机构贷款投向统计报告》。

中国国家统计局,《中国统计年鉴》,2000—2012。